De Perlas

Intermediate Spanish

Angela Labarca

Georgia Institute of Technology

Olgalucía G. González

Washington and Jefferson College

Elmer Rodríguez

John Wiley & Sons, Inc.

New York • Chichester • Weinheim • Brisbane

Toronto • Singapore

ACQUISITIONS EDITOR Lyn McLean
MARKETING MANAGER Leslie Hines
SENIOR PRODUCTION EDITOR Tony VenGraitis
COVER DESIGN Harry Nolan
INTERIOR DESIGN Kenny Beck
MANUFACTURING MANAGER Mark Cirillo
PHOTO EDITOR Elaine Paoloni
ILLUSTRATION COORDINATOR Anna Melhorn
PHOTO RESEARCHER Amy Hill

This book was set in New Aster by CRWaldman Graphic Communications and printed and bound by R.R. Donnelley. The cover was printed by Lehigh Press.

Recognizing the importance of preserving what has been written, it is a policy of John Wiley & Sons, Inc. to have books of enduring value published in the United States printed on acid-free paper, and we exert our best efforts to that end.

Library of Congress Cataloging in Publication Data:
Labarca, Angela
De perlas : intermediate Spanish / Angela Labarca, Elmer Rodríguez, Olgalucía G. González.
p. cm.
Includes index.
ISBN 0-471-10997-5 (pbk.)
1. Spanish language—Textbooks for foreign speakers—English.
I. Rodríguez, Elmer A. II. González, Olgalucía G. III. Title.
PC4129.E5L33 1997
468.2'421—dc21 97-1753
CIP

Printed in the United States of America

10 9 8 7 6 5 4 3 2

ACKNOWLEDGMENTS

Many students, colleagues and editorial staff members helped us develop the **De perlas** program. We are above all indebted to our dear friend, James M. Hendrickson, who believed in us when we first came to the U.S. Without his encouragement, this book would not have been written. We also thank very sincerely two other close friends, very dear to our hearts: Kristin Swanson, our developmental editor, for her important contribution to the program's conceptualization and her tireless efforts throughout its development, and Carlos Davis, for his support at the outset of the project. We are also indebted to our senior editor, Lyn McLean, and very especially to Jennifer Williams, Leslie Hines, Hilary Newman, Andrea Bryant, and so many other members of the Wiley staff for their patience and guidance through the different stages of the project. Harriet Dishman, copy editor, and Suzanne Ingrao deserve special thanks for their diligence and meticulous attention to detail in the production of this program. We very sincerely thank all of them.

Numerous students in our two schools also played an important role in conceptualizing this program, because they constantly looked for ways to relate Spanish to their present or future careers or professions. Special thanks go to students who worked with us during the 94-95 and 95-96 academic years.

We acknowledge with sincere appreciation our reviewers, whose consistently positive and supportive reviews encouraged our efforts and whose insightful and practical critique contributed greatly to the realization of *De perlas*.

De perlas reviewers helped us immensely with their feedback. We are indebted to: María Amores, West Virginia University; Susan Bacon, University of Cincinnati; Deborah Baldini, University of Missouri-St. Louis; Francie Cate-Arries, The College of William & Mary; Rosa Fernández, Santa Fe Preparatory School; Olga Gallego, University of Michigan; T. Edward Harvey, Brigham Young University-Hawaii Campus; Paula Heusinkveld, Clemson University; Joni K. Hurley, Clemson University; Lizette M. Laughlin, University of South Carolina; Judith Némethy, New York University; Yesenia M. Rodríguez, Augustana College; Lourdes Torres, University of Kentucky; and Mary-Anne Vetterling, Regis College.

Georgia Institute of Technology
Washington and Jefferson College

Angela Labarca
Elmer A. Rodríguez
Olgalucía G. González

PREFACE

Program Goals and Orientation

Traditionally, intermediate-level Spanish courses attract students who have varying interests, educational backgrounds, career goals, and language preparation. However, these students all seem to have a highly pragmatic interest in learning Spanish. A vast majority of them want to use the language to enhance their career opportunities and to communicate with Spanish speakers both here and abroad.

The approach used in ***De perlas*** is directed toward that goal—it is a dynamic, practical, and straightforward way for students to improve their Spanish at the intermediate level. We have striven to present an activity-based approach throughout the program, focusing on useful vocabulary and cross-cultural analysis, functional grammar, authentic materials, and a wide variety of communicative exercises and activities. Quite intentionally, the program's title is taken from the Spanish expression **Me viene de perlas**, which means *It's just perfect for me* or *That's exactly what I need*.

One complaint that many intermediate students have is that they feel that they are simply relearning the material that was presented in first-year Spanish, without feeling a sense of progress. ***De perlas*** addresses this concern in at least three ways:

1. It presents and practices selected structures, without reteaching all the grammar from first year;
2. It introduces and practices more advanced linguistic patterns and useful idioms; and
3. It gives students the opportunity to see how much they have learned by providing listening comprehension activities and a self test at the end of each chapter. This allows students to monitor their own progress and see how far they have advanced as they complete each chapter.

Authentic Materials

De perlas motivates students to interact with authentic materials in everyday situations and teaches them the reading and listening strategies that they need to do this successfully. The newspaper and magazine articles, literary selections, and other reading materials included in ***De perlas*** were written by native speakers for native speakers. Because these materials are actual products reflecting different aspects of contemporary Hispanic cultures, they give students a completely authentic perspective on the Spanish language and the many people who speak it. Moreover, the themes and materials in ***De perlas*** deal with professional and global concerns that directly affect today's students.

❖ Textbook Organization

De perlas is organized into seven chapters with the following themes: careers and academic plans; personal relationships; family and social issues; personal money management; food and health; the world and the environment; and literature, cinema, and the arts. Each chapter ends with a self test that allows students to review for their exam while monitoring their own learning as the book progresses.

The presentation of vocabulary and grammar in each chapter is intentionally concise and student centered, since ***De perlas*** was designed specifically for a single semester or two quarters of intermediate-level Spanish.

❖ Chapter Organization

Each chapter in ***De perlas*** is divided into four sections: **Para comenzar**, **Sigamos adelante**, **Continuemos**, and **Finalmente**.

In the **Para comenzar** section, students are introduced to the central theme and vocabulary of the chapter. The section begins with **Y Ud., ¿qué dice?**, a two-part component that students hear on the student tape, activating the chapter's theme and key vocabulary. The texts for these authentic passages are also included in the student textbook. Once they have listened to both segments, students complete activities that test their comprehension and encourage them to amplify on the content and apply it to their own lives. They are also given a cultural context in the **Noticiero cultural**, which draws on a cultural aspect from the listening segments. Vocabulary is formally presented in the Vocabulario and then practiced in a series of exercises that move from structured to open-ended. More cultural information is provided in additional **Noticiero cultural** sections, which appear throughout the chapter as needed.

In the **Sigamos adelante** section, students are encouraged to develop the chapter's theme by reading authentic materials and applying reading strategies. The **Para leer mejor** activities before the reading prepare students for the selection's content while increasing their arsenal of techniques for approaching authentic materials. The readings themselves are lightly glossed to aid in comprehension and are followed by a series of exercises that move from straight comprehension through extension and discussion of the reading's theme. The section ends with **Perlitas**, short readings also recorded as listening passages on the student tape. **Perlitas** tie into the content of the reading and extend it in different directions. In this way, the **Sigamos adelante** section allows students to practice both reading and listening comprehension in related contexts.

The **Continuemos** section presents the chapter's key grammatical structures and practices them in a series of activities that move from controlled to open ended. Each grammar topic is immediately followed by its own set of activities and each chapter contains two major structures. Closely tied to the grammar presentation is **Fíjate bien**, a section that focuses on words and structures that are often troublesome for intermediate students (such as **ir** and **venir**, **llevar**, **tomar**, and **traer**).

The last section of the chapter, **Finalmente**, begins with a third listening component, **Para escuchar activamente**. This passage is more difficult than the previous ones and does not appear in the student text. Students are guided through this listening passage several times, with specific instructions for listening to the passage each time. This section allows students to consolidate all the listening skills they have developed in the course of the chapter. Once students have completed this section, they move on to **Para escribir mejor**, a process approach to developing writing skills and applying them to the chapter's theme, while focusing on chapter vocabulary and grammar. **Finalmente** ends with the end-of-chapter vocabulary (**Glosario**) and a self test (**Autoprueba**) that allows students to review the chapter's vocabulary, grammar, and cultural content.

❖ Ancillary Materials

The ***De perlas*** program consists of a student textbook (packaged with a student tape), a workbook/laboratory manual, laboratory tapes, and an Instructor's Resource Guide. Because the ***De perlas*** program is intended to be first and foremost responsive to students' needs, its approach is practical, straightforward, and career oriented. Although the program is primarily designed to be used in one semester or two quarters, it is flexible enough to adapt itself to courses covering two semesters (or three quarters) as well as intensive applications. Instructors may choose to have student use just the textbook and tape, or, if more material is required, complete all or parts of the workbook/laboratory manual. This ancillary develops the writing and listening strategies taught in the main textbook and gives students additional practice in developing them, while still using the chapter's core vocabulary and structures. The instructor's resource guide contains teaching suggestions as well as answers to the single-response exercises and activities in the student text.

This is why we feel that the career-oriented approach of ***De perlas*** is perfect for students, and that instructors dissatisfied with other intermediate Spanish programs will find ours to be exactly what they need!

Angela Labarca
Elmer Rodríguez
Olgalucía González

TABLE OF CONTENTS

Capítulo 1

Estas alumnas de la Universidad Católica de Chile están en el Campus Oriente, porque tiene excelentes programas y está cerca de sus casas.

¿Qué estudias?

Objetivos: En este capítulo, va a aprender a describirse como estudiante universitario, a hablar de su carrera y sus obligaciones y a conversar con sus compañeros(as) sobre intereses personales.

Tema: Los jóvenes y las carreras universitarias y técnicas.

Gramática: Presente del indicativo. Los verbos **ser** y **estar**. Repaso de números.

Cultura: La educación universitaria en Hispanoamérica y en España. Los nombres de las profesiones y de los profesionales y sus abreviaturas. Los **apellidos y títulos**.

PARA COMENZAR

Y Ud., ¿qué dice? (Student tape, **Parte I**)

¡Hola! Me llamo Ernesto García Burrieza. Tengo 23 años. Estudio ciencias de la computación porque me fascinan los ordenadores. Estoy en la Complutense porque es una buena universidad y tiene excelentes programas. Además, está cerca de mi casa. Soy muy dedicado a mi carrera y a mi universidad y juego fútbol en el equipo de primera división. Como ustedes saben, aquí no existen las becas° deportivas, sólo las becas de estudio. Yo no tengo beca porque mis padres me ayudan económicamente y vivo con ellos. Mi novia también es estudiante, así es que estamos juntos todo el tiempo.

scholarships

¡Hola! Soy Mariángeles Becerra Santa María. Tengo 22 años y estudio pintura porque me gusta mucho el arte. Desde la escuela secundaria quiero ser pintora. Las áreas artística y humanística son mi fuerte. La poesía y el cuento también me atraen mucho. Yo soy la chica de Ernesto, y también soy buena alumna y responsable. El es alto y delgado, pero yo soy baja y no muy delgada. Todos dicen que somos una pareja muy bonita. No soy deportista, pero hago gimnasia cuando tengo tiempo.

❖ Las profesiones tradicionales y el cuentapropismo°

entrepreneurship

Nuestra sociedad se ha dedicado a lo literario y filosófico, no a las disciplinas técnicas. La educación secundaria favorece el enciclopedismo y pone énfasis en la formación clásica, no en los aspectos técnicos. Sin embargo, ahora vemos un crecimiento de las carreras técnicas en las profesiones liberales (médicos, ingenieros, arquitectos), pero no en las profesiones científicas (antropólogos, biólogos, sociólogos), donde el mercado no ha estimulado el trabajo profesional independiente.

Ya tan cerca del siglo XXI, el mercado mundial global del trabajo tiene características muy definidas. En primer lugar, va hacia una especialización muy grande; es necesario "saber hacer algo concreto, tener **destrezas**° específicas". En segundo lugar, vemos una alta movilidad del trabajo, es decir, una persona nace en Buenos Aires o Nueva Delhi, pero en cualquier° momento empieza a trabajar en cualquier otro lugar, muy lejos de su lugar de origen. Esto tiene que aumentar, no disminuir°, porque el **desarrollo**° de los países se produce de forma desigual°, a ritmo desigual. Por ejemplo, el director técnico del equipo de fútbol de Arabia Saudita es argentino y el director de promoción y publicidad de la Coca-Cola en Chile es norteamericano. El mercado global tiende a esto.

skills

any

decrease / development

no uniforme

Actualmente°, hay dos áreas que están atrayendo a los jóvenes profesionales: la **ingeniería** y la agricultura tecnificada. También hay muchas en el campo de la computación y la **informática**° y en varias especializaciones de temas generales, como la hotelería y el turismo. Antes, para hotelería estudiaban una carrera tradicional, **administración de empresas**, pero eso ya no funciona. Ahora los campos están separados.

ahora

information systems

Por último, **el cuentapropismo** o la creación de una empresa por un individuo o un grupo de profesionales, es también muy común en la Argentina (hasta 35% en algunos períodos), pero no funciona muy bien porque la productividad es baja. La experiencia italiana es mucho mejor porque el gobierno creó un verdadero sistema con algunos incentivos fiscales: las pequeñas empresas (compañías) introducen una innovación, se hacen° famosas en el mercado global y generan grandes ganancias°. Es el caso de Benetton y de Patagonia, por ejemplo. Hay que crear los incentivos para usar mejor nuestras capacidades.

become / profits

Tomado de "Las profesiones tradicionales y el cuentapropismo en la Argentina," *Muy interesante*, 107, septiembre de 1994, págs. 58–60.

❖ Ahora es su turno

1. Las nuevas carreras. Parece que la economía global afecta mucho la elección de una carrera o de un área de estudios. Como la información del artículo es muy importante para los jóvenes, con un(a) compañero(a) diga si las siguientes afirmaciones son válidas para Uds. también.

1. Nosotros también tenemos una educación con énfasis en los aspectos literarios, filosóficos y no técnicos.
2. La carrera que seguimos nos da destrezas específicas; sabemos hacer ciertas cosas bien concretas.
3. La educación nos prepara para trabajar en cualquier lugar del mundo, porque la economía es global ahora.
4. Las carreras más populares son la ingeniería, la agricultura técnica, la computación y la informática.
5. Otra área de estudios muy buena es la administración hospitalaria, hotelera, de sistemas de salud, etc.
6. Aquí hay muchos incentivos para crear una empresa propia como las de George Lucas, Bill Gates (Microsoft), Steve Jobs (Apple, Pixar), Marc Andreessen y James Clark (Netscape), Carolina Herrera, Calvin Klein.

2. Los nuevos jóvenes. Escriba las respuestas a las siguientes preguntas. Siga los modelos de Ernesto o de Mariángeles.

¿Cómo se llama?	Me llamo...
¿Qué edad tiene?	Tengo... años
¿Qué estudia?	Estudio...
¿En qué universidad está?	Estoy en la...
¿Por qué le gusta esta universidad?	Me gusta porque es...
La universidad, ¿está cerca de su casa?	Está...
Su universidad, ¿es muy cara?	Es más o menos cara / económica...
¿Qué área de estudios le gusta más?	Me atrae(n) más el / la / los / las...
¿En qué facultad está?	Estoy en la facultad de Arte / Ciencias / Educación / Administración...

¿Qué carrera estudia Ud.?	Estudio...
¿Es muy dedicado(a) a su carrera?	Sí / No, porque...
¿Cómo es Ud.?	Soy responsable / estudioso / mal alumno / deportista... y...
Y de físico, ¿cómo es Ud.?	Soy más bien bajo / alto y no muy delgado / ...
¿Hace deportes? ¿Qué deporte prefiere?	Juego / Hago...
¿Cómo financia sus estudios?	Tengo una beca / recibo ayuda de...

3. Aplicación. Escriba un párrafo con una descripción de su persona. Use sus respuestas de la actividad 2. Siga los modelos de Ernesto o de Mariángeles.

El Instituto Tecnológico y de Estudios Superiores de Monterrey (ITESM) es muy prestigioso. Ahí puedes estudiar carreras tecnológicas, de ingeniería, de administración de empresas y muchas otras más.

Noticiero cultural

❖ La educación universitaria en Hispanoamérica y en España

Tanto en Hispanoamérica como en España, la educación universitaria es muy antigua y está bastante desarrollada. En general, hay grandes universidades estatales° donde la educación es gratis o muy barata, pero también hay muchas universidades privadas donde la educación es pagada y, a veces, está a cargo de congregaciones religiosas. El currículum o **materias**° que se enseñan está dividido en áreas de conocimiento° y destrezas°:

estatales: del gobierno
materias: cursos / contenido
destrezas: habilidades

Área de letras o área humanística, donde tienen gran importancia la lengua y la literatura; la filosofía; la lingüística y los idiomas extranjeros; la historia y las ciencias sociales, junto con la sociología, la sicología, la economía y la educación.

Área científica, donde están las matemáticas y la física, las ciencias de la computación, la biología y la química, la geografía y la geología, la ecología y otras ciencias naturales o exactas.

Área artística, representada por el arte, la historia del arte y las técnicas de pintura, escultura, trabajo en metal y madera, la música, el teatro, la danza°, el cine, el dibujo y el diseño. *el ballet*

Área de educación física, recreación, educación para la salud y deportes, que es muy importante porque les enseña a los alumnos el valor de la vida sana y de la competencia en equipo, sin exagerar el espíritu competitivo individualista.

En cada una de estas áreas, hay **facultades**° o **escuelas profesionales**°, creadas para enfatizar el carácter acádemico o tecnológico de las distintas profesiones u ocupaciones y también el desarrollo de las destrezas específicas necesarias en el mundo de hoy. Los estudios universitarios son más largos en el Mundo Hispano y duran de cinco a siete años. Si Ud. estudia medicina, por ejemplo, sus estudios duran siete años, pero si su campo es la ingeniería, entonces estudia sólo seis años y si quiere ser diseñador o profesor, tiene que estudiar cinco años. Los estudios de **postgrado**° se hacen después de tener unos años de experiencia y los títulos se llaman **magister** y **doctor**.

colleges / schools

graduate

¿Qué opina Ud.?

Complete lo siguiente:

Mi Facultad o Escuela es ______________. Mi departamento es el Departamento de ______________ y mi especialidad o concentración° es ______________. Mis materias preferidas son... Mi carrera debe ser más... larga / corta porque necesitamos más / menos... cursos / práctica / experiencia. *major*

POR EJEMPLO: Facultad de Ciencias Básicas, Departamento de Biología, especialización en Genética y mis materias preferidas son la Genética, los laboratorios de Genética Criminal y la Computación. Mi carrera debe ser más larga porque necesitamos más experiencia en un hospital.

Facultad de: Artes y Ciencias / Ciencias Básicas / Ciencias Administrativas / Ciencias de la Salud

Escuela de: Educación / Medicina / Leyes / Periodismo / Ingeniería / Arquitectura / Negocios / Enfermería / Odontología

Departamento de: Criminología / Relaciones Internacionales / Artes Plásticas y Escénicas / Ciencias Atmosféricas / Idiomas Extranjeros o Modernos / Ingeniería Química / Construcción Civil / Inglés / Comunicación y Medios

Vocabulario

A. Para conversar de los estudios

¿Qué estudias?	Estudio historia (comunicaciones / economía / nutrición / música)
¿Y ustedes?	Nosotros estudiamos ciencias biológicas (sociales / ambientales / médicas)
¿Y tu amigo(a)?	Ella / Él estudia educación física (arte / sicología administración de empresas / administración pública / agronomía / criminología / informática)
¿A qué hora vuelves a casa?	Vuelvo... ...de la escuela / universidad / cafetería / reunión... ...del trabajo / estadio / laboratorio / centro / hospital... ...a las 4 / 5 de la tarde / al mediodía / temprano por la mañana / muy tarde
¿Dónde estudias?	Prefiero estudiar en la casa (la biblioteca / el centro de estudiantes)
¿Qué deporte te gusta más?	Prefiero el fútbol y no la natación (el básquetbol y no el vóleibol)
¿Estás en historia americana?	Sí / No, y también tengo clases de cálculo (español / tenis / física / química / estadística / antropología / fotografía / salud y recreación)

B. Mi secreto

Más expresiones para charlar con amigos(as), diciendo toda la verdad.

¿Te gustan las clases temprano?	Sí / No, siempre estoy atento (alerta / aburrido / dormido)
¿Cómo te sientes cuando hay pruebas?	Siempre estoy nervioso (aliviado / frustrado / con sueño)
¿Cuándo estudias?	Una semana (dos días) antes / la noche anterior de la prueba
¿Sabes qué cursos son difíciles?	A mí me va mal en cálculo tres (trigonometría / redacción técnica / diseño / contabilidad / historia de las ciencias)

A practicar

4. Muchos pasan por lo mismo. Haga una lista de quiénes deben estudiar los siguientes cursos como requisito.

POR EJEMPLO: Inglés → Todos los estudiantes de periodismo, comunicaciones...

cálculo	historia contemporánea de Europa	métodos estadísticos
química orgánica	anatomía humana	grandes libros de la literatura universal

5. ¿Puede adivinar? Diga qué estudia y qué prefiere cada uno de estos amigos.

POR EJEMPLO: Parece que Gladys / esta chica estudia ingeniería, por eso prefiere la mecánica y la... .

6. ¿Cuál es su especialidad? Para hablar de profesiones y ocupaciones, con un(a) compañero(a) vea si hay alumnos de cada una de estas especialidades en esta clase de español. Agreguen las profesiones que falten.

Carrera	Nombre de la profesión	Campo profesional
periodismo	periodista	T.V., radio, revistas, diarios
sicología	sicólogo(a)	hospitales, industrias, escuelas
ingeniería civil	ingeniero(a) civil	autopistas, puentes, edificios
dibujo técnico	dibujante técnico(a)	construcción, industria
odontología	odontólogo(a), dentista	consulta privada, hospitales
ecología	ecólogo(a), especialista en el ambiente	consultor
administración de empresas	administrador(a)	empresas comerciales
ingeniería comercial[1]	ingeniero(a) comercial	negocios, finanzas
ingeniería eléctrica	ingeniero(a) eléctrico(a)	industria, telecomunicaciones
química	químico(a)	industria química y petrolera
fotografía	fotógrafo(a)	publicidad, periodismo
tecnología médica	tecnólogo(a) médico(a)	laboratorios, hospitales

[1]Equivalente a Administración de Empresas o Gestión (de Empresas)

7. ¡Qué esperanza! Diga o escriba frases sobre las cosas que no puede hacer porque tiene otras obligaciones. Dé la hora de los eventos. Siga el modelo.

POR EJEMPLO: No puedo ver la teleserie porque vuelvo de clase a las tres.

1. No puedo ver la teleserie...
2. No puedo salir con mi grupo los jueves...
3. Nunca puedo cenar con mi amigo(a) porque...
4. Es imposible ir al estadio a las... porque...
5. Siempre trabajo a las... y no puedo...
6. Cuando necesito el teléfono, [Juan] habla de... a...

8. Lo más difícil. Diga qué cursos son difíciles para Ud. Si es posible, explique por qué. Siga el modelo.

POR EJEMPLO: (A mí) me va mal en contabilidad (cálculo / historia) porque no entiendo los conceptos (no me gustan los números / no me gusta el instructor / tengo mala memoria / no puedo trabajar rápido)... Además, no tengo experiencia (no sé usar el programa / el edificio está muy lejos / la clase es muy temprano)...

9. Ficha personal. Primero, complete su propia ficha personal. Después, haga la ficha de otros dos compañeros(as) de la clase, haciéndoles preguntas apropiadas. Siga el modelo. Fíjese° que en español se usan los dos **apellidos** (*last names*) de la persona, el apellido paterno y el apellido materno°.

pay attention to
mother's maiden name

Ficha personal			
Nombre	Apellido paterno	Apellido materno	Edad: ______ (años)
Carrera	Profesión	Campo profesional	Experiencia
Año de estudios (I, II, III, IV)		Año en que termina	En qué desea trabajar

❖ C. Más sobre los estudios

Las siguientes palabras interrogativas y los ejemplos le servirán para hacer buenas preguntas y también para organizarse para escribir.

¿por qué?	**¿Por qué** estudias por la noche / la mañana ***y no*** por la tarde?
¿cuándo?	**¿Cuándo** estudias más, para los controles, las pruebas o los exámenes?
¿cuál(es)?	***¿Cuál*** de tus clases prefieres? ***¿Cuáles*** son obligatorias para tu especialidad?

¿cuánto?	***¿Cuánto*** estudias cuando hay prueba? ¿Mucho, poco o más o menos?
¿cuántos(as)?	***¿Cuántas*** clases tienes este semestre? ***¿Cuántos*** créditos necesitas para tu especialidad?
¿qué?	***¿Qué*** vas a hacer el fin de semana? ***¿Qué*** prefieres, correr o nadar?
	¿Qué profesor tienes ahora en...? ***¿Qué*** cursos tomas por la tarde?
¿dónde?	***¿Dónde*** vives? ¿En un apartamento / en una residencia / con tus padres?
¿a qué hora?	***¿A qué hora*** vuelves a casa por la noche / del gimnasio / del trabajo / de clase?

❖ A practicar

10. ¡Mucho gusto! Con un(a) compañero(a) de la clase, preparen por escrito las preguntas sobre lo siguiente. Esto sirve para conversar con otros(as) compañeros(as).

1. su nombre
2. dónde vive
3. cuántas clases toma ahora
4. qué clases prefiere
5. cuáles son obligatorias
6. cuántos créditos lleva este semestre
7. cuánto estudia
8. cuándo estudia
9. dónde estudia
10. está contento con la carrera
11. dónde trabaja
12. está preparado para la profesión

11. La entrevista. Use las preguntas que preparó en la actividad 10 y entreviste a un(a) compañero(a). Apunte las respuestas y escriba un resumen.

POR EJEMPLO: Este compañero estudia... porque es de... y le gusta mucho la... Este trimestre tiene dos cursos de... y un laboratorio de... También estudia... y ... Le gusta hacer deporte.

12. Buen ojo. Complete la siguiente descripción del campus según el plano de la universidad que está en la página 11.

El laboratorio de ____________ está en el Departamento de Lenguas ____________. Pero el laboratorio de ____________ está en el edificio Swann. El edificio Swann está antes del departamento de ____________. El edificio de la Escuela de ____________ está frente a la biblioteca en Atlantic Drive. El campus es un lugar agradable porque hay una ____________ en el centro mismo de la universidad. Los laboratorios de ____________ y de ____________ están al lado del laboratorio de lenguas en el edificio Abbott. Al lado de la Escuela de Periodismo está el edificio de la Escuela de ____________ Médica y al lado de la biblioteca está el edificio de la Escuela de Artes ____________.

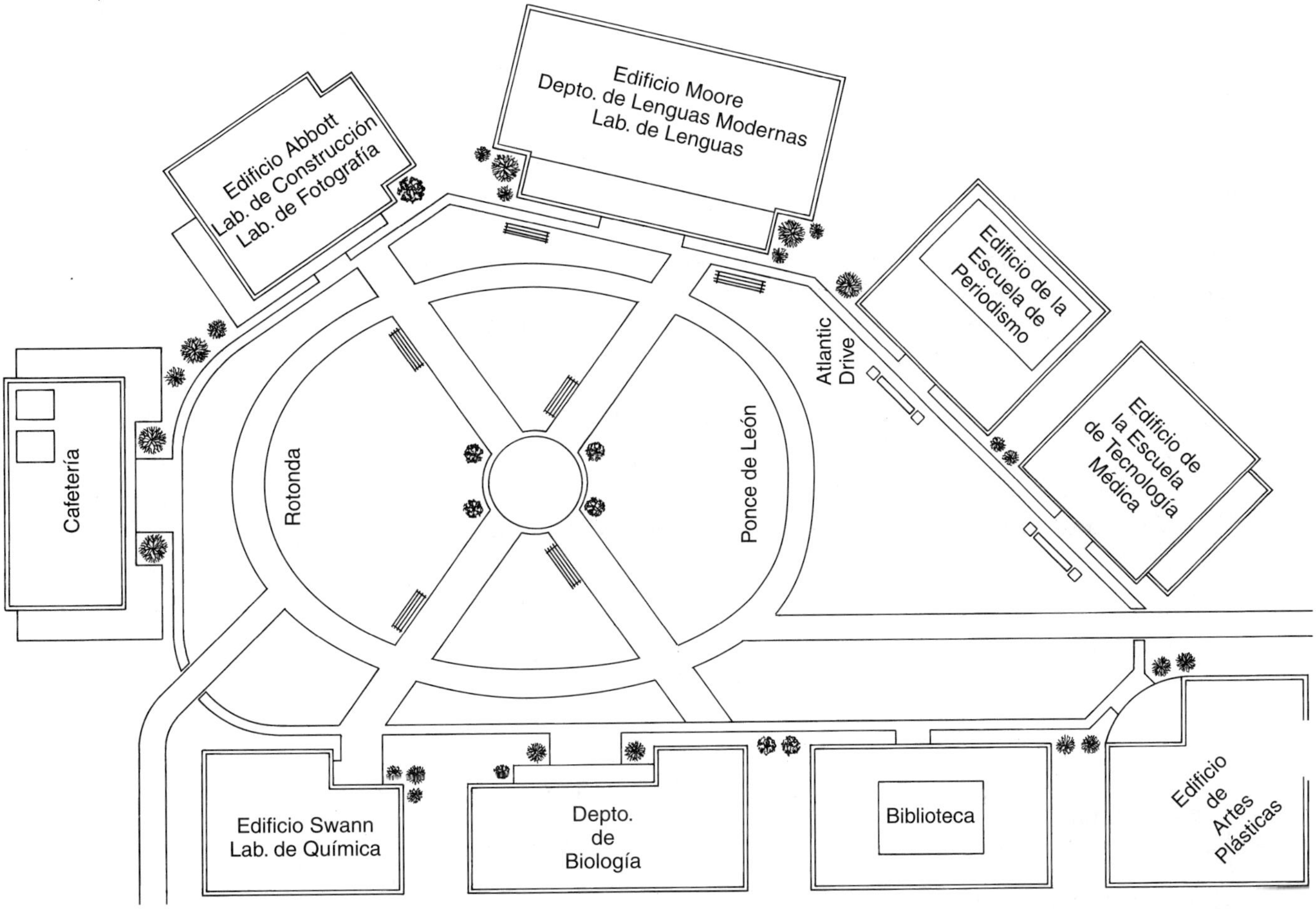

Noticiero cultural

❖ Los nombres de las profesiones y de los profesionales y sus abreviaturas

Como en la cultura hispana tiene mucha importancia conocer bien a cada persona que nos interesa, la gente usa títulos para indicar claramente cuál es su preparación académica y contestar la pregunta **¿Qué es Ud.?** Los títulos profesionales se usan después de los títulos generales de **señor**, **señora**, **señorita**.

Las siguientes abreviaturas se usan para dirigirse a algunos de los profesionales estudiados. Con un(a) compañero(a), mírenlas con atención y adivinen a quiénes corresponden.

POR EJEMPLO: Ctdor. Pub. → Contador Público → *P.A.*

Ing.º / Ing.ª	Tecn. Méd.	Arqto. / Arqta.	Ecol.º / Ecol.ª
Dibujte. Técn.	Dr. / Dra.	Ptor. / Ptora.	Ing. Com.
Prof. / Profa.	Ing. Quím.	Abdo. / Abda.	Geógr.

SIGAMOS ADELANTE

Para leer mejor

1. ¿Qué importancia tiene para usted una carrera universitaria? Antes de empezar a leer, es bueno recordar qué sabe Ud. del tema. Como va a leer sobre la selección de carreras, apruebe o desapruebe las siguientes afirmaciones y explique por qué las acepta (**A**) o rechaza (**R**).

_____ Tener una carrera universitaria es lo más importante en mi vida.
_____ La carrera no es lo más importante en la vida. Hay otras cosas más importantes.
_____ Yo estoy en esta carrera por pura suerte. No acepto consejos° de nadie. *advice*
_____ Siempre converso con mis amigos para ver si están contentos con sus carreras.
_____ Para elegir una buena universidad, se tira una moneda al aire.
_____ Es importante seguir a los amigos en la elección de una carrera.

2. Buen lector. Ahora mire la lectura en silencio y trate de adivinar° las ideas en general; no traduzca palabra por palabra. Las siguientes ideas le pueden ayudar. *guess*

Formato. Mire el artículo y vea qué estructura tiene: narración de un evento, entrevista, descripción.
Cognados. Tiene que tratar de comprender los cognados. Estas son palabras semejantes al inglés y generalmente tienen un significado muy similar. Aquí tiene algunos ejemplos que usted puede ampliar fácilmente.

estudios	Está en el cuarto año de sus ***estudios*** universitarios. → *studies*
diseño	La chica estudia ***diseño*** en la Escuela de Arquitectura. → *design*
fundamental	Para mí, una carrera es lo ***fundamental*** en la vida. → *fundamental*
absolutamente adulto	...él cree que es ***absolutamente adulto*** pero... → *totally adult*

Uso de un diccionario. Por ahora, trate de no usar el diccionario para leer. Si no comprende una o dos palabras, siga leyendo porque el contexto puede ayudarle a comprender. Recuerde que está leyendo para comprender las ideas generales, no para traducir palabras. Varias palabras tienen el significado en el margen.

De alumno a alumno

María José Ibieta Errázuriz

María José Ibieta E. estudia diseño y te aconseja elegir tu carrera según tu visión del futuro.

María José tiene 22 años y está en cuarto° (IV) año de Diseño en la Universidad Finis Terrae. Nos dice con todo desplante°:

> Cada persona debe elegir la carrera de acuerdo a su propio proyecto° de vida futura. Creo que lo que tienen que hacer los jóvenes es imaginarse ellos mismos como profesionales de una especialidad y ver cómo se sienten en ese ambiente°; es la mejor manera de darse cuenta cuál es la carrera que realmente desean seguir. En todo caso°, personalmente, yo pienso que la carrera no es lo fundamental en la vida de una persona, porque es un complemento de la vida, no es la vida misma.

assuredly
planes
contexto
at any rate

Cristián Orellana Carlucci

A Cristián Orellana C. le interesa mucho la opinión de otros alumnos.

Ya está en el quinto° (V) año de ingeniería electrónica en la Universidad Mayor y a los 25 años se siente absolutamente adulto para dar consejos°. *advice*

Creo que uno debe elegir la carrera preguntándoles a los amigos cómo les va° a ellos. Es una buena idea. Yo tengo suerte, porque la carrera me gusta. También hay que fijarse en el prestigio de la universidad y la calidad docente°. La Universidad Mayor los tiene en cuanto a° ingeniería electrónica y eso me deja muy contento.

how they do

de la educación / with reference to

Loreto Porras Arenas

Loreto Porras A. te aconseja no tirar una moneda al aire solamente, sino analizar las cosas lógicamente.

Este año está en el cuarto (IV) año de ingeniería comercial y está feliz con su carrera.

Mi consejo para los jóvenes de hoy: buscar la mayor información posible en cuanto a las carreras y a las universidades. Hay que elegir racionalmente, no tirando una moneda aire°, como es mi caso.

flipping a coin

Tomado de *El Mercurio*, Santiago de Chile, domingo, 9 de enero de 1994, *Alternativas Académicas* Nº 3, Ediciones Especiales, pág. 12.

---

3. ¿Qué piensa Ud.? ¿Está de acuerdo con las opiniones de estos universitarios chilenos? Complete lo siguiente.

1. Creo que soy / no soy como María José porque...
2. Yo estoy / no estoy de acuerdo con Loreto. Tengo / No tengo mucha suerte porque...
3. Cristián necesita consultarlo todo con sus amigos. Yo (no) les pregunto porque...
4. Aunque muchos hispanos piensan que la carrera no es lo más importante, yo creo que...

4. Ahora le toca a usted. Piense cómo eligió su carrera y describa cómo lo hizo. Use sus respuestas de la actividad anterior y las opiniones de María José, Cristián o Loreto, según corresponda.

5. No lo sabía. Mire la lectura "De alumno a alumno" otra vez y haga una lista de todos los profesionales que no conoce. Traduzca estas palabras o pregúntele a otro(a) compañero(a).

Perlitas (Student tape, **Parte II**)

❖ El sexo débil, ¡es fuerte!

La mujer hispana avanza cada día más en el mundo de las profesiones y de la cultura. Hay escritoras, doctoras en medicina y filosofía, ejecutivas de importantes compañías, políticas e ingenieras, así como empleadas de bancos, artistas, profesoras o dentistas. A toda esta actividad cultural, profesional y también política, las mujeres le suman sus papeles tradicionales de madre y esposa. A partir de los años ochenta, el número de abogadas y dentistas se triplicó y la cifra de doctoras se duplicó. Esto quiere decir que es de sexo femenino...

...uno de cada 3 abogados
...uno de cada 4 médicos
...uno de cada 5 dentistas entre los 25 y los 44 años

"Para las mujeres, ya no hay terrenos prohibidos", explican los expertos.

Tomado de *Buenhogar*, año 29, Nº 5, 8 de marzo de 1994, pág. 55.

---

6. ¿Qué buscan ellas? Observe cuidadosamente la ilustración y dé su opinión sobre los beneficios que una mujer considera más importantes al decidir en qué compañía trabajar.

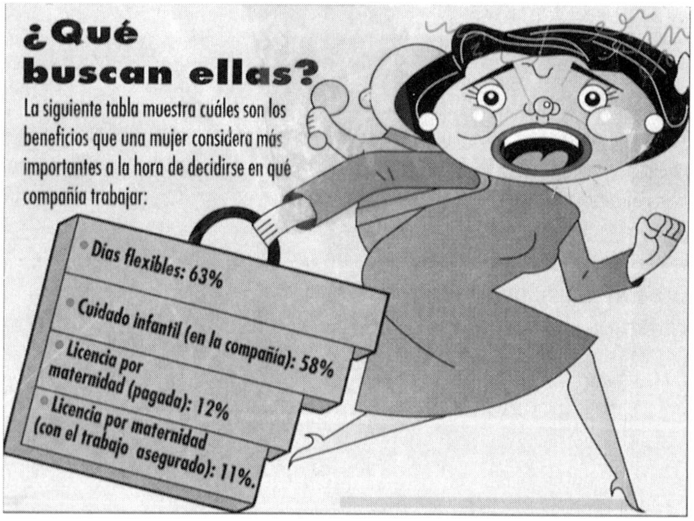

1. ¿Es importante para una madre que trabaja tener un horario flexible? ¿Por qué?
2. ¿Es importante tener un servicio de cuidado infantil en el lugar de trabajo? ¿Por qué?
3. ¿Qué opina de una licencia° maternal pagada? *leave*
4. ¿Qué opina de la necesidad de asegurarle el trabajo a una madre?

❖ La educación en este momento

7. Me parece que... Estudie los gráficos y luego conteste las siguientes preguntas.

1. Nombre los tres países hispanos que gastan más por cada estudiante. Diga cuánto gasta cada uno.
2. Los Estados Unidos tienen un 4,5% de analfabetismo. Nombre los países que tienen menos analfabetismo que los Estados Unidos y los que tienen más.

Países hispanoamericanos que invierten más dinero por estudiante al año:

Países hispanos con los más bajos porcentajes de analfabetismo (*illiteracy*)

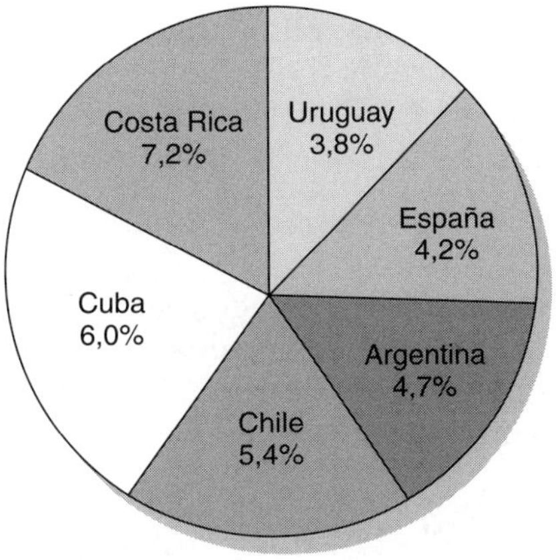

CONTINUEMOS

Estructuras indispensables

El presente del indicativo

In Spanish, the present indicative is used to describe habitual actions, current conditions, ongoing activities, and general events. In addition, the present is also used to express what will happen in the near future. Observe these uses in the following paragraph.

> Mi hermano Lucas **estudia** mucho. **Se especializa** en biología porque **quiere** entrar a una buena escuela de medicina. Felipe, su compañero de cuarto, **es** estudiante de segundo año de ingeniería. Yo **estudio** ecología, la carrera del futuro. Los tres **pasamos** muchas horas en la biblioteca. Allí **leemos** muchísimo para preparar nuestras pruebas. Sin embargo, también **podemos** darnos tiempo para los deportes y otras diversiones. Por ejemplo, este sábado **vamos** al lago a nadar y tomar el sol, pero el domingo **tenemos** que estudiar de nuevo porque el lunes **hay** una prueba muy difícil.

Present indicative of regular verbs

	estudiar	**leer**	**vivir**
yo	estudi**o**	le**o**	viv**o**
tú	estudi**as**	le**es**	viv**es**
él / ella / Ud.	estudi**a**	le**e**	viv**e**
nosotros(as)	estudi**amos**	le**emos**	viv**imos**
vosotros(as) (*Spain*)[2]	estudi**áis**	le**éis**	viv**ís**
ellos / ellas / Uds.	estudi**an**	le**en**	viv**en**

[2]**Vosotros(as)** forms, which appear in all verb charts in this book, are used in some regions of Spain.

¡OJO! Subject pronouns (***yo***, ***tú***, ***él***...) are not normally used in Spanish because they are usually indicated by the verb ending. If several people are being mentioned, sometimes **él / ellos**, **ella / ellas**, or **Ud. / Uds.** are used for clarification, since the verb form is the same in these cases. At times, pronouns are also used for emphasis, particularly when a choice is indicated: **Si *tú* trabajas por la mañana, *yo* puedo venir por la tarde**.

Stem-changing verbs

Some verbs undergo a stem-vowel change. When **e** and **o** are in the stressed syllable of the stem, **e** changes to **ie** or **i**, as in **pensar → piense**, **decir → dice**, and **o** changes to **ue**, as in **poder → puede**. The **nosotros(as)** and **vosotros(as)** forms do not change.

e→ie *p**e**nsar*	**o→ue** *v**o**lver*	**e→i** *p**e**dir*
p**ie**nso	v**ue**lvo	p**i**do
p**ie**nsas	v**ue**lves	p**i**des
p**ie**nsa	v**ue**lve	p**i**de
pensamos	volvemos	pedimos
pensáis	volvéis	pedís
p**ie**nsan	v**ue**lven	p**i**den

Here are more examples:

e→ie

cerrar: cierro, cierras, cierra...
comenzar: comienzo, comienzas...
despertar: despierto, despiertas...
entender: entiendo, entiendes...
preferir: prefiero, prefieres...
querer: quiero, quieres, quiere
sentirse: me siento, te sientes...

o→ue

almorzar: almuerzo, almuerzas...
dormir: duermo, duermes...
morirse: me muero, te mueres...
poder: puedo, puedes...
recordar, recuerdo, recuerdas...
jugar[3]: juego, juegas, juega, jugamos, jugáis...

e→i

conseguir: consigo...
decir: digo, dices...
repetir: repito, repites...
servir: sirvo, sirves...
seguir: sigo, sigues...
vestirse: me visto, te vistes...

❖ A practicar

1. ¿Qué verbos hay? Lea otra vez lo que nos cuentan Ernesto y Mariángeles en la página 3 y haga una lista de todos los verbos que encuentre en presente del indicativo.

2. Mi propia historia. Ahora, use sus respuestas a las preguntas de **Ahora es su turno** de la página 4 y cuente su propia historia.

3. ¿Qué piensa hacer? Diga qué piensa hacer o qué puede ocurrir luego. Complete las oraciones sin repetir los verbos.

1. Esta noche, (yo)...
2. Mañana, en la clase de...
3. El viernes, mis amigos y yo...
4. Para Navidad / Chanukah...
5. El mes que viene, ...
6. La próxima semana, mis padres...

---

[3]Since **jugar** is the only verb that changes from **u** > **ue**, it is generally included with the **o** > **ue** verbs.

4. ¿Qué me dices? Conteste las preguntas con oraciones completas.

1. Generalmente almorzamos a las 12 y media, ¿y tú?
2. A veces, mi hermano y yo dormimos hasta el mediodía, ¿y tú?
3. Mis amigos y yo no pensamos tomar clases en el trimestre de verano, ¿y ustedes?
4. Mis padres y yo preferimos ir a la playa en julio, ¿y tu familia?
5. En muchos países de Sudamérica, el año escolar empieza en marzo y termina en diciembre, ¿y en los Estados Unidos?
6. Nunca podemos ir de vacaciones en enero, ¿y tú?

5. Las costumbres de mis compañeros(as). Ahora hable con dos compañeros(as) para averiguar sobre su vida diaria. Hágales por lo menos cuatro preguntas. Use los verbos de la lista en la página 18 y expresiones como **siempre**, **nunca**, **a veces**, **todos los días**, **a menudo**, **muchas veces**.

POR EJEMPLO: ¿Siempre duermes hasta tarde los fines de semana?

Present indicative of irregular verbs

The following frequently used verbs do not follow the general patterns.

ser **soy, eres, es, somos, sois, son**
ir **voy, vas, va, vamos, vais, van**
oír **oigo, oyes, oye, oímos, oís, oyen**

The following verbs change in the **yo** form only.

hacer →	**hago**	**venir →**	**vengo**	**estar →**	**estoy**
decir →	**digo**	**tener →**	**tengo**	**dar →**	**doy**
salir →	**salgo**	**poner →**	**pongo**	**saber →**	**sé**
traer →	**traigo**	**conocer →**	**conozco**	**caber →**	**quepo**
caerse° →	**me caigo**				

° *to fall down*

❖ A practicar

6. Novato. Complete el párrafo con la forma correcta de los verbos en paréntesis.

Como (yo, ser) ______________ estudiante de primer año, todavía no (yo, conocer) ______________ a todos los profesores de esta universidad, pero (yo, saber) ______________ que casi todos (ser) ______________ muy exigentes y (dar) ______________ muchas tareas y (hacer) ______________ exámenes muy difíciles. (Yo, venir) ______________ de una escuela secundaria muy buena y (tener) ______________ notas excelentes, pero a veces en las pruebas no (saber) ______________ nada. Sin embargo, (yo, pensar) ______________ sacar buenas notas aquí también. Todos los días le (decir) ______________ a mi compañero(a) de cuarto que (nosotros, deber) ______________ estudiar mucho si (querer) ______________ salir adelante. El (Ella) me (decir) ______________ que (estar) ______________ de acuerdo, pero después (salir) ______________ con sus amigos(as) y nunca (tener) ______________ tiempo para terminar sus tareas ni estudiar.

7. ¿En qué nos parecemos? Piense en sus hábitos y compárelos con lo que le contaron sus compañeros(as) en el ejercicio 5 de esta misma página 19 .

POR EJEMPLO: Yo siempre me levanto temprano pero mis compañeros sólo se levantan temprano cuando tienen clase a las 8:00. David nunca ve las noticias de CNN pero Diana y yo las vemos a veces. Todos vamos al gimnasio a menudo.

8. ¿Por qué estudias español? Prepare tres preguntas sobre el estudio del español y entreviste a tres compañeros(as). Tome notas y luego comparta con la clase lo que dijeron sus compañeros(as).

POR EJEMPLO: ¿Piensas que es importante estudiar español? ¿Crees que es necesario hablar una lengua extranjera para conseguir un buen empleo?

9. La educación universitaria en los Estados Unidos y en el mundo hispano. Con un(a) compañero(a) recuerden lo que aprendieron sobre la educación universitaria en Hispanoamérica y en España en las páginas 5–6. En seguida, usen esa información para describir las características de la educación universitaria en los Estados Unidos. Finalmente, escriban un párrafo contrastando ambos sistemas.

❖ Los verbos *ser* y *estar*

As you already know, both **ser** and **estar** mean *to be*, but they are not interchangeable.

Use **ser**...

- To identify or equate the subject and the predicate

point in time	Hoy **es** lunes y **es** el primer día de clases de este trimestre.
time on the clock	**Son las 2:00 de la tarde**. Ya **es hora de** ir al laboratorio de biología.
nationality, profession, occupation	Rubén Blades, que **es panameño**, **es abogado y cantante**.
personal characteristics	**Soy buena alumna y responsable**. Ernesto **es alto y delgado**, pero **yo soy baja y no muy delgada.**
religion or membership	La mayoría de los hispanoamericanos **son católicos** y también **son conservadores**.

- With the preposition **de** to express...

origin	El Pdte. Ernesto Zedillo Ponce de León **es de** México; es el que combatió el narcotráfico.
possession	El libro de física **es de** Martínez, no **es de** Smith.
material	El edificio de la biblioteca **es de** concreto porque debe ser anti-fuegos.

- With impersonal expressions

  Es necesario estudiar mucho para poder pasar este curso porque hay mucha materia nueva.
  El profesor de internacionales dice que **es importante** saber un idioma extranjero.

- To tell time, dates, location of events

time	Ya **son las dos** de la mañana; **es muy tarde**. Tenemos que dormir un poco.
date	Aquí en el campus, la fiesta de México **es el 5 de mayo**.
	La centésima olimpiada **fue el 14 de julio de 1996**.
location of event	Los Juegos Olímpicos de 1996 **fueron en Atlanta**. Los del 2000, **son en Sydney**.

Use **estar**...

- With the preposition **en** or a word of location to indicate location or position of an entity

  Los mapas nuevos **están en** la biblioteca, por eso mis amigos **están allá** ahora.
  La cafetería **está en** el campus nuevo, pero el centro de computación **está aquí** mismo.

- With the present participles of verbs (endings **-ando**, **-iendo**) to indicate an action in progress in the present time period

  Estoy repasando los usos de *ser* y *estar* y **es difícil** recordarlos todos.
  Mi compañera **está tomando** apuntes para estudiar más tarde, porque ahora está confundida.

- With the past participles of verbs (endings **-ado**, **-ido**) to describe the state or condition that results from a previous action

  El trabajo **está terminado** ya, pero los gráficos ni siquiera **están comenzados**.
  Los planes generales ya **están preparados**, pero este puente todavía no **está diseñado**.

- In idiomatic expressions such as...

  estar de acuerdo con (*to agree with*)
  estar de regreso (*to be back*)
  estar de vacaciones (*to be on vacation*)
  estar de viaje (*to be on a trip*)
  estar de vuelta de (*to be back from*)
  estar equivocado (*to be wrong*)
  estar harto de (*to be fed up with*)
  estar listo para (*to be ready for*)

Ser and *estar* with adjectives

Notice that characteristics regarded as usual or normal are expressed with **ser**, while perceptions of changes are expressed with **estar**. However, it is important to remember that change does not necessarily imply a total switch. It may mean a greater degree of the characteristic in question or possession of it for an indefinite period of time, both of which depend on continually adjusted personal perceptions. Therefore, the choice between **ser** and **estar** with adjectives depends for the most part on the speaker's perceptions and is not a matter of simply choosing between permanent or temporary characteristics.

Mi chica, Mariángeles, **es** muy baja.
(According to his personal norm, Ernesto perceives his girlfriend as being rather short.)

¡Pero qué alto **está** Jaime!
(Ernesto García has not seen Mariángeles' kid brother Jaime in a while, but remembers him as being rather short. His remark expresses the revision of his previous perception.)

Mi hijo Ernesto **es** muy alto.
(Ernesto's mother knows her son is tall but thinks he is taller than most people.)

Por lo general, las pruebas del Lenguaje C^{++} **son** difíciles, pero ahora esta prueba **está** peor que nunca.
(The expected feature is "a hard test," but Ernesto thinks this is worse than ever.)

❖ A practicar

10. ¿Cómo te sientes? Pregúntele a un(a) compañero(a) cómo se siente en las siguientes situaciones.

POR EJEMPLO: ALUMNO A: ¿Cómo te sientes después de un viaje largo?
ALUMNO B: Después, estoy cansado, con sueño; estoy muerto de hambre.

1. después de un viaje largo	contento(a)
2. cuando / tener la influenza	cansado(a)
3. cuando / haber mucho tráfico y / tener prisa	bien descansado(a)
4. cuando / sacar una A en una prueba	deprimido(a)
5. si / tener que hacer una presentación en una clase	enojado(a)
6. cuando / salir con tu novio(a)	con sueño
7. si / tener una prueba muy difícil	satisfecho(a)
8. cuando / estar de vacaciones	aburrido(a)
9. si / llover sin parar	preocupado(a)
10. cuando los abuelos / mandarte un cheque	de buen humor
11. si / conseguir un trabajo bueno	frustrado(a)
12. cuando / seguir un curso difícil	entusiasmado(a)

11. Así soy yo. Escriba una descripción de sí mismo(a). Incluya sus características físicas y de su personalidad, pero no escriba su nombre. Su profesor(a) juntará las descripciones y le pedirá a varios alumnos que las lean. La clase debe adivinar quién es la persona descrita.

12. Estereotipos. Los estereotipos son generalizaciones muy comunes y mucha gente cree que son verdaderos. ¿Qué piensa Ud.? Complete las oraciones con la forma correcta de **ser** o **estar** y explique por qué está o no está de acuerdo.

1. Los estadounidenses ________ muy materialistas; siempre ________ preocupados por el dinero, aun cuando ________ de vacaciones.
2. Los argentinos ________ muy arrogantes, porque creen que la Argentina ________ el mejor país de Hispanoamérica.
3. Los hombres no deben ________ sentimentales, por eso no se espera que expresen cómo se sienten.
4. Los latinoamericanos en general no pueden mejorar su nivel de vida porque ________ muy perezosos; no les gusta trabajar.
5. Todos los estadounidenses ________ altos y rubios mientras que los hispanos ________ bajos y morenos.

6. Siempre hace mal tiempo en Boston; llueve mucho y siempre ______________ nublado.
7. Los tradicionalistas piensan que la mujer debe ______________ siempre en casa, cuidando a los niños.

13. ¿Ser o estar? Complete este párrafo con la forma correcta de **ser** o **estar**, según el contexto.

Algunos de mis amigos ______________ muy deportistas y les gustan las fiestas, pero también ______________ buenos estudiantes. Nicolás siempre ______________ pensando en su futuro y no ha decidido si quiere ______________ basquetbolista profesional o sicólogo. Julio ______________ mexicano, del estado de Oaxaca, y ______________ alto, moreno y muy listo. Ahora ______________ preparando una presentación sobre los zapotecas para su clase de Antropología, por eso ______________ en la biblioteca. Quiere llegar a ______________ un abogado famoso. Mi amiga Paula nada en el equipo de la universidad y, por lo tanto, ______________ necesario que se entrene todos los días. ______________ una chica muy alegre y, aunque estudia mucho, siempre ______________ lista para divertirse. Esta noche, Nicolás, Paula y yo vamos a ver a Peter Gabriel; el concierto ______________ aquí mismo, en el estadio. Tenemos que apurarnos porque el concierto ______________ a las ocho y ya ______________ las 7:15.

14. Diplomado en Mercadeo. Lea el anuncio de la Escuela de Administración de Empresas y con un(a) compañero(a) tomen turnos para contestar las preguntas. Después, diseñen su propio anuncio sobre un curso corto que se ofrezca en su universidad.

1. ¿Qué tipo de anuncio es?
2. ¿Dónde está la Escuela de Administración?
3. ¿Qué título es necesario para poder tomar el curso?
4. ¿Cuándo es el primer día de clase? ¿A qué horas?
5. ¿Cuál es la fecha límite para inscribirse?
6. Si Ud. está interesado(a), ¿qué debe hacer?

28 AÑOS

ESCUELA DE ADMINISTRACION DE NEGOCIOS E.A.N.

DIPLOMADO EN MERCADEO

Dirigido a: Empresarios, Ejecutivos, Profesionales y no Profesionales que deseen asumir la responsabilidad de preparar a las empresas en el manejo eficaz de sus mercados y profundizar su capacidad en dicha área.

Duración: 200 horas

Horario: 7:00 a.m. a 9:00 a.m. de Lunes a Viernes

Inicio: Febrero 15 de 1995

Plazo para Inscripción: Febrero 13 de 1995

Nota: Para la realización de este Diplomado no se requiere Título Profesional

INFORMACION E INSCRIPCIONES: CENTRO DE EDUCACION CONTINUADA E.A.N.

Calle 71 No. 10 - 11 Tels.: 2170251 - 2351705 2350546 - 2112677 Fax: (91)2350279 A.A. 100888 Santafé de Bogotá, D.C.

15. Los famosos. Escoja una persona famosa (atleta, artista de cine o televisión, político, profesional, etc.) y prepare una buena descripción de él / ella, usando **ser** y **estar**. Luego, en grupos de cuatro, tomen turnos para leer la descripción sin decir el nombre de la persona. Los demás deben adivinar quién es.

Antonio Banderas se hizo famoso en los EE. UU. también. Su hijita Estella, nacida en España, será bilingüe, con toda seguridad.

Los jóvenes se vuelven locos cuando ven a Daisy Fuentes en la televisión.

Fíjese bien

❖ Los verbos *hacerse, ponerse, volverse* y *llegar a ser*

The three reflexive verbs **hacerse**, **ponerse**, **volverse**, and **llegar a ser** mean *to become* in English. **Hacerse** implies a change through a personal effort. It can be followed by either nouns or adjectives.

Para **hacerse famoso** en una profesión, hay que ser muy dedicado y perseverante.

Para **hacerse conocido** mundialmente, el escritor colombiano Gabriel García Márquez trabajó muchos años en sus novelas y cuentos y en crónicas para periódicos.

Ponerse indicates an emotional or physical change. It is followed by adjectives only.

Cada vez que tenemos prueba de cálculo, mi amigo **se pone muy nervioso**.

Cuando no duermes lo suficiente para reponerte, **te pones enfermo**.

Volverse implies a change in physical or emotional state and it usually indicates an irreversible change. It is most commonly followed by adjectives.

Se volvió loco cuando toda su familia murió en un accidente.
Me volví escéptica porque no pude encontrar trabajo de diseñadora.

Llegar a ser also means *to become,* but it is not reflexive. It indicates a gradual change over a period of time with no specific effort on the part of the subject.

Mariángeles **llegó a ser muy necesaria** para los proyectos porque es muy inteligente.
Llegó a ser directora de proyectos a los 33 años.

❖ A practicar

16. Español e inglés. Indique cuál de los verbos (***hacerse, ponerse, volverse, llegar a ser***) corresponde a la expresión en cursiva. Luego, dé el nombre de cada profesional en español.

1. I *get* very angry when the engineer doesn't turn in his drawings on time.
2. Raúl Juliá *became* a famous actor after playing important roles in popular movies.
3. The accountant *became* worried when he couldn't find the files.
4. The business administrator *went* deaf when the employees asked for a raise.
5. She has to go to graduate school if she wants *to become* a well-known physician.
6. After designing the Winter Garden in New York, the Argentinian architect César Pelli *became* one of the richest men in town.

FINALMENTE

Para escuchar activamente

(⏩ Student tape, **Parte III**)

❖ Hay que prepararse

Cuando escuchamos un anuncio sobre un trabajo, nos podemos formar una buena idea si le ponemos atención a dos cosas:

- el profesional que buscan
- las características de la persona que necesitan para el trabajo

1. Piense y escriba dos frases que anuncian un trabajo.

POR EJEMPLO: La empresa°... necesita un profesional joven para analizar / dirigir / diseñar... Debe ser técnico / especialista en... (Debe ser ingeniero(a), sicólogo(a), administrador(a)...)

2. Piense y escriba el nombre de dos tipos de funciones de los siguientes profesionales.

POR EJEMPLO: **arquitecto:** diseñar, dibujar, construir, dirigir un grupo

periodista	profesor	director artístico	especialista en recreación
sicólogo	constructor	tecnólogo médico	especialista en negocios

❖ Buen entendedor

Ahora escuche la **Parte III** de su cinta cuatro veces.

1. Fórmese una idea general.
2. Anote el nombre del profesional que buscan.
3. Anote dos funciones que debe desarrollar el profesional.
4. Agregue otros detalles.

Para escribir mejor

❖ Buen promotor

Imagínese que Ud. tiene la oportunidad de hacer un viaje estupendo y que necesita a alguien que trabaje en su puesto por unos días. Prepare un anuncio para encontrar a una persona que pueda trabajar por° Ud.

substitute

1. Escriba dos o tres frases introductorias que puedan captar el interés de la persona que lee o escucha el anuncio. Elija la mejor frase.

POR EJEMPLO: ¿Necesita un poco de dinero extra para las vacaciones? ¿Está curioso por aprender más acerca de...? ¿Necesita experiencia en atención de público? Aquí está la oportunidad que desea...

2. Describa al menos tres características de la persona que Ud. busca, usando el vocabulario, **ser / estar**, adjetivos y expresiones aprendidas en este capítulo.

POR EJEMPLO: Necesito un(a) joven responsable para reemplazarme por dos semanas. Debe ser puntual, dinámico(a), organizado(a) y...

3. Describa al menos tres funciones o actividades que debe hacer esta persona en el trabajo, usando el vocabulario, **ser / estar**, adjetivos y expresiones aprendidas en este capítulo.

POR EJEMPLO: Tiene que trabajar entre las... y las... y los domingos desde las... hasta las... . Tiene que... programar (dibujar / diseñar / preparar muestras de laboratorio / controlar experimentos / coordinar / preparar comida / cuidar una casa / cuidar niños / limpiar / archivar / atender el teléfono / atender clientes / servir las mesas del restaurante...).

4. Termine con una frase superatractiva.

POR EJEMPLO: Muy buenas condiciones de trabajo, buen salario y la oportunidad de conocer gente interesante...

5. ⏩ Grabe su anuncio en audio o videocinta y compártalo con sus compañeros(as). Puede agregarle efectos visuales, musicales o de sonido.

Glosario

Sustantivos

ambiente *m.* environment, context
agronomía *f.* agronomy
agrónomo(a) agronomist
apartamento *m.* apartment
artes *(f.)* **plásticas** fine arts
autopista *f.* expressway, freeway
biblioteca *f.* library
bibliotecario(a) librarian
biología *f.* biology
biólogo(a) biologist
cálculo *m.* calculus
carrera *f.* career
ciencias *(f. pl.)* **exactas / naturales** exact / natural sciences
consejo *m.* advice
construcción *(f.)* **civil** civil construction
constructor(a) constructor, builder
consulta *(f.)* **privada** (medical, dental) office
consultor(a) consultant
diario *m.* newspaper
dibujo *(m.)* **técnico** drafting
dibujante *m. / f.* draftsperson
diseño *m.* design
diseñador(a) designer
dentística *f.* dentistry, odontology
dentista *m. / f.* dentist
destreza *f.* skill
ecología *f.* ecology
ecólogo(a) ecologist
empresa *f.* enterprise, company
enfermería *f.* nursing
enfermero(a) nurse
especialidad *f.* **(concentración** *f.***)** major
estadio *m.* stadium
física *f.* physics
físico(a) physicist
fotografía *f.* photography, photograph
fotógrafo(a) photographer
geografía *f.* geography
geógrafo(a) geographer
historia *f.* history
industria *(f.)* **química** chemical industry
ingeniería *(f.)* **civil / electrónica / mecánica** civil / electronic / mechanical engineering
ingeniero(a) engineer
laboratorio *(m.)* **de física / lenguas / química** physics / language / chemistry laboratory
lugar *m.* place
matemáticas *f. pl.* mathematics
medicina *f.* medicine
médico(a) physician
partido *m.* game
periodismo *m.* journalism
periodista *m. / f.* journalist
prueba *f.* test; proof
publicidad *f.* publicity
química *f.* chemistry
químico(a) chemist
revista *f.* magazine
semestre *m.* semester
sicología *f.* psychology
sicólogo(a) psychologist
sociología *f.* sociology
sociólogo(a) sociologist
tecnología *(f.)* **médica** medical technology
tecnólogo(a) technologist
trigonometría *f.* trigonometry
trimestre *m.* quarter

Adjetivos

aburrido(a) bored, boring
agradable nice, pleasant
alerta alert
aliviado(a) relieved
alto(a) tall
atento(a) attentive, helpful
bajo(a) short
bonito(a) pretty
bueno(a) good
competitivo(a) competitive
dedicado(a) devoted
delgado(a) thin
deportivo(a) athletic
desarrollado(a) developed
dormido(a) asleep
enfermo(a) sick, ill
entusiasmado(a) enthusiastic
estudioso(a) studious
frustrado(a) frustrated
nervioso(a) nervous
relajado(a) relaxed
responsable responsible

Verbos

aprender to learn
conseguir (trabajo) to get (a job)
creer to believe
estar to be (condition, location)
estar con sueño to be sleepy
estar de acuerdo con to be in agreement with
estar de regreso / de vacaciones / de viaje / de vuelta to be back / be on vacation / be away / be back

estar equivocado(a) to be wrong
estar harto(a) de to be fed up with
estar listo(a) para to be ready for
gustarle a uno to like, enjoy; to be pleased
hacer(se) to become
ir(le) bien / mal to do well / bad
llegar a ser to become
opinar to give one's opinion
pagar to pay
ponerse to put on clothes; to become, get
preferir to prefer
saber to know
salir to go out, leave
ser to be (nationality, occupation, characteristics)
ser *m.* being
tener to have
volver to return
volver(se) to become

Adverbios

absolutamente absolutely
al lado de next to, beside
a menudo often
cerca near, close by
día *(m.)* day **todos los días** every day
económicamente economically
lejos far (away)
nunca never
vez (veces) *f.*: **a veces** sometimes; **muchas veces** many times

Otras expresiones

con (todo) desplante assuredly
en cuanto a regarding, with respect to
en todo caso at any rate

Para saludar

Buenos días. ¿Cómo estás? / ¿Cómo está Ud.? Good morning. How are you?
¿Cómo van las cosas? How are things?
¡Hola! ¿Qué hay de nuevo? / ¿Qué tal? Hi! What's up? / How are you?
Más o menos. ¿Y tú? So, so. And you?
Pues, nada. ¿Y tú qué dices? Oh, nothing. And you, what's up?
Regular, no más. ¿Qué cuentas? So, so. What's new?

Autoprueba

Repase este capítulo y después conteste esta prueba para ver qué más necesita estudiar.

❖ I. Cultura hispana

A. Complete las siguientes frases según lo que estudió en este capítulo.

1. Hay algunas diferencias entre las universidades hispanas y las de este país. Por ejemplo, dos diferencias importantes son...
2. En una universidad hispana, una facultad es... Mi facultad es...
3. Las áreas académicas más importantes en la educación hispana son...
4. Post-grado son los estudios que se hacen después de...
5. Las nuevas carreras técnicas que le interesan a los universitarios son...
6. En español, *sophomore year* se dice...
7. En español, mi nombre completo es...(nombre, apellido paterno, apellido materno)
8. Las siguientes abreviaturas corresponden a los siguientes profesionales:

   Ing.→? Profa.→? Arqto.→? Abda.→?

9. Si mi profesor dice: ¿Qué tal? ¿Qué dices?

   Yo digo: ______________

10. Si un compañero dice: ¡Hola! ¿Cómo estás?

    Yo digo: ______________

❖ II. Vocabulario y lectura

B. Complete esta ficha personal con todos sus datos personales. Luego, complétela con los datos de un(a) compañero(a) de la clase de español.

Ficha personal

Nombre	Apellido paterno	Apellido materno	Edad: _____ (años)
Carrera	Profesión	Campo profesional	Experiencia
Año de estudios (I, II, III, IV)		Año en que termina	En qué desea trabajar
Área de estudios que prefiere		Dónde trabaja ahora	Beca: Sí / no
¿Cómo es Ud.?		De físico, ¿cómo es?	¿Cómo se siente hoy?

C. Dé dos palabras en español que estén asociadas en este capítulo a cada una de las siguientes. Pueden ser sustantivos, adjetivos, verbos o expresiones.

1. estar de vuelta
2. estar de viaje
3. carreras tradicionales
4. destrezas
5. químicos
6. aprender
7. salir
8. aburrido
9. ingeniero
10. facultad
11. sicólogo
12. hacerse
13. especialidad
14. dar consejos
15. irle bien / mal
16. conseguir

D. Lea lo siguiente y conteste las preguntas. Use el vocabulario que aprendió y los cognados que pueda reconocer.

Mi meta

Quiero llegar a ser un periodista internacional famoso y viajar por todo el mundo a la caza de noticias interesantes y sensacionales. También me gustaría reportear los diferentes desastres ecológicos y sus efectos sobre la preservación de la salud del planeta. Sé que para conseguir esta meta, que puede parecer demasiado ambiciosa, tengo que estudiar mucho ahora que estoy en quinto año, así puedo conseguir un trabajo en una compañía periodística importante y con conexiones en todo el mundo.

1. ¿Qué es este joven, chico o chica? ¿Por qué?
2. ¿En qué escuela estudia este joven?
3. ¿Cuántos años lleva en la escuela?
4. ¿Qué planes tiene para el futuro?
5. ¿Por qué le interesa la ecología?
6. Las palabras **meta**, **noticias** probablemente significan...

III. Gramática

E. Escriba al menos una forma irregular de los siguientes verbos.

decir	tener	pensar
jugar	hacer	salir
ser	conseguir	pedir
volverse	conocer	venir
estar	ir / irle	querer

F. Use los elementos dados para escribir preguntas para conversar con sus compañeros(as). Use palabras interrogativas apropiadas y la forma correcta de los verbos en presente.

1. ¿de dónde / ser?
2. ¿años / tener?
3. ¿llamarte tú?
4. ¿clases / tomar?
5. ¿hora / almorzar?
6. ¿ir / a la biblioteca?
7. ¿estudiar / español?
8. ¿música / preferir?
9. ¿ir / los fines de semana?
10. ¿salir / por la noche?
11. ¿ayudar / económicamente?
12. ¿trabajar / a veces?
13. ¿vivir?
14. ¿de físico / ser?
15. ¿de personalidad / ser?

G. Use **ser** o **estar** según el contexto.

1. James ____________ muy dedicado a su carrera. Siempre ____________ en clase, aunque su casa no ____________ cerca de la universidad.
2. Todas mis amigas ____________ estudiosas y bastante responsables.
3. Claro que cuando ya ____________ jueves, todas ____________ cansadas y andan con sueño todo el día, porque hay tantas cosas que hacer en la semana. Con frecuencia, ____________ las dos de la mañana y todavía hay alguien que ____________ estudiando en nuestro apartamento.
4. Como todos ____________ bastante jóvenes tenemos mucha energía para salir y divertirnos también. ____________ necesario distraerse para no volverse loco con tanto estudio.

IV. Redacción

H. Descríbase de la manera más completa que pueda en tres párrafos.

1. Describa aspectos de su personalidad y de su físico. Compárese con un(a) amigo(a) para hacerlo más interesante.
2. Describa sus estudios y sus intereses. Diga cuál es su facultad, su especialidad, sus cursos más importantes, sus áreas preferidas. Agregue qué le gusta a su amigo(a).
3. Describa en qué espera trabajar en su profesión, su área de especialización. Compare su trabajo futuro y su trabajo actual° para ser más interesante.

° *at present*

❖ V. Destreza oral

I. Con un(a) compañero(a), prepárense para una conversación entre la Dra. María Elena Serrano y un(a) joven norteamericano(a) que la llama para pedir información sobre el trabajo que hay en Monterrey. Tienen que preparar preguntas y respuestas interesantes y originales para la doctora y para el / la joven que llama. Su profesor les asignará un papel (de joven o de doctora) al presentarse a la prueba oral. Si no les interesa la administración hospitalaria, hablen de otra especialidad.

Capítulo 2

Siempre juntos, enamorados y confiados.

Nosotros, que nos queremos tanto...

Objetivos: En este capítulo, va a aprender a describir a su pareja o amigo(a), a hablar de sus relaciones y a conversar con sus compañeros(as) sobre amores y amistades.

Tema: Amores y amistades.

Gramática: El imperfecto del indicativo. El pretérito de los verbos regulares. Los verbos recíprocos. El pretérito de los verbos irregulares.

Cultura: El machismo y el marianismo. Los papeles de hombres y mujeres.

PARA COMENZAR

Y Ud., ¿qué dice? (Student tape, **Parte I**)

MARIELA: ¿Qué tal?, Andrés. ¿Cómo van las cosas?

ANDRÉS: Igual, no más°. La verdad, Mariela, es que ayer no soportaba más. *same as always*

MARIELA: Pero, hombre. ¿Qué pasó? ¿Estaba Julio ahí?

ANDRÉS: No tengo la más vaga idea. Yo estaba tan nervioso y enojado porque la sala era un desastre... y él estaba tan desagradable. No podía estudiar tranquilo. ¡Tengo que irme de ese apartamento hoy mismo! ¡No soporto más!

MARIELA: Pero, ¿por qué no esperas hasta después de los exámenes finales? Mira, yo te ayudo a arreglar las cosas ahora...

ANDRÉS: No faltaba más°. Como tú no vives con ellos...; tú no sabes cómo me sentía yo anoche. Tengo que irme y se acabó. *that's all I needed*

No se ponga a aconsejar, ¡ESCUCHE!

En nuestra sociedad, el arte de saber escuchar es algo raro. Muy por el contrario, se acostumbra a dar consejos *siempre*, cuando un amigo los pidió y cuando no los pidió también. Esta manera de reaccionar tan común puede llegar a ser una molestia para su amigo. El o ella puede pensar que Ud. le considera incapaz de enfrentar sus problemas solo y salir adelante. Por eso, es muy importante saber escuchar y luego, si es necesario, sólo cuando la otra persona ha terminado de hablar, Ud. puede decirle: "¿Quieres que te ayude?"

Tomado de *Buenhogar*, año 26, Nº 8, 9 de abril de 1991, pág. 7.

Ahora es su turno

1. ¿Qué pasó? Vuelva a leer la conversación y el artículo. Luego, escriba las respuestas a las siguientes preguntas.

1. ¿Qué problema(s) tiene Andrés?
2. ¿Es común este problema? ¿Por qué?
3. ¿Cuándo cambia Ud. de compañeros(as), antes o después de los exámenes? ¿Por qué?
4. ¿Qué frases indican el papel° de Mariela? *role*

2. Puedo ayudarte a arreglar las cosas. Mariela parece estar lista para ayudar a Andrés; ¿y Ud., qué haría? Como la información del artículo es muy importante para los jóvenes, con un(a) compañero(a) digan si las siguientes afirmaciones son válidas para Uds. también. Expliquen por qué.

1. Cuando estamos en el lugar de Mariela, nosotros damos un consejo inmediatamente.
2. Según nosotros, para mantener la amistad° es mejor escuchar y no meterse en los problemas de otras personas. *friendship*

3. Para mantener la amistad es mejor no vivir con nuestros(as) amigos(as). La independencia es mejor.
4. Es muy difícil estudiar cuando la sala o toda la casa es un desastre.
5. Lo malo de escuchar y no ayudar es que nuestro amigo puede creer que no nos interesan sus problemas.
6. En la sociedad hispana, parece que todos aconsejan, como Mariela.

3. Aplicación. Ahora que pensó en los problemas de vivir con amigos y de dar o no dar consejos, escriba una conversación entre Ud. y uno(a) de sus amigos(as) sobre un problema similar. Use sus respuestas de las actividades anteriores y algunas de las siguientes expresiones:

...no soportaba más	¿qué pasó?
estaba tan nervioso / molesto	¿por qué no esperas hasta...?
tengo que... hoy mismo	yo puedo ayudarte a...
no soporto más...	tienes que...

Noticiero cultural

El machismo y el marianismo

El **machismo** y el **marianismo** son dos tendencias complementarias que determinan el papel de hombres y mujeres en las sociedades hispanas. El **machismo**, que se define como la superioridad del hombre sobre la mujer y otros hombres subordinados y los niños, es una tendencia cultural muy acentuada que está presente en la tradición judeocristiana, en la grecoromana y también en la oriental. Así, la idea de que el machismo es propio sólo de los hispanos es un profundo error.

El machismo responde a patrones culturales muy antiguos y, por tanto, origina prácticas y costumbres tradicionales que tienen expresión tanto en la lengua como en todas las instituciones sociales y las leyes. Así, por ejemplo, se lo encuentra en las formas autoritarias de gobierno, las asociaciones comerciales entre los hombres de una familia, en los criterios morales que desaprueban la independencia de los jóvenes y las mujeres (y promueven la dependencia), en la estructura paternalista de la familia y en el orden o jerarquías que rigen las relaciones de trabajo. En general, el hombre toma las decisiones importantes a todo nivel y todos los demás lo apoyan para evitar cualquier conflicto.

El **marianismo** regula la conducta de las mujeres en estas sociedades. Su papel es el de ayudar y proteger a los hombres en sus tareas diarias, disminuir la fricción entre ellos, pasar desapercibida° y, en general, permitirles concentrarse enteramente en sus cosas. El nombre de marianismo viene del culto a la Virgen María, quien es el modelo del sacrificio y de la devoción a los hijos, al marido y a la familia. La tradición espera que la mujer sacrifique todo por su marido (y también por su padre y hermanos) y sus hijos y que, unilateralmente, sea responsable de la crianza de los niños y del bienestar del hogar. Este papel femenino se refleja también en la escasa participación femenina en las actividades

go unnoticed

políticas y en el muy reciente acceso de las mujeres a cualquier tipo de actividad profesional, universitaria o no. También es novísima la participación de las mujeres en el mundo del comercio y los negocios internacionales, donde todavía se las cuenta como una clara minoría.[1]

¿Qué opina Ud.?

Con un(a) compañero(a), trate de explicar las diferencias culturales expresadas por las siguientes frases.

Mom and Dad said they will be away.	Papá y mamá me pidieron que me quede con mis hermanos.
We will eat in my parents' house.	Vamos a comer en mi casa.

Vocabulario

❖ A. Para conversar de parejas° y amistades

partners, boy / girl friends; couples

¿Con quién andabas anoche?	Con mi chico(a) / mi mejor amigo(a) / unos compinches.
¿En qué andaban?	En nada; alquilamos unos videos / compramos una pizza / salimos...
¿Y qué decía tu chica(o)?	Que quería cambiar de compañeras(os) / conocer más gente
¿Y quién más estaba ahí?	Estaba mi amigo(a) y mi primo(a) y otra gente que no conoces.

❖ B. Mi secreto

Más expresiones para charlar con amigos(as), diciendo toda la verdad.

La verdad es que	mi novio(a)	**estaba**	tan desagradable	anoche.
	mi compañero(a)		tan envidioso	ayer.
	mi ayudante de...		tan insoportable	anteayer.
	mi supervisor(a)		tan molesto	esta tarde.

❖ A practicar

4. ¿Con quién? Diga qué hizo con cada una de estas personas el mes pasado.

POR EJEMPLO: **Con unos(as) amigos(as)** fuimos de compras, después cenamos en "Los Amigos" y luego fuimos al cine.

1. con unos / unas compinches
2. con mis compañeros(as) de...
3. con unos / unas personas de...
4. con mi chico(a)
5. con mi mejor amigo(a)
6. con mi compañero(a) de cuarto / apartamento

---

[1]Más información sobre los papeles se encuentra en Ann M. Pescatello, ed. *Male and Female in Latin America. Essays*. Pittsburgh: University of Pittsburgh Press, 1973 y en Angela Labarca and Raquel H. Pfaff. *Convocación de palabras*. Boston: Heinle & Heinle, 1991.

5. ¿En qué andaban? Con un(a) compañero(a), describan en qué andaban en las siguientes oportunidades. Luego, comparen lo que hicieron. Sugerencias: **salí, volví, dormí, leí, vi una película, comí, trabajé, alquilé unos videos, conversé con...**

POR EJEMPLO: **TÚ:** El jueves salí de 5 a 8 y después fui a la biblioteca a estudiar.
TU COMPAÑERO(A): Salí y no volví hasta las doce. No estudié nada.
TÚ: El jueves por la noche, yo salí de 5 a 8 y después fui a la biblioteca a estudiar, pero mi compañero no estudió nada. También salió pero volvió a las 12.

1. el jueves
2. el viernes
3. el sábado
4. el sábado por la noche
5. el domingo por la mañana
6. el domingo por la tarde
7. hace dos fines de semana
8. para la fiesta de...
9. para mi cumpleaños

6. ¿Qué decían? Diga qué decían estas personas cuando Ud. estuvo con ellas recientemente. Siga el modelo.

POR EJEMPLO: mis padres — Mis padres decían que querían viajar (trabajar menos / ganar más...).
Mi hermana decía que quería ir con ellos (buscar trabajo / ir a...).

1. mis padres
2. mi compinche [Sara]
3. mi mejor amigo(a)
4. mi chico(a)
5. mi supervisor(a)
6. mi compañero(a) de...
7. mi hermano(a)/ primo(a)
8. mi profesor(a)

7. Perfil emocional. Complete la siguiente tabla para poder describir el estado emocional de tres personas que Ud. conoce bien. Luego, use la tabla para escribir una descripción de estas personas y diga si son más o menos estables emocionalmente.

POR EJEMPLO: Mi amigo [Esteban] estaba molesto esta mañana, insoportable anoche y muy desagradable el sábado. Creo que el próximo año no voy a vivir con él...

¿Cómo estaba? **agradable, igual que siempre, molesto(a), envidioso(a), insoportable, desagradable...**

¿Quién? ________		¿Quién? ________		¿Quién? ________	
¿Cuándo?	¿Cómo estaba?	¿Cuándo?	¿Cómo estaba?	¿Cuándo?	¿Cómo estaba?
esta mañana					
anoche					
ayer					
anteayer					
el fin de semana					

❖ C. Más sobre parejas y amistades

Las siguientes palabras interrogativas y los ejemplos le van a ayudar a hacer buenas preguntas para escribir bien.

¿dónde?	¿**Dónde** estaba tu novio anoche? ¿**Dónde** te esperó?
¿por qué?	¿**Por qué** gritaban / se reían / saltaban tanto anoche / ayer?
¿con quién?	¿**Con quién** hablabas / conversabas / paseabas anoche / antenoche?
¿quién era?	¿**Quién era** esa muchacha tan lista que vimos la otra tarde?
¿de dónde era?	¿**De dónde era** el chico que conocimos esta mañana?
¿de quién era?	¿**De quién era** novia la chica que conocimos esta tarde?

❖ A practicar

8. Quería saber. Con un(a) compañero(a) de la clase, preparen por escrito preguntas y respuestas a lo siguiente. Esto les servirá para conversar con otros compañeros.

1. dónde vive
2. con quién vive
3. por qué (no) le gusta su compañero(a) de cuarto
4. dónde estuvo el viernes por la noche
5. con quién estuvo
6. quién era el / la chico(a) con quien andaba anoche
7. por qué andaba con él / ella
8. por qué se reían tanto
9. de quién era el coche en que iban a la fiesta
10. a qué hora regresaron a su apartamento

9. Me muero por saber. Use cinco de las preguntas que preparó en la actividad 8 para conversar con su compañero(a) sobre qué hacía ayer, anoche o el fin de semana pasado. Tome nota de sus respuestas y luego, escriba un resumen de sus actividades.

POR EJEMPLO: ¿Con quién andabas...? ¿Quién más estaba allí? ¿Cuándo...?

10. Orejas grandes. Imagine que Andrés hablaba con su novia anoche y que Ud. escuchó sólo una parte. Ahora escriba lo que dijo la chica para completar la conversación.

ISABEL:
ANDRÉS: No te enfades. No contesté al teléfono porque estaba durmiendo.
ISABEL:
ANDRÉS: Si no me crees, pregúntale a Julio.
ISABEL:
ANDRÉS: Lo siento, pero no puedo ir al cine contigo esta noche. Hay que presentar los proyectos mañana.
ISABEL:
ANDRÉS: ¡Aló, aló, Isabel! ¡Caramba!, ¡qué mujer tan insoportable! ¡Me colgó el teléfono!

11. ¡Salud, amor y sicología! Ayúdeles a resolver sus problemas a María Elena y a Guillermo. Escríbales una nota de consejo a cada uno. Déles soluciones prácticas.

Tengo un novio muy simpático y lo quiero mucho, pero no me gusta que me bese porque tiene mal aliento.° Pero él piensa que no lo amo y está muy triste. ¿Cómo le digo la verdad?

breath

María Elena

Tengo 21 años y estoy comprometido para casarme. Amo mucho a mi novia y hace tres años que somos novios. Sin embargo, salgo con otras chicas, y por eso hemos tenido problemas. ¿Qué debo hacer?

Guillermo

Noticiero cultural

Los papeles de hombres y mujeres

Como en la cultura hispana los papeles de hombres y mujeres están tan bien delimitados, los novios también deben seguirlos con cuidado. Por eso, ellas tienen que ajustarse a muchas de las actividades e intereses de ellos o acostumbrarse a tener actividades separadas con sus amigas y su familia. Esto promueve gran camaradería y solidaridad entre las mujeres. Los hombres, sin embargo, tienen que mantener un delicado equilibrio entre su amistad con otros hombres y la mantención de su independencia. A veces, esto produce desconfianza entre ellos o conflictos entre distintos hombres de un mismo grupo. En este caso, el papel de las mujeres es suavizar el conflicto y promover las reuniones sociales para mantener buenas relaciones entre los amigos.

Lea las frases que siguen y divídalas en dos grupos: cosas que dicen los hombres y cosas que dicen las mujeres.

Ya basta. ¡Esto se acabó!	Dios no más sabe qué está planeando hacerme.
Calma, yo te ayudo.	No hay de qué preocuparse; yo puedo llamar a su mujer.
Si quieres, voy yo mejor.	¿Cuándo va a entender que tiene que hablar conmigo primero?
No soporto más. ¡Me voy!	Espera, hombre. Cuéntame qué pasó antes de hacer nada.
Mira, piénsalo bien primero.	Es tan desagradable trabajar con este supervisor.

SIGAMOS ADELANTE

Para leer mejor

1. ¿Qué importancia tiene para usted tener pareja o no? Apruebe o desapruebe las siguientes afirmaciones y explique por qué las acepta (**A**) o las rechaza (**R**).

1. _____ Mi pareja tiene que ser una persona que me ayude en todo lo que hago.
2. _____ Creo que los novios deben permitirse tener una vida interesante además de cultivar su amistad o relación amorosa.
3. _____ Los celos no son una forma de halago ni expresión de amor intenso.
4. _____ El diálogo entre la pareja es la base de la comprensión y la unión.
5. _____ Las parejas discuten mucho para establecer un equilibrio en la relación amorosa.
6. _____ Cuando los hombres discuten siempre tratan de demostrar que tienen la razón.

2. Buen lector. Ahora mire la lectura en silencio y trate de adivinar° las ideas en general; no traduzca palabra por palabra. Las siguientes estrategias le pueden ayudar.

guess

Formato. Mire el artículo y vea qué estructura tiene. Por ejemplo, este artículo está dividido en secciones claramente indicadas. Vea por qué está dividido así.

Frases largas. Para evitar la frustración de las frases largas, lea primero la frase principal de manera resumida. La segunda y tercera veces, lea las frases que están entre comas. Por ejemplo:

> Bueno, ***contrariamente a lo que yo creía***, ellos estiman que tanto él como ella necesitan más independencia, ***porque no es saludable una dependencia tan estrecha***.

Primera vez: ...estiman que él y ella necesitan independencia
Segunda vez: ...estiman que necesitan independencia porque no es buena la dependencia
Tercera vez: ...es contrario a lo que creía: necesitan independencia porque no es buena la dependencia

Cognados. Tiene que tratar de adivinar los cognados. Estas son palabras semejantes al inglés y generalmente tienen un significado muy similar. Aquí tiene algunas de este capítulo.

apasionado Los dos son muy ***apasionados*** y siempre explotan. → *passionate*

independiente Una chica ***independiente*** tiene sus propias actividades. → *independent*

desaparecer Quiere que su pareja ***desaparezca*** cuando lo molesta. → *disappear, vanish*

incapaz La chica puede sentirse ***incapaz*** de hacer nada por sí sola. → *incapable*

mantener ¿Qué ***mantiene*** unidas a las parejas de independientes? → *keeps, maintains*

unir ¿Qué mantiene ***unidos*** a los amigos a través de los años? → *united*

Uso de un diccionario. Por ahora, está prohibido el uso del diccionario para leer. Si no comprende una o dos palabras, siga leyendo porque el contexto puede ayudarle a comprender. Recuerde que está leyendo para comprender las ideas generales, no para traducir palabras. Las palabras más difíciles tienen el significado en el margen.

Prefieren mantener su independencia y desenvolverse por separado.

Amorosos y obedientes, se juntan hasta para almorzar en esta plaza de San Francisco de California.

¿Cómo es su pareja?

Los apasionados

Para los apasionados, del amor al odio° hay un solo paso. Muchas veces, su amor es como un volcán en erupción y se aman con locura, pero otras veces, se odian° a muerte y desean que su pareja desaparezca del planeta lo más pronto posible. Como ninguno de los dos da su brazo a torcer°, es posible que este romance sea difícil, como en el caso de Raquel y José Enrique, quienes se sentían muy felices después de cinco años de casados, especialmente ahora que esperaban su primer hijo. Pero hasta hacía poco tiempo, siempre discutían° por todo y sus peleas° se escuchaban a una milla de distancia. La pareja° salvó su matrimonio con una gran dosis de buen humor y de compañerismo. ¿Qué mantiene unidas a las parejas de apasionados? Parece que la misma pasión que ponen en sus conflictos es también el condimento de sus buenos momentos, que no son pocos.

hatred
se detestan
gives in
would argue / fights
couple

Los independientes

En esta relación, cada uno necesita su espacio individual para funcionar. Los especialistas dicen que "una pareja puede preferir desenvolverse° por separado y, al mismo tiempo, amarse, aunque pasen pocas horas relacionados emocionalmente". ¿Qué mantiene unidas a las parejas de independientes? El secreto del triunfo en esta pareja es el apoyo que cada uno le ofrece al otro cuando lo necesita. "Yo nunca trabajaba hasta tarde, si sabía que Javier tenía un problema en el laboratorio", dice Cristina. "Me iba a casa temprano para ayudarlo a resolver el asunto. El hacía lo mismo conmigo. Nos apoyábamos mutuamente y por eso nos casamos y somos felices".

desarrollar actividades

Los amorosos y obedientes

Paul y Alissa estaban siempre juntos y no se separaban para nada. Iban juntos a clase amorosamente tomados de la mano. Si había que hacer algo, lo hacían juntos. Estudiaban siempre juntos y no les importaba que uno estudiaba para una prueba de estadística y el otro para historia del arte. ¿Qué piensan los sicólogos de este tipo de pareja? Bueno, contrariamente a lo que yo creía, ellos estiman que tanto él como ella necesitan más independencia, porque no es saludable una dependencia tan estrecha. A la larga°, la más afectada es la mujer, porque puede sentirse incapaz de hacer nada por sí sola, sin la ayuda o la compañía de su pareja. Como la vida da muchas vueltas, casi siempre va a suceder que, con el tiempo y la realidad de la vida, la pareja no va a tener tiempo para estar juntos como cuando eran jóvenes.

in the long run

Los paternales y las maternales

Son personas que siempre toman la iniciativa, o sea que, cuando niños, siempre protegían a sus otros hermanos como lo hace un padre° demasiado protector. La razón de esta reacción se encuentra en que el sobreprotector siempre quiere compensar las desilusiones que su pareja sufrió cuando niño y generalmente lo hace con exageración, hasta que la otra persona no hace nada por sí sola. ¿Qué piensan los expertos acerca de estas parejas? Dicen que para que una relación tenga buenas bases, los amigos deben respetarse más. Cuando la parte pasiva se da cuenta de que no es dueña de° sus actos, se rebela para tomar decisiones por sí misma. A su vez°, el que domina no quiere ceder° terreno. La solución es que se comuniquen abiertamente, acepten la importancia de la individualidad y se fijen reglas de respeto mutuo.

parent

no controla

in turn

dar

Los ideales

La armonía y la igualdad que imperan en las relaciones de esta pareja son el secreto que les permite funcionar tan bien. Se puede decir que el estilo de los ideales es un término medio de todos los otros estilos vistos hasta ahora: ni mucha dependencia ni total independencia. Aunque discuten y se critican, lo hacen constructivamente y, cuando comparten obligaciones, lo hacen equitativamente. Los sicólogos estiman que todas las parejas deben aspirar a este tipo de relación, por ser el único estable y duradero. Sin embargo, las estadísticas muestran que tan sólo un 20% de las parejas están en esta categoría. A pesar de todo, aunque nos parezca difícil lograr° este modelo de relación perfecta, ya sabemos que no es imposible. La armonía es la estrella que nos guía hacia la felicidad.

attain

Tomado de "¿Cuál es tu tipo de matrimonio?" por Ena Curnow. *Buenhogar*, año 29, Nº 15, 26 de julio de 1994, págs. 24–27.

---

3. ¿Qué piensa Ud.? ¿Está de acuerdo con las ideas de este artículo? Complete lo siguiente.

1. A mí me parece que si eres demasiado independiente...
2. A veces, los apasionados...
3. Cuando eran niños, los paternales protegían a...
4. La pareja ideal no...
5. Mi... es amoroso(a) porque...
6. Un independiente tiende a...

4. En cuanto a mi persona. Ahora explique qué cosas hace Ud. que aparecen en el artículo.

1. A veces, ... y yo nos odiamos a muerte si...
2. Nunca doy mi brazo a torcer cuando...
3. Siempre discuto mucho con...
4. Mi... me ofrece apoyo cuando...
5. Hay que comunicarse abiertamente para...
6. Me gusta tener cierta independencia cuando...
7. A veces, me siento incapaz de...
8. Tengo tendencia a proteger a...
9. Las cosas que comparto son...
10. Prefiero ser dueño(a) de mis propios actos, por eso...
11. A veces, no cedo terreno...

En Madrid, todos los domingos, el mismo periódico y la misma piedra, por años y años.

5. Ahora le toca a usted. Piense cómo eligió a su amigo(a) o pareja y describa cómo es él / ella. Use sus respuestas de las actividades anteriores también.

6. ¿Será la persona indicada para mí? Piense si su pareja o amigo(a) será la persona correcta para compartir su vida. Sus respuestas a las siguientes preguntas le ayudarán a decidirse.

1. ¿Cómo reacciona él / ella cuando se enfadan?
2. ¿Se comunican bien? ¿Comparten sus secretos?
3. ¿Es frugal, generoso(a), desinteresado(a), gastador(a)?
4. ¿Cómo maneja él / ella los celos?
5. ¿Se divierten juntos o separadamente?
6. ¿Tiene hábitos molestos? ¿Puede cambiarlos?
7. ¿Es incapaz de estar solo(a)?

Perlitas (Student tape, **Parte II**)

¡Somos tan diferentes!

A los hombres les es más fácil...

- Terminar una conversación telefónica rápidamente
- Beber directamente de las latas y las botellas
- Dejar hasta el día siguiente todos los platos sucios
- Casarse con mujeres más altas que ellos

A las mujeres, les es más fácil...

- Quejarse en las tiendas
- Admitirlo cuando se equivocan
- Acordarse con todo detalle de la ropa que se pusieron para el último cumpleaños
- Escoger los regalos más apropiados

Tomado de *Buenhogar*, año 26, Nº 8, 9 de abril de 1991, pág 8.

El beso en números

El beso en números

Aunque el beso tuvo su origen en la prehistoria y desde entonces sirvió como expresión de saludo, reconocimiento, afecto y amor, sólo en la época contemporánea ha sido objeto de estudios científicos. Algunos estudiosos que se han dedicado a explorar las relaciones entre el beso y la salud han llegado a conclusiones verdaderamente sorprendentes. Veamos algunas de ellas:

- Los besos acortan la vida, aunque no mucho, porque aceleran los latidos del corazón. En general, la vida de una persona de 80 años que ha besado mucho se puede acortar en unos 800 minutos, que son 13 horas,

33 minutos y 33 segundos, ya que su vida se acorta en un promedio° de 10 minutos por año. *average*

- Se determinó que en el curso de un beso apasionado, el pulso de un hombre puede acelerarse a 110 pulsaciones por minuto y el de una mujer a 108.
- También se descubrió que, en el contacto de boca a boca, los enamorados intercambian un promedio de 250 bacterias, además de una gran cantidad de virus y microorganismos, por lo que, a veces, el dolor de garganta, la fiebre y hasta algunas epidemias son el resultado directo de un beso de amor.
- El riesgo de que el SIDA se transmita por un beso parece ser minúsculo. Se estableció que el único peligro se encuentra en el intercambio de saliva que contenga sangre. Aunque el virus de la inmunodeficiencia humana ha sido detectado en la saliva, no se han reportado casos de infección causados por un beso.
- Seguramente le parecerá increíble, pero se comprobó que el beso es un método excelente para tonificar los músculos faciales, ya que en un beso "normal" usamos al menos 12 músculos de la cara y, en uno apasionado, hasta 29. No cabe duda que un beso es la gimnasia facial más agradable que se pueda recomendar.

Tomado de "El beso", *Buenhogar*, año 29, № 3, 8 de febrero de 1994, pág. 25.

---

7. Me parece que... Reaccione ante lo que leyó. Exprese su opinión por escrito completando dos de las siguientes frases en forma de párrafo.

1. Un beso apasionado (no) vale un dolor de garganta porque...
2. (No) soy dueño(a) de mis actos cuando doy un beso porque...
3. Yo creía que el SIDA (no) se transmitía... pero...
4. Hay que tener más respeto por el beso porque...

CONTINUEMOS

Estructuras indispensables

❖ El imperfecto del indicativo

In Spanish, the imperfect (meaning "incomplete") tense is used to describe actions and states in progress at a focused point in the past without mentioning the beginning or end. Therefore, the imperfect is used *to provide background information* about a story (time, place, weather) or *to set the stage* for talking about something that took place in the past. Observe these uses in the following paragraph.

Eran las 5:00 de la tarde de un caluroso día de verano. Catalina **sonreía** de felicidad porque **era** el día de su cumpleaños. Por fin, **tenía** 15 años y ya **era** toda una mujer. Ya **podía** ir a fiestas y salir en grupo o con muchachos. En la cocina, su madre, su abuela y la criada **preparaban** deliciosos bocadillos para su fiesta de quinceañera. Mientras tanto, la tía Carmen **ponía** flores por todas partes. En su habitación, Catalina **se vestía** y **pensaba** en su amigo preferido, Luis Miguel. **Eran** amigos desde niños y **asistían** a la misma escuela. Como Luis Miguel **era** un chico simpático, guapo y muy romántico, pensar en él la **hacía** muy feliz. Catalina **creía** que **estaba** enamorada por primera vez.

At this point, you might say, "very nice, but what happened that night?" because the long description does not tell you anything about the action. The story sounds incomplete or imperfect because, up to this point, only the background has been described using the imperfect tense. Conversely, the action that occurred against this background is told in the preterit tense (discussed in the following section). Although it is not easy to decide what should be expressed in the imperfect and what in the preterite, with practice you can learn some of the predictable uses of both tenses.

The following are the endings for all Spanish verbs in the imperfect, except **ser**, **ir**, and **ver**, which have irregular forms.

El imperfecto del indicativo

apoyar *(to support)*	**tener**	**compartir** *(to share)*
apoy**aba**	ten**ía**	compart**ía**
apoy**abas**	ten**ías**	compart**ías**
apoy**aba**	ten**ía**	compart**ía**
apoy**ábamos**	ten**íamos**	compart**íamos**
apoy**ábais**	ten**íais**	compart**íais**
apoy**aban**	ten**ían**	compart**ían**

ser	**era, eras, era, éramos, erais, eran**
ir	**iba, ibas, iba, íbamos, ibais, iban**
ver	**veía, veías, veía, veíamos, veíais, veían**

Use the imperfect to describe:

- *weather and scenery (to set the stage and to provide background information)* — **Hacía** calor y **había** luna llena.
- *actions and states in progress (ongoing)* — **Conversaba** con su chico al lado de la piscina. Paulina **estaba** contenta mientras **escuchaba** a Iván.
- *time of day* — **Eran** las once de la noche y había luna llena.
- *age* — **Tenía** veinte años y ya estaba comprometida.
- *habitual past actions* — Siempre **iban** juntos a todas partes.

- *repetitive past actions* Su chico la **interrumpía** cada vez que **quería** regresar.

¡OJO! Use the imperfect when in English you want to express...

used to (habitual past actions)	Paul and Alissa *used to* study together and share everything. Paul y Alissa **estudiaban** juntos y **compartían** todo.
was / were + verb -ing (past actions in progress)	They *were preparing* delicious hors d'oeuvres when . . . Su madre y su abuela **preparaban** deliciosos bocadillos cuando...
would*[2] + *infinitive (for habitual past actions)	I *would* never *work* late if Javier had a problem. Yo nunca **trabajaba** hasta tarde si Javier tenía un problema.

[2]**Note:** When *would* is a conditional modal verb in English, the conditional must be used in Spanish, too. I *would help* you but I have to study.
Te ayudaría pero tengo que estudiar.

Expresiones útiles para empezar a hablar del pasado

Cuando era chico(a),...
Cuando vivía / trabajaba en
_______________, ...
Antes, me gustaba / creía que / quería..., pero ahora...
Cuando estaba en el colegio...
De niño(a), me gustaba... y también...

❖ A practicar

1. La vieja pasitas y el viejo pasitos. Lea en voz alta el siguiente poema de Gloria Fuertes, diciendo la forma imperfecta de los verbos en paréntesis.

La vieja pasitas y el viejo pasitos° — *short steps*

El cuerpo de la vieja (ser) una pasa,° — *raisin*
las manos de la vieja (ser) dos pasas
dos pasas, pero suaves como rasos,
—lo que andaba el viejo (ser) dos pasos°—. — *steps*
(Tener) casi un siglo y (ser) novios;
la vieja le (llamar) su Tenorio°. — *Don Juan*
El viejo le (mirar) las encías° — *gums*
—la muerte les (mirar) noche y día—.
El viejo para andar (dar) pasitos,
la vieja (ser) un reuma dando gritos;

los palos retorcidos de sus dedos
(mover) las agujas° del lanero. — *knitting needles*
Un niño (cantar): ¡Las flores de abril!
El viejo (decir): Me quiero morir,
y después (toser) y (gruñir)° al fin. — *grunt*

Gloria Fuertes, *Obras incompletas*. Madrid: Editorial Cátedra, S.A., 1981, pág. 92.

2. Así era mi fin de semana. Piense en un lugar adonde iba con su grupo, chico(a) o amigo(a) y dígale a otro estudiante tres actividades que hacían cuando era chico(a).

Lugares		*Actividades*	
el campo	un restaurante	hacer ejercicio	andar con...
la playa	un café	comer	correr con...
el estadio	una tienda	conversar y compartir	discutir con...
el gimnasio	el zoológico	disfrutar de la naturaleza	trabajar en...
el campus	la calle	ver un partido de fútbol	observar a...
en casa	un parque	ver los monos / elefantes	ver la tele con...

POR EJEMPLO: El sábado por la mañana, mirábamos los monos en el zoológico y observábamos a la gente. Por la tarde, trabajábamos en el centro comercial. El domingo temprano, asistíamos al servicio de la iglesia y también me gustaba...

3. Niñerías de antes. Dígale a un(a) compañero(a) qué hacía antes que hoy ya no hace. No olvide usar las expresiones que indican con qué frecuencia hacía las cosas: **(casi) siempre / nunca**, **a veces**, **a menudo**.

POR EJEMPLO: Cuando tenía 15 años, siempre veía películas románticas pero ahora ya no me gustan.

1. montar en bicicleta
2. jugar con mis amigos en el parque
3. mirar "Plaza Sésamo" en la televisión
4. recoger insectos o coleccionar flores secas
5. leer cuentos policiales
6. ir a la playa / piscina
7. visitar a mis...
8. comer comida grasosa
9. disfrazarme de ángel para el día de las brujas
10. dormir en casa de mis amigos

4. Y los sueños, sueños son... Piense en un sueño en el que Ud. estaba en un lugar ideal con su pareja ideal. Use el imperfecto para describir el escenario° de su sueño. Luego, comparta su sueño con su compañero(a).

° *the stage*

POR EJEMPLO: Estábamos en una isla tropical. Hacía calor, pero al lado del mar se sentía una brisa suave y fresca....

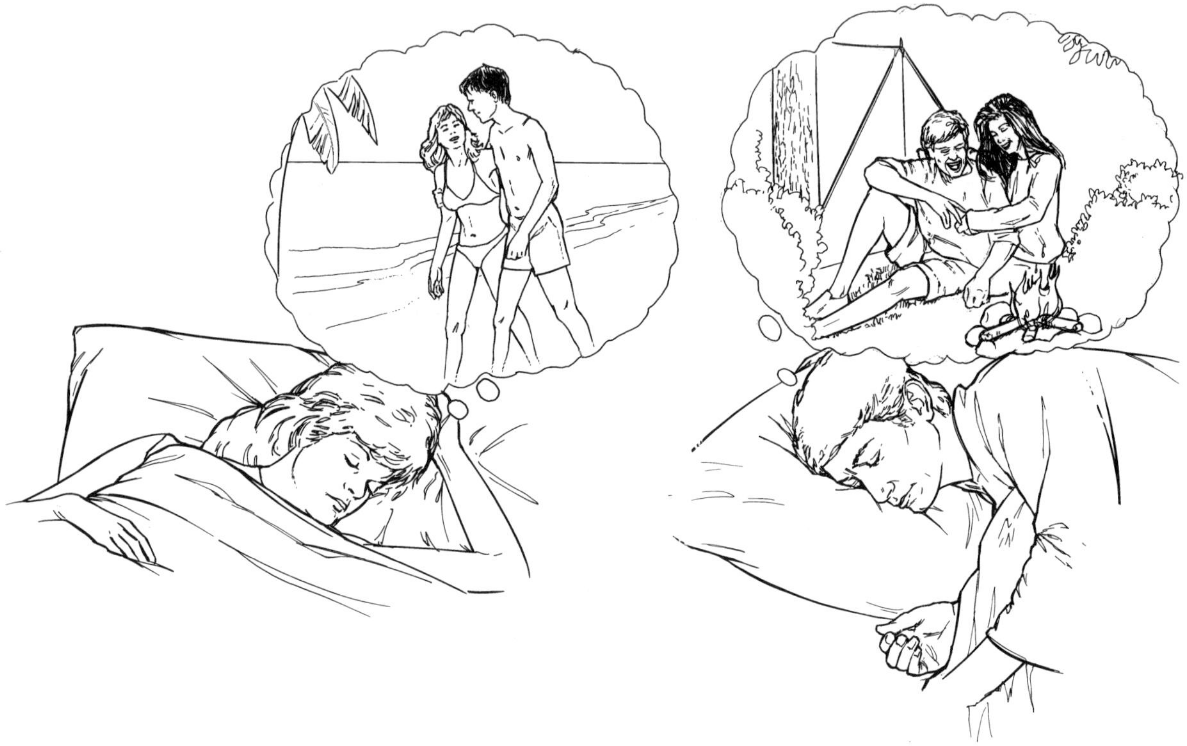

5. El mundo cambia. Compare la vida de sus padres cuando eran jóvenes con su propia vida hoy en día. ¿Qué no hacían o no podían hacer ellos que Ud. hace hoy?

POR EJEMPLO: Ellos no bailaban en las discotecas sino en los festivales del pueblo. Pero ahora, mis amigos y yo vamos a las discotecas todas las semanas y volvemos muy tarde.

6. Mi primer amor. En parejas, cuéntense cómo era su primer(a) enamorado(a). Deben usar por lo menos cuatro oraciones y describir tanto su físico como la personalidad. Después compartan la información obtenida con toda la clase.

POR EJEMPLO: El primer enamorado de Diana se llamaba Alex. Era muy alto y tenía pelo y ojos oscuros. Jugaba en el equipo de básquetbol. Era muy activo y cómico.

❖ El pretérito de los verbos regulares

The preterit tense is used to indicate that an event, action, or condition was completed in the past. To indicate completion of the action, it may focus on its beginning or end in the past. Notice in the paragraph below how the verbs are woven together.

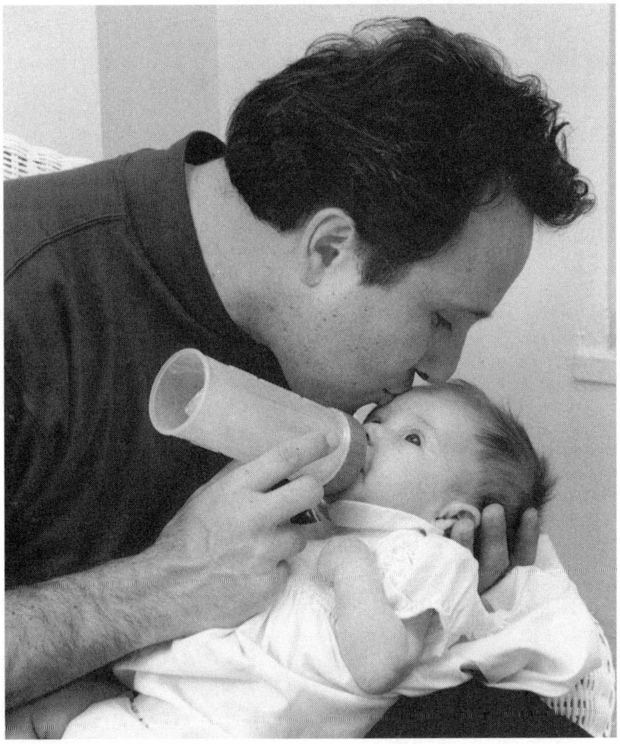

A este papá le encanta su nueva opción; ahora puede cuidar a su bebita.

Desde la explosión del feminismo, los logros han sido mayores que las derrotas. El feminismo **ayudó** a millones de mujeres a realizar sus sueños y a alcanzar metas que hace 20 años eran inimaginables. También **aumentó** el respeto de los hombres por las mujeres y la autoestima del llamado sexo débil y **trajo** mayor flexibilidad en el trabajo y nuevas opciones para cuidar a los niños. Además, **reformó** los programas educativos desde el jardín infantil hasta las universidades y también las cortes de justicia y las campañas políticas. Más que nada, **revolucionó** las costumbres de conocerse, casarse, coquetear y hacer el amor. El feminismo **atacó** tantos frentes al mismo tiempo que, para la década de 1990, **se convirtió** en el agua que tomamos diariamente. Claro está que en el agua que bebemos no sólo hay buenas sino malas bacterias. ¿Cuál es la bacteria mala del feminismo? Su peor error **fue** vender la imagen de la mujer víctima y del hombre verdugo.

Tomado de *Semana, Mujer activa,* año 2, Nº 13, pág. 62.

Preterit forms of regular verbs

soñar	**conocer**	**salir**
soñ**é**	conoc**í**	sal**í**
soñ**aste**	conoc**iste**	sal**iste**
soñ**ó**	conoc**ió**	sal**ió**
soñ**amos**	conoc**imos**	sal**imos**
soñ**asteis**	conoc**isteis**	sal**isteis**
soñ**aron**	conoc**ieron**	sal**ieron**

-ar	**-er**	**-ir**
ayudaste a limpiar la casa	bebiste unas copas	compartiste los gastos
pasamos mucho tiempo juntos	nacimos° en...	decidimos cuándo trabajar
invité a unos compinches	crecí° en...	escribí varias cartas
controló a su pareja	aprendió a escuchar	salió con su grupo
	entendió todo	

nacer: *to be born*
crecer: *to grow up*

Verbs with spelling changes

1. Several verbs have spelling changes *only* in their ***yo*** forms in the preterit.

c → qu	sa**c**ar → sa**qu**é	bus**c**ar → bus**qu**é	expli**c**ar → expli**qu**é
g → gu	lle**g**ar → lle**gu**é	pa**g**ar → pa**gu**é	ju**g**ar → ju**gu**é
z → c	empe**z**ar → empe**c**é	almor**z**ar → almor**c**é	organi**z**ar → organi**c**é

2. Stem-changing **-ir** verbs change in their preterit ***él / ella / usted*** and ***ellos / ellas / ustedes*** forms.[3]

e → i	p**e**dir → p**i**dió, p**i**dieron	s**e**ntir → s**i**ntió, s**i**ntieron	cons**e**guir → cons**i**guió, cons**i**guieron
o → u	d**o**rmir → d**u**rmió, d**u**rmieron		m**o**rir → m**u**rió, m**u**rieron

3. Several **-er** and **-ir** verbs have a change in the ***él / ella / usted*** and ***ellas / ellas / ustedes*** preterit forms when their stem ends in a vowel: **i** between two vowels changes to **y**.

e / i → y	leer → le**y**ó, le**y**eron	oir → o**y**ó, o**y**eron	construir → constru**y**ó, constru**y**eron

La semana pasada, mi mejor amigo me **pidió** salir a correr temprano. El no **oyó** el reloj, pero los chicos de arriba hicieron tanto ruido que **consiguieron** despertarnos a las 7. **Busqué** mis zapatillas de correr y **llegué** a la calle antes que él. Lo esperé un rato, pero no apareció. Parece que él **se durmió** otra vez, porque ese día corrí solo.

❖ A practicar

7. Ayer, no más. Diga qué hizo ayer a las horas indicadas.

POR EJEMPLO: Ayer salí de mi residencia a las 8:30 y a las 9:00 tomé un examen de química muy difícil.

[3]For a list of other stem-changing **-ir** verbs, see page 18 and the Appendix.

1. a las 11:00 en punto
2. como a las 12:30
3. a la 1:00
4. a las 3:30, más o menos
5. como a las 6:00
6. alrededor de las 7:15
7. después de las 8:30
8. a las 10:00, más o menos
9. después de la medianoche

8. Notas sociales. En grupos de tres y usando la información incluida, escriban notas sociales de acontecimientos recientes.

Los novios se van a la fiesta acompañados de los mariachis después de casarse en San Miguel de Allende.

La quinceañera, con un vestido que es un sueño, baila el primer baile con su papá.

POR EJEMPLO: Paula Jaramillo y Luis Carlos Estrada / casa de Paula / comprometerse / sábado pasado / padres ofrecer elegante cena para celebrar

> El sábado pasado en casa de la familia Jaramillo se comprometieron Paula Jaramillo y Luis Carlos Estrada. Los padres de Paula ofrecieron una elegante cena para celebrar la ocasión.

1. Sandra Uribe / cumplir 15 años / el viernes pasado / elegante baile / recibir muchos regalos
2. el domingo a mediodía / Iglesia de la Misericordia / bautizar / bebé de Carolina María Posada y Juan Esteban Duque / llamarlo Juan Carlos / padrinos ser Isabel Suárez y Luis Felipe Gutiérrez
3. el sábado 22 de agosto 6:00 P.M. casarse / Ana Clara Duque Cano y Nicolás Samper Uribe / Iglesia de Santa María de los Ángeles / recepción ser Club Campestre / muchos invitados asistir
4. Su propia noticia real o imaginaria

9. El flechazo de Cupido. A veces, muchas personas se preocupan cuando sienten ciertos síntomas. No entienden que no están enfermas sino que se enamoraron con locura. Para saber cómo se sintió una chica, complete el párrafo con la forma del pretérito de los verbos.

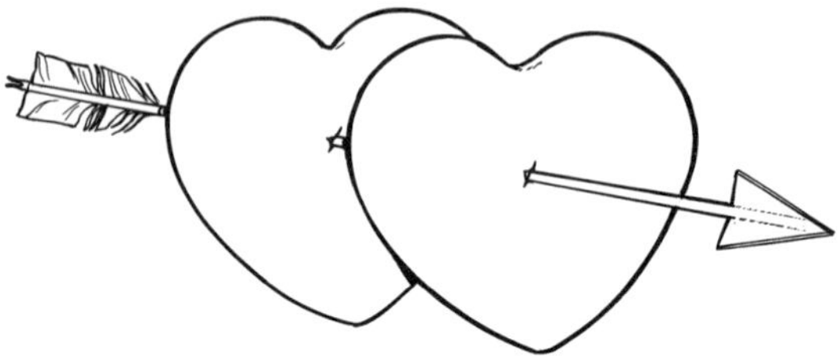

Cuando tú lo (ver) por primera vez, te (quedar) boquiabierta y te (paralizar). (Sentir) como si él tuviera un imán. Cuando él te (hablar) no le (contestar). ¿Por qué te (suceder) esto? Ese (ser) el llamado "flechazo", que a veces puede ocasionar un desequilibrio hormonal en nuestro organismo. Físicamente, se experimentan muchas reacciones y eso (ser) lo que te (suceder) a ti. (Darte) hipo°, tu apetito se (alterar), tus pupilas se (dilatar) y (sentir) un cosquilleo° en el estómago. Pero no te preocupes por tu salud; no estás enferma. Los síntomas sólo expresan tus sentimientos, sobre todo cuando estás parada frente a él.

hiccups
tickling

10. Nuestras vidas. Este es el tema de conversación más interesante. Usen la lista que sigue para hacerse preguntas y conversar con un(a) compañero(a). Agregue su propia pregunta en el Nº 10.

1. lugar donde nació
2. lugar donde creció
3. escuela primaria / secundaria a la que asistió
4. cómo y con quién celebró las fiestas el año pasado
5. cuándo y cómo conoció a una persona querida
6. quién los presentó°
7. por qué eligió esta universidad
8. dónde consiguió trabajo para el verano
9. qué película buena vio últimamente
10. ¿...?

introduced you

11. Metí la pata. Lea lo que nos cuenta una joven ecuatoriana. Primero, identifique los verbos en pretérito. En seguida, cuénteles a sus compañeros(as) cómo metió la pata Ud. alguna vez. Siga el modelo.

Un día, llamé a mi novio por teléfono y, sin esperar a identificar su voz, empecé a decirle cosas románticas. Pero me llevé una gran sorpresa, ¡porque fue *su papá* el que contestó el teléfono!

Margarita Cordero, Quito

12. El día del amor y la amistad. El día de San Valentín o día del amor y la amistad en muchos países es un día para celebrar la amistad y el noviazgo. Describa cómo celebró Ud. este día la última vez.

POR EJEMPLO: Invité a... a cenar y también le... Mi amigo(a) me llamó y me pidió... Le mandé una tarjeta y...

❖ Los verbos recíprocos

Reciprocal verbs indicate reciprocal actions, or things that people do to or for one another. English generally uses *each other* or *one another* to express reciprocal action. In Spanish, reflexive pronouns in the ***nosotros***, ***vosotros***, and ***ellos / ellas / ustedes*** forms are used instead. Reciprocal verbs are very common when people talk about friendships and relationships.

> **Se quieren** con locura. **Se cuentan** todo lo que pasa y **se ayudan** en todo. Por el contrario, nosotros **nos hablamos** sólo dos veces a la semana. Es que nosotros recién **nos conocimos**.

These are some commonly used reciprocal verbs.

saludarse	casarse	escribirse	amarse con locura
besarse	separarse	contarse todo	criticarse
abrazarse	divorciarse	conocerse	odiarse
mirarse	pelearse	hacerse amigos	detestarse
quererse	comunicarse	entenderse	llevarse mal
ayudarse	llamarse	llevarse bien	molestarse
enamorarse	hablarse	apoyarse	no soportarse
comprometerse	juntarse con...		

The following charts show how to conjugate reciprocal verbs in the present, preterit, and imperfect tenses.

Present		
nos apoyamos	**os** apoyáis	**se** apoyan
nos conocemos	**os** conocéis	**se** conocen
nos escribimos	**os** escribís	**se** escriben

Imperfect		
nos apoyábamos	**os** apoyabais	**se** apoyaban
nos conocíamos	**os** conocíais	**se** conocían
nos escribíamos	**os** escribíais	**se** escribían

Preterit		
nos apoyamos	**os** apoyasteis	se apoyaron
nos conocimos	**os** conocisteis	**se** conocieron
nos escribimos	**os** escribisteis	**se** escribieron

Mi novia y yo **nos llevamos** muy bien; **nos conocemos** desde que éramos chicos y **nos entendemos** muy bien, porque somos del mismo pueblo. Anoche **nos contamos** todo lo que hicimos la semana pasada, porque no **nos vimos** por unos días. Nunca **nos peleamos** porque **nos sabemos** tolerar.

❖ A practicar

13. Rima fácil. Complete la siguiente rima con los pronombres recíprocos apropiados. Léala en voz alta y luego, con otro(a) compañero(a), traten de inventar su propia rima.

No me mires, que miran que ____________ miramos,
y si miran que ____________ miramos,
dirán que ____________ amamos.

14. Distancia. Escríbale una nota a una persona querida sobre sus sentimientos cuando está lejos.

POR EJEMPLO: Te extraño, porque cuando estamos juntos nos comunicamos con la mirada y nos... . Además, cuando estás aquí, nos... y nos... muchas veces. Ahora estoy tan solo(a).

15. La pelea del año. Describa un momento desagradable en su residencia. Puede ser una gran discusión con sus compinches o una pelea de otro grupo de estudiantes.

POR EJEMPLO: Todo empezó por el ruido (la música / la ropa...). Todos se gritaron y se dijeron tremendos insultos. Después de eso, no se saludaron ni se... por mucho tiempo. (*or*)

Ayer tuvimos una pelea en nuestro apartamento. Todo empezó por... Nos gritamos y nos dijimos... Ahora, todo el mundo está enfadado y nadie se saluda ni se...

16. Buenos compinches. Con un(a) compañero(a), preparen preguntas sobre qué ayuda se prestan los buenos compinches. Luego, usen las preguntas para conversar sobre la vida en grupo. Usen verbos recíprocos de la lista en la página 57 o **hacerse amigos**, **llevarse bien / mal**, **entenderse**, **tolerarse**, **ayudarse**, **apoyarse**, **comunicarse**, etc.

POR EJEMPLO: llevarse bien → ¿Se llevan bien tú y tu compañero(a) de cuarto?
pelearse → ¿Se pelean a menudo? ¿Por qué se pelean?
tolerarse → ¿Se toleran cuando...?

❖ El pretérito de los verbos irregulares

Some verbs have irregular stems in the preterit tense, but their endings are the same.

Irregular preterit forms[4]

decir	traer	venir	tener	estar	ser	ir
dije	traje	vine	tuve	estuve	fui	fui
dijiste	trajiste	viniste	tuviste	estuviste	fuiste	fuiste
dijo	trajo	vino	tuvo	estuvo	fue	fue
dijimos	trajimos	vinimos	tuvimos	estuvimos	fuimos	fuimos
dijisteis	trajisteis	vinisteis	tuvisteis	estuvisteis	fuisteis	fuisteis
dijeron	trajeron	vinieron	tuvieron	estuvieron	fueron	fueron

hacer	querer	dar	poder	poner
hice	quise	di	pude	puse
hiciste	quisiste	diste	pudiste	pusiste
hizo	quiso	dio	pudo	puso
hicimos	quisimos	dimos	pudimos	pusimos
hicisteis	quisisteis	disteis	pudisteis	pusisteis
hicieron	quisieron	dieron	pudieron	pusieron

The verbs **ir** and **ser** have the same preterite forms, but their meaning is clarified by context.

Fui con ella a una excursión y nos enamoramos.

Fui muy infeliz antes de conocer a Ángeles.

Para conectar los eventos

The following expressions are very useful to connect events when you are narrating a story. Use a comma after any of them.

al principio°	primero°	entonces	después (de eso, de un rato)
en seguida	de repente	luego	por fin / por último

°*at first / first*

Ayer, Carlos y Alicia decidieron hacer una excursión a las montañas. **Primero**, ***condujeron*** a la estación de gasolina y revisaron el coche. **En seguida**, ***fueron*** al supermercado a comprar provisiones. **Luego**, ***hicieron*** las maletas y ***se pusieron*** las chaquetas impermeables y las botas de montañismo. **Por último**, ***se despidieron*** de la madre de Alicia, quien les trajo una frutas para el viaje. Pero, **de repente**, llegó Miguelito, el hermanito de Alicia, llorando porque le robaron su bicicleta. **Entonces**, Carlos y Alicia le ***dieron*** unos dulces a Miguelito para distraerlo un poco pero el niño no los ***quiso***. **Por fin**, **después de un rato**, el niño se calmó y **entonces** ellos ***se fueron*** felices a la excursión.

[4]**Traducir (traduje)** and **conducir (conduje)** are like **decir**; **andar (anduve)** is like **tener**. **Detener**, **contener**, **obtener**, etc. also are like **tener**.

❖ A practicar

17. La boda de Clemencia. Cambie los verbos al pretérito y también las expresiones de tiempo, según sea necesario para contar la boda de Clemencia.

Hoy es la boda de Clemencia y toda la familia se prepara para el gran día. La abuela viene de muy lejos y le trae su collar de perlas a su nieta porque dice que la quiere mucho. Clemencia está muy feliz con este regalo y le da a la abuela un besote muy grande. También le dice que nunca lo olvidará. Sin embargo, por un rato la chica también se siente triste porque su abuelo no puede venir a la boda. Más tarde, todos van a la iglesia y la ceremonia resulta preciosa. La nieta, la madre y la abuela se sienten muy unidas hoy.

18. Recuerdos del pasado. Conteste las siguientes preguntas.

1. Piense en su primera cita. ¿Quién invitó? ¿Con quién salió? ¿Qué hicieron?
2. Piense en un día horrible en su vida sentimental. ¿Qué pasó?
3. Piense en la primera vez que condujo un coche. ¿Cómo se sintió? ¿Adónde fue?
4. Piense en su baile de graduación de la escuela secundaria. ¿Con quién fue? ¿Qué traje / vestido se puso? ¿A qué hora tuvo que regresar a su casa?

19. ¿Indiscreto(a) yo? Hágale preguntas a un(a) compañero(a) sobre su última cita. Después cambien papeles. Use la siguiente guía y añada sus propias ideas. Pregúntele en español...

1. when the last date was
2. who invited / paid
3. what they wore
4. where they went
5. what they did
6. whether they had a good time
7. whether they are planning to go out again
8. ¿...?

20. ¿Dónde te metiste? La madre de Federico está muy preocupada y quiere saber qué hizo él entre las 6 de la tarde y las 9 de la noche, cuando nadie pudo

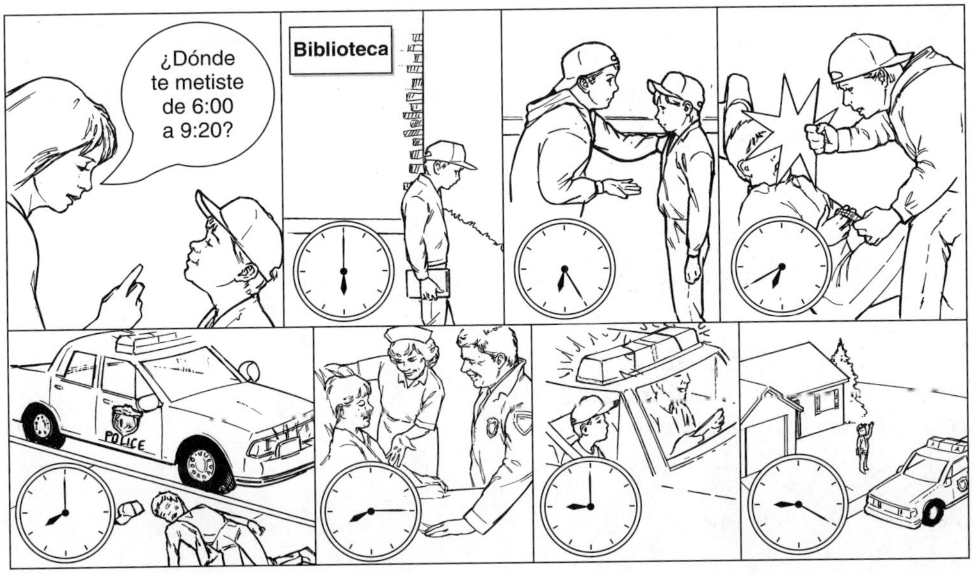

encontrarlo. Mire los dibujos que representan lo que hizo Federico y luego narre en el pretérito la secuencia de sus acciones.

POR EJEMPLO: Esta tarde a las seis, Federico salió de la biblioteca y...

Verbos útiles: **empezar**, **pedir**, **dar**, **hacer**, **golpear**, **estar**, **detenerse**, **despertarse**, **llevar**, **conducir**

21. Y los sueños, sueños son. (Continuación) Recuerde la actividad de la página 52, en que Ud. describió el escenario de un lugar ideal con su pareja ideal. Ahora describa qué pasó o dé la secuencia de los hechos en ese día tan especial. Use verbos de la siguiente lista y añada otros si quiere: **decir**, **traer**, **tener**, **hacer**, **querer**, **dar**, **poner**, **ir**, **andar**.

22. Un día importante. Recuerde un día importante en su vida (su primera cita, el primer día de universidad, la primera compra con su propio dinero) y escriba una narración de los hechos de ese día, usando expresiones de orden cronológico y verbos en pretérito.

Fíjese bien

❖ Para traducir la palabra *time*

The word *time* can be expressed in several ways in Spanish.

1. **Tiempo** is used to indicate *time in a general or abstract sense.*

   El tiempo vuela cuando te diviertes.
   Hace mucho tiempo que no lo veía.

   Tiempo is also used to indicate a *period of time.*

   ¿Cuánto **tiempo** necesitas para preparar la cena?
   Mucho **tiempo**, pero **no tengo tiempo** ahora.

   A tiempo means *on time.*

   Tienes que apurarte si quieres llegar **a tiempo**.

   Tiempo also means *weather.*

   No pudimos salir porque hizo **mal tiempo**.

2. **Vez** is used to indicate *an instance.* Modifiers indicate number of instances.

   Cada vez que te veo quiero decirte que te amo.
   Nos peleamos **muchas veces** pero nos queremos mucho.
   No quiero enamorarme **otra vez. Rara vez** soy feliz.

   A veces means *sometimes.*

   A veces me deprimo cuando nos peleamos.

3. **Hora** expresses a *specific time of day or a specific amount of time*. To ask for the time, use ¿Qué **hora** es? To indicate duration, also use **hora(s)**.

Llegó **la hora** de dormir.
¿Qué hora es? Son las 8:50, ya es **hora** de irnos.
Anoche hablé con mi mejor amigo **por dos horas**.

❖ A practicar

23. Español e inglés. Indique cuál de las palabras (*tiempo*, *hora*, *vez*) corresponde a la expresión subrayada. No olvide dar la forma correcta de la palabra (singular o plural). Si desea practicar más, traduzca toda la frase al español, no sólo la expresión subrayada.

1. Every time I see her I get the hiccups.
2. I don't have time to go to the movies with you tonight. I have an exam tomorrow.
3. How many times do I have to tell you that I love you?
4. At what time should I pick you up? This is a formal dinner and we have to be there on time.
5. How long are you going to be away? I'll miss you.
6. Let's stay home this time. I am very tired.
7. The weather is going to get worse, too.
8. Sometimes we like to go for a walk in the park, but we haven't been there for a long time.

FINALMENTE

Para escuchar activamente

(⏩ Student tape, **Parte III**)

❖ Hay que prepararse

Cuando escuchamos un anuncio que pide compañeros de apartamento, nos podemos formar una buena idea si le ponemos atención a dos cosas:

- las características de la persona que buscan
- las actividades preferidas de la gente que vive en el apartamento o casa

1. Piense y escriba cuatro características deseables en una persona que va a vivir con Ud.

POR EJEMPLO: Me llevo bien con una persona ordenada, no muy / apasionada, que da su brazo a torcer a veces / no discute todo el tiempo / no me vuelva loco con la música.

2. Según las descripciones de distintos tipos de personas que vimos en este capítulo, piense y escriba dos frases que describan a un(a) buen(a) compañero(a) de apartamento. Siga el modelo.

POR EJEMPLO: Buscamos una chica para vivir con nosotras en casa grande y agradable. Llama al 555–2222 si te llevas bien con gente joven, si soportas la música a todo volumen y si te gustan los animales. Nosotras somos más bien apasionadas por el arte, tenemos muchos amigos y muchas veces hacemos fiestas los fines de semana.

❖ Buen entendedor

Ahora escuche la **Parte III** de su cinta cuatro veces.

1. Fórmese una idea general.
2. Anote algunas características (adjetivos) de la persona que buscan.
3. Anote dos frases que describen a esta persona.
4. Agregue otros detalles u otra frase.

Para escribir mejor

❖ Buena historia

Imagínese que Ud. tiene una entrevista para una beca la próxima semana y que le han pedido que escriba una narración de algo que le pasó en el pasado que es importante para Ud. o que lo impresionó mucho.

1. Escriba dos o tres frases introductorias en el imperfecto que puedan captar el interés de la persona que lee o escucha su narración.

POR EJEMPLO: Yo sólo tenía diecisiete años y hacía tres meses que vivía en / con...

2. Escriba al menos tres frases sobre la persona con quien Ud. vivía, usando adjetivos y expresiones idiomáticas aprendidas en este capítulo.

POR EJEMPLO: Mi compañero(a) era muy... y también... Nunca daba su brazo a torcer / cedía terreno / soportaba el desastre en la sala / a veces hacía mucho ruido... Siempre andaba con...

3. Describa al menos tres actividades o tres aspectos del ambiente de la casa usando el vocabulario, expresiones y el imperfecto aprendidos en este capítulo.

POR EJEMPLO: Era una casa / apartamento / un cuarto muy... y... Como muchas veces hacía frío / calor... teníamos... Nos llevábamos bien / mal y salíamos / trabajábamos / peleábamos mucho y también...

4. Ahora describa qué pasó un día específico. Use más expresiones idiomáticas y el pretérito aprendidos en este capítulo. Use expresiones de secuencia para indicar en qué orden sucedieron° las cosas.

POR EJEMPLO: Cuando se enojaba, [Todd / Christina] no era dueño(a) de sus actos. Un día, nos gritamos (nos enojamos / nos contamos...) porque... y él / ella... Se fue de la casa / la habitación... y después me llamó (me pidió / me dijo...).

5. ⏩ Grabe su historia en audio o videocinta y compártala con sus compañeros(as). Puede agregarle efectos visuales, musicales o de sonido; también puede agregarle un segmento de una conversación entre Ud. y su amigo(a).

Glosario

Sustantivos

amistad(es) *f.* friendship
ayudante *m.* / *f.* assistant
beso *m.* kiss
compinche *m.* pal
novio(a) boyfriend, girlfriend; groom, bride, fiancé(e)
ruido *m.* noise
sarcasmos *m.* sarcasm
sobrino(a) nephew, niece

Adjetivos

amoroso(a) lovely
apasionado(a) passionate
celoso(a) jealous
(des)agradable (un)pleasant, (not) nice
envidioso(a) envious, jealous
guapo(a) handsome
insoportable unbearable
molesto(a) upset

Verbos

aconsejar to advise
alquilar to rent
andar to walk
apoyarse to support each other
ayudarse to help each other
besarse to kiss each other
casarse (con) to get married (to)
conocerse to know each other; to know, meet somebody
colgar to hang up (telephone)
compartir to share
contarse to tell each other
discutir to argue
empezar to begin, start
enfadarse to get mad / upset
entenderse to understand each other
escuchar(se) to listen to (oneself / each other)
gritarse to shout at each other
nacer to be born
pedir to request, ask for
pelearse to have a fight, argue; to break up
quejarse to complain
quererse to love each other
sentirse to feel (bad)
soportar(se) to support, tolerate (each other)
tolerar(se) to tolerate (each other)

Expresiones idiomáticas

andar con hambre / con frío / con sueño to be hungry / be cold / be sleepy
a su vez in turn
dar el brazo a torcer to give in
estar molesto to be mad / upset
hacer ruido to make noise
hay que one must, has to
¿Qué hora es? What time is it?
ser dueño de sus actos to be in full control of oneself
tener que to have to
tiempo *m.* time; **a tiempo** in / on time; **por un tiempo** for a while; **buen / mal tiempo** good / bad weather

Expresiones de secuencia y frecuencia

a menudo often
al principio at first
antes before
casi nunca / siempre almost never / always
de repente suddenly
después de eso / de un rato after that / a while
entonces then
en seguida at once, immediately, right away
luego then, afterwards
primero first(ly)
por fin finally
por último lastly
vez *f.*: **cada / otra vez** every / another time

Autoprueba

Repase este capítulo y después haga esta prueba para ver qué más necesita estudiar.

❖ I. Cultura hispana

A. Complete las siguientes frases según lo que estudió en este capítulo.

1. En las culturas hispanas, los papeles de hombres y mujeres están claramente diferenciados porque...
2. En español se dice **papá y mamá** porque...
3. El machismo y el marianismo no se oponen sino que se complementan porque...
4. Cuando una niña celebra su quinceañera, se considera que ya es una mujer. Por ejemplo, ella ya puede...
5. Mariela, la amiga de Andrés, tiene el papel de...
6. Si un hispano me dice: ¿En qué andabas anoche?
   Yo le contesto: En...

II. Vocabulario y lectura

B. Complete esta ficha personal con sus datos personales. Luego, complétela con los datos de un compañero de la clase de español.

Ficha personal

_______________________________________ Edad: ____________

Nombre Apellido paterno Apellido materno (años)

____

Carrera Profesión Campo Profesional

____

Qué hace en su tiempo libre Dónde trabaja

____

De físico, ¿cómo es Ud.? Cómo se siente si lo critican

____

Qué cosas le gusta compartir con alguien Qué cosas le enfadan

____

Tipo de persona que es Ud. Tipo de persona que le gusta como compinche

____

Tipo de persona que le gusta como pareja ____________________

____

C. Dé dos palabras en español que estén asociadas en este capítulo a cada una de las siguientes. Pueden ser sustantivos, adjetivos, verbos o expresiones.

1. ¿en qué andabas?
2. estaba tan insoportable
3. ¿por qué gritaban?
4. salí y...
5. anoche
6. enfadarse
7. alquilar
8. anteayer
9. ¿con quién...?
10. ¿con quién andabas?
11. compartir
12. llevarse mal

D. Lea lo siguiente y conteste las preguntas. Use las estrategias de lectura y el vocabulario que aprendió y también los cognados que pueda reconocer.

Los hijos del divorcio

El divorcio es una realidad social de nuestros tiempos y, con muy pocas excepciones, el promedio de divorcios crece y crece en muchos países. Algunos expertos calculan que, de los niños nacidos en la década pasada, aproximadamente el 50% van a sufrir el divorcio de sus padres.

El caso de Julio ilustra esta realidad. Por tres años, Julio vivió en un ambiente de conflicto declarado. Sus padres se peleaban a diario, se gritaban, se decían insultos y salían con sarcasmos y ofensas terribles. Desgraciadamente, sus padres no se respetaban y se desenvolvían por separado, sin pensar en su hijo. Hoy, después de ocho meses del divorcio, Julio todavía es víctima de esta experiencia traumática. Se convirtió en un fracaso en la escuela, su autoestima bajó a cero y a menudo su conducta le trajo problemas serios con los profesores.

Tomado de "Los hijos del divorcio" por Pedro Romañach, *Buenhogar*, año 29, Nº 4, 22 de febrero de 1994, págs. 22–25.

1. ¿Qué pasa con la frecuencia de los divorcios?
2. ¿Cuántos niños van a ser hijos del divorcio?
3. ¿Cuándo nacieron estos niños?
4. ¿Cuánto tiempo duró el conflicto familiar?
5. ¿Qué hacían los padres a menudo?
6. ¿Qué pasa con Julio ahora?

❖ III. Gramática

E. Use los elementos dados para escribir preguntas para conversar con sus compañeros(as). Use palabras interrogativas y expresiones de tiempo, secuencia o frecuencia apropiadas y la forma correcta de los verbos en imperfecto.

1. ¿dónde / andar / anoche?
2. ¿quién / ser / esa chica?
3. ¿dónde / vivir / cuando chico(a)?
4. ¿juegos / alquilar?
5. ¿hora / ver / la tele?
6. ¿conseguir / trabajo / a veces?
7. ¿estudiar / español / en escuela?
8. ¿música / preferir / a menudo?
9. ¿ir / los fines de semana?
10. ¿salir / por la noche / tener 12?
11. ¿ayudar / con problemas?
12. ¿trabajar / a veces?
13. ¿quejarse / los profesores?
14. ¿llevarse bien / con todos?
15. ¿a quién / no soportar?
16. ¿con quién / andar / ayer?

F. Escriba al menos una forma irregular del pretérito de los siguientes verbos.

decir	ser	estar	hacer	conocer	buscar	pedir
jugar	ir	tener	empezar	poder	conseguir	venir

G. Complete la siguiente narración con la forma de pasado que corresponda, según el sentido. En la lista de cosas que hizo el chico, dé formas de pretérito.

¡Yo tomé la iniciativa en San Valentín!

Cuando ____________ (ser) chico y ____________ (tener) nueve años, decidí que yo ____________ (estar) muy enamorado de la hermanita de mi mejor amigo. Ella siempre me ____________ (mirar) y me ____________ (sonreír) cuando yo ____________ (ir) a buscar a mi amigo. Por eso, decidí tomar la iniciativa para el Día de San Valentín. Hablé con mi mamá y ella me dio varias ideas. ¡Lo único malo es que yo ____________ (querer) hacer todo lo que mi mamá me aconsejó!

- ❤ La ____________ (llamar) por teléfono seis veces ese día y le ____________ (decir) varias cosas románticas.
- ❤ Le ____________ (dar) una entrada para nuestro partido de béisbol. El partido era gratis, pero yo le ____________ (dibujar) una entrada muy bonita.
- ❤ Le ____________ (preparar) una cena romántica con un exquisito sandwich de mantequilla de maní (cacahuate) y una banana.
- ❤ Le ____________ (comprar) dos rosas en el supermercado.
- ❤ Le ____________ (escribir) un poema original y le ____________ (hacer) una tarjeta preciosa, decorada con autos, aviones, perros y monos.

Después de ese día, nos ____________ (hacer) muy amigos. Ahora tengo 20 años y ella todavía es mi mejor amiga.

H. Escriba una nota de amistad para una persona querida. Mencione las cosas que hacen juntos y déle las gracias por apoyarse mutuamente. Use por lo menos cinco verbos recíprocos.

POR EJEMPLO: Nos queremos, nos... y nos... porque nos...

❖ IV. Redacción

I. Describa a su amigo(a) o pareja y su relación de la manera más completa que pueda en tres párrafos.

1. Describa aspectos de su personalidad y de su físico. Compárelo(la) con otra persona para hacerlo más interesante.
2. Describa sus actividades y sus intereses. Diga qué cosas comparten, qué cosas hacen separadamente, qué cosas son importantes para Uds. Agregue una descripción de lo que Uds. hacen para ayudarse o apoyarse.

3. Describa una ocasión en que estuvieron juntos y se divirtieron mucho. Describa el ambiente con el imperfecto y luego lo que hicieron juntos con una serie de pretéritos.

V. Destreza oral

J. Con un(a) compañero(a) preparen una conversación entre un(a) joven norteamericano(a) y un(a) joven hispano(a) que viven en el mismo cuarto / la misma casa. Tienen algunos problemas para organizarse en la casa. Su profesor les asignará un papel de hispano(a) o de norteamericano(a) al presentarse a la prueba oral.

Capítulo 3

Ahora los abuelos salen con la nieta; antes llevaban a su hija a dar una vuelta a las ramblas de Barcelona.

Todo cambia

Objetivos: En este capítulo, va a aprender a describir a su familia, a hablar de cosas que le importan y a conversar con sus compañeros(as) sobre problemas de la sociedad de hoy.

Tema: Familias diferentes.

Gramática: El presente perfecto. El pretérito y el imperfecto usados juntos. Los verbos reflexivos.

Cultura: Así es la vida moderna. Las familias hispanas. Tradición y tensión en la familia y la sociedad hispanas.

PARA COMENZAR

Como sufrió mucho, a Elena le gusta ayudar a sus compañeros.

Mi vida no es fácil; es alarmante la cantidad de divorcios hoy en día.

Y Ud., ¿qué dice? (Student tape, **Parte I**)

Me llamo Elena Estuardo, tengo 18 años y estoy en primer año. Estudio sicología porque siempre he deseado ser consejera de jóvenes como yo. Cuando tenía 11 años, mis padres° se divorciaron y todavía recuerdo muy bien los detalles, aunque ya han pasado 7 años. Lloraba todo el tiempo sin consuelo y siempre pedía ayuda a los santos para calmar a mis padres. Pero fue inútil, se separaron y poco a poco la realidad se impuso. Empecé a comprender las cosas, a aceptarlas y a adaptarme a la nueva situación. Creo que la franqueza y la claridad con que mis padres supieron explicarme todo me ayudaron mucho. Ahora, aun cuando° estoy en la universidad, todavía vivo con mi madre y somos felices con la ayuda que nos brindan° nuestros familiares. Nunca quise irme a vivir a un apartamento o en las residencias para no romper esta relación tan linda con mi mamá.

parents
even though
dan

❖ Así es la vida moderna

Mi nombre es Jorge Luis Robledo Laborde; soy abogado especialista en problemas familiares, como las separaciones y el divorcio. Tengo 45 años, soy casado y tengo cuatro hijos°. Practico mi profesión desde los 27 años de edad y puedo decirles que el divorcio es una realidad de nuestros tiempos.

children, sons

Yo mismo sufrí las consecuencias cuando era niño. Como la vida moderna tiene tantas dificultades, el porcentaje de divorcios en todos los países ha crecido de manera alarmante. Algunos expertos calculan que, de todos los niños nacidos en los años 80, aproximadamente el 50 por ciento va a ser víctima del divorcio de sus padres. Esto me preocupa muchísimo, ya que considero que la familia es donde se preservan los valores de una sociedad.

❖ Ahora es su turno

1. ¿Qué ha pasado? Vuelva a leer lo que dicen Elena y el Sr. Robledo y, con un(a) compañero(a), escriban las respuestas a las siguientes preguntas.

1. ¿Cuánto tiempo hace que se divorciaron los padres de Elena?
2. A pesar del trauma del divorcio, ¿cómo la ayudaron sus padres?
3. ¿Qué efectos ha tenido esta experiencia en los planes de Elena?
4. ¿Por qué vive con su madre todavía? ¿Qué influencia tienen los familiares en su vida?
5. ¿Qué cosas tienen en común Elena y el Sr. Robledo?
6. ¿Qué le preocupa a este abogado?
7. ¿Por qué trabaja en separaciones y divorcios si tiene esta preocupación?

2. Aplicación. Ahora que pensó en la familia, las relaciones entre los familiares y los problemas del divorcio, escriba un párrafo con su experiencia y su opinión. Siga el modelo de Elena o del Sr. Robledo.

POR EJEMPLO: Me llamo... y estudio... Siempre he deseado ser... Cuando tenía (años)... empecé a comprender... Creo que la franqueza y la claridad... Nunca quise... Ahora...

Mi nombre es... y estudio / trabajo en... Como la vida moderna tiene tantas dificultades, creo que es bueno... Muchos de mis amigos han sufrido... y / pero yo... La familia es...

Noticiero cultural

❖ Las familias hispanas

En la cultura hispana, existen numerosos lazos° sociales que unen a la gente, por ejemplo, los clubes sociales y deportivos, la religión, las relaciones comerciales. Sin embargo, el lazo que une a todos los anteriores es el lazo familiar, el más fuerte de todos. *links*

En la realidad cotidiana°, la familia hispana es muchísimo más amplia y activa que lo que se llama familia en otras culturas. Incluye, entre otros, a los **abuelos** paternos y maternos, al **padre**° y a la **madre**, a **compadres** y **comadres**, a **hermanos** y hermanas, **tíos** y tías, **primos** y primas, **sobrinos** y sobrinas, **padrinos** y **madrinas**, a las personas casadas con cualquiera de los anteriores y a los **amigos** de los padres y de los hijos que frecuentan el hogar°. Además, actualmente en el caso de padres divorciados, se agregan otros hermanos, los **hermanastros** y

diaria *father* *home*

hermanastras, y los otros padres, el **padrastro** o la **madrastra**. Esta numerosa familia es parte de la riquísima tradición que los hispanos recibieron de su cultura madre, la cultura mediterránea.

Es muy importante respetar las siguientes normas para mantener la dinámica familiar intacta:

1. **respetar a los mayores° y a los hombres**, lo cual promueve la autoridad del padre, hermano mayor°, abuelo, tío o padrino a cargo de la familia, según las circunstancias. *older people* / *older*
2. **mantenerse cerca física y afectivamente**, lo cual promueve la residencia en o cerca de la casa familiar, la dependencia y la constante celebración de estar juntos con comidas familiares.
3. **cuidar el buen nombre (el honor) de la familia**, lo cual produce fuertes sanciones sociales cuando éste se pierde. Por eso, a todo el mundo le preocupa "el qué dirán" o los comentarios de la gente cuando algo negativo afecta a la familia. También por eso, es muy importante **conservar los apellidos** paterno y materno, porque indican los lazos familiares claramente. También hay una tendencia a conservar los nombres de los jefes de familia, lo cual se traduce en hijos / hijas, nietos / nietas y bisnietos / bisnietas con el mismo **nombre de pila°**. *first name*
4. **dar apoyo° afectivo y material** a los familiares en cualquier momento, lo cual lleva al mínimo uso de la ayuda pública o a la inexistencia de sistemas como el *welfare*. La reciprocidad, o sea la idea de las responsabilidades mutuas que existen entre toda la gente de una misma familia, funciona muy bien también. Es por eso que los hijos sienten la obligación de cuidar de sus padres cuando éstos son mayores, así como ellos los cuidaron cuando eran niños. *ayuda*

¿Qué opina Ud.?

1. Sus padres, ¿consideran a sus amigos(as) como parte de la familia?
2. Y Ud., ¿considera a sus amigos(as), los esposos de sus tíos(as) y los padrinos (si los hay) como parte de su familia?
3. ¿A quién le pide Ud. ayuda (material / espiritual) cuando tiene necesidad?
4. Entonces, ¿qué significa la familia para Ud.? Explique.
5. Ahora, haga una lista de las diferencias y otra de las similitudes (cosas similares) que observa entre su familia y la familia hispana.

Vocabulario

❖ A. Para conversar de mi grupo y la sociedad

¿Con quién vives? Como Elena, yo también vivo con mi mamá / papá.
Vivo con unos(as) amigos(as) (mi padrastro / ...), pero tengo problemas.
Con mi amigo(a). Me parece más cómodo.

¿De qué vives?	Trabajo y también me ayudan mis padres (mis abuelos / mis...).
	Conseguí un préstamo y también trabajo.
	Tengo una beca, menos mal.
	Mi papá (Mi mamá / Mi hermano mayor) me pagó la matrícula.
	No pude conseguir más préstamos; ahora trabajo.

❖ B. Mi secreto

Más expresiones para charlar con amigos(as), diciendo toda la verdad.

Cuando no vas a la uni, ¿qué haces?	Me levanto tarde y me preparo un desayuno grande.
	Me pongo a limpiar la casa y después me baño y me visto.
	Me quedo durmiendo todo el día.
¿Qué piensas de las drogas?	Pueden volverte un vegetal.
	Puedo despedirme del futuro, de mi mamá y de mi novia(o).
	Te sientes bien por unos minutos y mal el resto de la vida.

❖ A practicar

3. Vida moderna. Haga dos listas diferentes de lo que es fácil y lo que es difícil en su vida.

POR EJEMPLO: No es difícil ponerse a estudiar los lunes / conseguir un trabajo por horas.
Es bastante difícil tener padres separados / conseguir una beca.

4. Lo dulce de los sábados. Escriba cinco frases de las cosas agradables que hace los sábados que no puede hacer otro día de la semana.

POR EJEMPLO: Los sábados duermo hasta las diez; después me relajo y escucho música. Por la tarde, puedo ir al parque a entrenarme para el maratón... Además, también puedo conseguir...

5. ¿Qué pasó el año pasado? Piense qué pasó el año pasado y escriba al menos tres frases. Luego, cuéntele a la clase qué pasó.

POR EJEMPLO: El otoño pasado conseguí un buen trabajo / internado y también pasé mi examen de refrigeración.

6. Por seguro. Aunque Ud. sea muy optimista, hay ciertas cosas que son imposibles si algo no pasa. Complete las siguientes frases, según el modelo.

POR EJEMPLO: Cómo voy a comprar los libros si no me llega el cheque de...

1. No puedo pagar la matrícula si...
2. Cómo voy a pagar... si...
3. No puedo vivir en / con... si...
4. Es imposible tener la casa limpia si...
5. Los que consumen drogas no pueden... si...
6. Cómo voy a olvidarme de mis hermanastros(as) si...

Estos voluntarios consiguieron materiales de construcción para seguir su campaña de mejoramiento urbano.

❖ C. Más sobre mi grupo y la sociedad

Las siguientes ideas le servirán para hacer buenas preguntas y poder escribir sobre actividades comunitarias.

¿Has trabajado de voluntario?	Sí, en el movimiento a favor de las familias pobres (la defensa de los animales / los adolescentes desadaptados).
¡Qué bien! ¿Qué organizaron?	Una campaña contra las drogas (el alcoholismo estudiantil / la delincuencia juvenil / el analfabetismo).
¡Qué buena idea! ¿Y qué hicieron?	Una manifestación en el parque. Una recolección de ropa. Un festival de música. Un beneficio para los pobres. Una vigilia por la noche.
¿Y cómo les fue?	Conseguimos algo de ayuda. No pudimos conseguir fondos.

❖ A practicar

7. ¿Quiénes nos necesitan más? Complete las siguientes frases para indicar quiénes necesitan más ayuda en este momento.

los niños maltratados, las familias sin hogar, los sin casa, los adolescentes, las madres solas, los padres enfermos, los enfermos, los mayores, los ancianos, los drogadictos, los analfabetos

POR EJEMPLO: Hay que preocuparse de... las niñas sin hogar porque ellas son las madres del futuro.

1. Es necesario ayudarle a...
2. Hay que hacer algo por...
3. Hay que preocuparse de...
4. Es urgente ayudarle a...

8. Mi contribución. Diga cómo ha ayudado Ud. a alguien que lo necesitaba.

POR EJEMPLO: Para los pobres del barrio conseguí... y también les llevé... También les ayudé a reparar sus hogares / construir una casa... / plantar unos árboles.

9. Voluntarios. Piense en los voluntarios que conoce Ud. y luego diga qué hace una de estas personas por la comunidad. Después, escriba un párrafo largo sobre el trabajo de su amigo(a).

POR EJEMPLO: Mi amigo Josh es voluntario. En el verano / invierno trabajó en la campaña de alfabetización de... y también... Cuando está de voluntario, Josh recoge / escribe / visita y también... Por eso, a veces él no puede salir con nosotros / descansar ...

10. ¿En qué ayudas? Prepare cuatro preguntas para saber si algún compañero(a) hace algo por la gente.

POR EJEMPLO: ¿Qué tipo de campaña tiene tu grupo / iglesia / comunidad? ¿Qué has hecho tú?

11. Por eso. Haga un comentario para reaccionar a cada una de estas exclamaciones.

POR EJEMPLO: ¡Hay tantos niños que no terminan la primaria en esta ciudad!
Por eso no pueden encontrar trabajo después.
Es que apenas tienen para comer.

1. ¡Hay tantos niños sin supervisión aquí!
2. ¡Hay tantos adolescentes sin trabajo!
3. ¡Hay tantos jóvenes que venden drogas!
4. ¡Hay tantas madres que dejan a sus niños solos en casa!
5. ¡Hay tantos hombres que se van de casa si no tienen trabajo!
6. ¡Hay tanta violencia en esta ciudad!

Noticiero cultural

❖ Tradición y tensión en la familia y la sociedad hispanas

Todas las culturas tienen ritos o celebraciones de etapas importantes de la vida, pero en la cultura hispana, el bautizo de un bebé genera una dinámica muy peculiar. Para el bautizo, los padres eligen dos **padrinos** para el bebé, cuya función será preocuparse de la educación general y religiosa del niño, de su bienestar y de su éxito° en la sociedad. A veces, los padrinos son amigos de los padres, pero también pueden ser alguno de sus hermanos, sus padres, sus primos o tíos. Es una manera de reforzar los lazos familiares y de asegurarse de que tanto el niño como los padres siempre tendrán a alguien para apoyarlos en la vida. Los cuatro adultos, padres y padrinos, se llaman **compadres** entre ellos y la madre y la madrina son las **comadres**. La estructura y dinámica social que así se forma se llama el **compadrazgo**.

° *success*

1. Y a Ud., ¿de qué manera lo podría apoyar un padrino o una madrina?
2. A menudo, para disminuir la distancia entre los amigos también se les llama "compadre" o "comadre". ¿Quiénes son sus compadres o comadres más queridos?

SIGAMOS ADELANTE

Para leer mejor

1. ¿Qué importancia tiene para usted la familia? Apruebe o desapruebe las siguientes afirmaciones y explique por qué las acepta (**A**) o las rechaza (**R**).

1. _____ Es necesario que cada persona del grupo familiar se realice como persona.
2. _____ Lo que le pasa a cada persona afecta a todo el sistema familiar.
3. _____ La separación de un matrimonio debe condenarse socialmente.
4. _____ La mejor obra que podemos dejar en el mundo son nuestros hijos.
5. _____ La familia, en crisis o no, siempre será importantísima si se construye con amor y por amor.
6. _____ Si una familia permanece unida a pesar de las dificultades que tiene, evita la violencia y la depresión en los hijos.

7. _____ La crisis de la familia de hoy se debe, en gran parte, a que los padres no pasan mucho tiempo con sus hijos.
8. _____ Cuando surgen los problemas diarios y las dificultades en un matrimonio, lo normal es que éste se rompa.
9. _____ Para las mujeres, las relaciones con sus seres queridos son más importantes que el trabajo y el dinero.
10. _____ El divorcio no destruye el hogar; es tan sólo un certificado de defunción.

2. Buen lector. Ahora mire la lectura en silencio y trate de adivinar° las ideas en general; no traduzca palabra por palabra. Las siguientes ideas le pueden ayudar.

guess

Formato. Mire el artículo y vea qué estructura tiene:

1. ¿Puede comprender el título? ¿Y el subtítulo?
2. ¿Está dividido en secciones este artículo? ¿Quiénes dan su opinión en cada sección?

Cognados. Tiene que tratar de comprender los cognados. Estas son palabras semejantes al inglés y generalmente tienen un significado muy similar. En este capítulo, sin embargo, hay algunas que son más difíciles de derivar, porque tienen dos significados. Complete la columna de la derecha con la palabra inglesa. Fíjese° también en el orden de las palabras en los dos idiomas. ¿Hay cambios importantes?

pay attention to

década	En la **década** de los años ochenta aparecieron los yuppies. →	_______________
clase media	En la **clase media** las mujeres son más independientes. →	_______________
desear	A veces, el embarazo **no es deseado** por la pareja. →	_______________
embarazada	Iba a tener un hijo; el doctor le dijo que estaba **embarazada**. →	_______________
pareja	Una **pareja** sin hijos no se realiza totalmente. →	*pair, couple*
pareja	Hay madres sin **pareja** que les ayude. →	*peer, spouse*
madre, **esposa**	Yo nací para ser **madre** más que para ser **esposa**. →	_______________
papá y mamá	Una familia con **papá y mamá** puede ser disfuncional también. →	_______________
solteras	Las madres solas pueden ser **solteras** o divorciadas. →	*sole, singular, single*

Uso de un diccionario. Por ahora, trate de no usar el diccionario las dos primeras veces que mire el artículo; recuerde que las palabras más difíciles tienen el significado en el margen. Si no entiende una o dos palabras, siga leyendo porque el contexto puede ayudarle a comprender. Recuerde que está leyendo para comprender las ideas generales, no para traducir palabras.

Somos una familia feliz, llena de música y amor.

Por su propia cuenta

Madres sin pareja visible

En la última década, se dio un fenómeno que puede considerarse como propio° de la vida urbana y de la clase media alta, en la que la mujer ha ganado independencia. En contradicción con el modelo tradicional de la pareja de ***papá y mamá***, algunas mujeres han decidido tomar un papel activo en la decisión de tener un hijo°, sin casarse. Algunas adoptaron un bebé, otras se embarazaron° con un compañero ocasional y otras decidieron seguir adelante, por su propia cuenta°, con un embarazo° no deseado por el hombre.

típico / *child* / *got pregnant* / *on their own* / *pregnancy*

Ellas se explican:

ELBA: —Busqué el embarazo; sabía que él era casado y que no iba a querer un hijo. Nunca se lo dije.

MARÍA ESTER: —Yo nací para ser madre más que para ser esposa.

PAULA: —Fue algo totalmente balsámico. Yo que siempre me sentí una *self-made woman*, cuando adopté a Melina me hice más sensible° y cambiaron mis perspectivas.

sensitive, responsive

BEATRIZ: —Un buen día me di cuenta de que mis tiempos biológicos estaban en cuenta regresiva y sentí un deseo impostergable de ser madre. Entonces, decidí adoptar a un niño.

Por lo general, éstas son mujeres que están en el límite de la edad para tener hijos, que se han dedicado a conseguir independencia económica. Se llaman "madres solas", una definición en la que deliberadamente no se menciona el estado civil°, porque pueden ser divorciadas, viudas° o solteras. *marital status / widows*

La madre sola, ¿es o no es una modalidad familiar deficitaria? Los sicoterapeutas opinan:

PEGGY: —Pienso en todos los chicos perturbados° de familias intactas que vienen a mi oficina y creo que una familia tradicional ya no es garantía de que los chicos sean felices. *troubled*

MARCELO: —Es difícil entender a un hijo sin padre y madre. Es un modelo nuevo porque la protección que da el padre a la mujer y sus hijos tiene un antecedente de ¡1.700.000 años!

PEGGY: —La armonía no depende de que la cabeza de la familia sea una pareja. Una familia con papá y mamá puede ser absolutamente disfuncional. Estar solo al frente del hogar° no genera enfermedad necesariamente. *familia*

ALEX: —Claro, un hombre para qué. Ahora nos dejan afuera.

Y los hijos reaccionan:

MANUELA (4): —Yo tengo un papá que no trabaja de papá y se perdió el regalo del día del Padre.

MARÍA (14): —No me molesta tener el apellido de mamá. Hay tantas niñas así en mi colegio.

Tal vez, muchas de estas mujeres no buscaron ser madres sin pareja, sino... ser madres, **a pesar de**° estar solas. *in spite of*

Tomado de "Por cuenta propia" por Alejandra Daiha. *Noticias*, Buenos Aires, año XV, Nº 924, 11 de septiembre de 1994, págs. 52–57.

3. ¿Quiénes son? Complete el perfil general de cada una de estas mujeres.

Estado civil: ______________ Edad: ______________
Profesión: ______________ Clase social: ______________
Residen en: ______________

4. ¿Quién lo hizo? Lea el artículo otra vez y conecte la persona con lo que hizo. Más de una solución es posible. Las madres solas son: Beatriz, María Ester, Paula, Elba.

Se embarazó con un compañero ocasional. Adoptó un bebé.
Decidió seguir por su propia cuenta. Quiso tener un bebé.

5. ¿Qué piensa Ud.? Por supuesto, estas mujeres son excepciones en la cultura hispana de las grandes ciudades. Y Ud., ¿está de acuerdo con las opiniones de las madres solas y de los sicoterapeutas? Complete lo siguiente con su opinión.

1. Yo creo que ______________ nunca han pensado en casarse porque...
2. Yo ______________ que el modelo de familia que excluye al padre es / no es...
3. Estoy / No estoy de acuerdo con... Para mí, la familia...
4. Este nuevo modelo de mujer de fin de siglo tiende a excluir al padre. Sin embargo, ...

5. Yo conozco a / soy un padre / soy una madre sin pareja. No veo el problema porque...

6. Ahora le toca a usted. Imagínese que Ud. es uno de los hijos de mujeres solas. Imagínese qué piensa él / ella y describa por escrito o hable de su padre en tres o cuatro frases. Use sus respuestas de las actividades anteriores también.

POR EJEMPLO: Yo vivo con mi mamá... Mi papá...

Perlitas (⏩ Student tape, **Parte II**)

❖ Sin papá

Sin Papá (*)

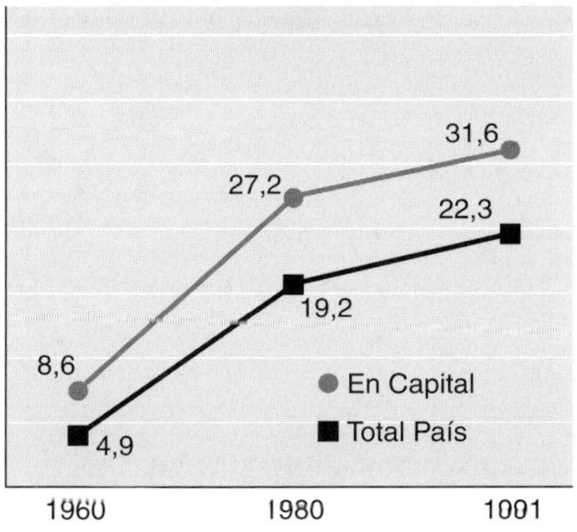

(*) Porcentaje de jefas de familia sobre el total de hogares.

7. Casas de madres argentinas solas. Estudie el gráfico y luego complete la siguiente descripción.

Un poco de estadística puede ilustrarnos mejor la evolución de este fenómeno. En 1960, en la gran ciudad de Buenos Aires, solamente un ______________ por ciento de los hogares estaba encabezado por una ______________, mientras que° en 1991, el 31,6% de los ______________ bonaerenses no tenía presencia paterna. De este 31,6%, en el 9% de los casos, la cabeza del hogar es una madre sola. En el resto del país, las proporciones son más ______________. En 1960, había un ______________ por ciento de casas sin padre, contra un ______________ en 1991.

° *while*

8. Hijos de madres estadounidenses solas. Estudie la descripción y represente las estadísticas en un gráfico.

En los Estados Unidos de ______________, por su parte, el fenómeno ha ido también bastante lejos. Un informe reciente de la Oficina Nacional de Censos reveló que, en 1993, el 27% de los chicos norteamericanos crecía bajo el cuidado de sólo uno de sus padres, casi siempre la madre. Lo interesante es que el 37% de estos niños vivía con uno de los ______________ y el 35% con madres que nunca pensaron casarse o tener pareja estable. Por el contrario, en 1983, el 42% de los chicos eran hijos del divorcio y el 24% hijos de ______________ solteras. O sea que las tendencias hacia las madres solas ______________. A medida que nos acercamos al año 2000, hasta las series de la TV indican que ésta será la característica del siglo XXI.

9. Me parece que... Reaccione ante lo que leyó en esta sección. Dé su opinión por escrito completando **dos** de las siguientes frases en forma de párrafo.

1. Creo que ahora es tan común ser hijo de padres divorciados que...
2. Me parece que los hijos del divorcio serán mejores padres porque...
3. En las series de la TV hay madres solas que...
4. Es preferible que los niños crezcan con una madre sola que con...

CONTINUEMOS

Estructuras indispensables

El presente perfecto

The present perfect tense is used to express that something has happened but is still relevant to the present topic in some way.

—¿**Me ha llamado** el abogado?
—**No te ha llamado** nadie.
—Teníamos que mandar los papeles de la adopción ayer y él **no me ha llamado**.
—¿Por qué no te **has quejado**?
—Porque **no he tenido** tiempo. **He estado** tan ocupada.

El maltrato infantil no es nuevo. **Ha existido** siempre. Pero en estos últimos años, el mundo entero lo **ha condenado** como un problema social que necesita una pronta solución.

The present perfect is formed with the present tense of **haber** and the past participle of the main verb.

haber			
he	**hemos**	+	llamado
has	**habéis**	+	entendido
ha	**han**	+	venido

Regular past participles	
-ar > -ado	**-er / -ir > -ido**
casar: **casado**	tener: **tenido**
imaginar: **imaginado**	poder: **podido**
trabajar: **trabajado**	vivir: **vivido**

Irregular past participles	
abrir: **abierto**	morir: **muerto**
(des)cubrir: **(des)cubierto**	poner: **puesto**
decir: **dicho**	romper: **roto**
(d)escribir: **(d)escrito**	ver: **visto**
(des)hacer: **(des)hecho**	(de)volver: **(de)vuelto**

Pronouns always precede a form of **haber**.

—¿***Me ha llamado*** el abogado?
—No ***te ha llamado*** nadie.

—¿Todavía no ***te has quejado*** al sicoterapeuta?
—No, fíjate que todavía no ***le he hablado***.

❖ A practicar

10. Las relaciones familiares. Piense en lo difícil que es, a veces, cumplir las obligaciones familiares y complete el párrafo con las formas apropiadas del presente perfecto de los verbos.

Mi hermano y yo __________ (estar) tan ocupados que no __________ (escribirle) a la abuela en varias semanas. No __________ (comprarle) todavía su regalo de cumpleaños, pero ella no __________ (decirnos) qué quiere. Además, tenemos que preparar la fiesta de aniversario de nuestros padres que es dentro de un mes. Estamos nerviosos porque todavía no __________ (hacer) nada. Tenemos que llamar a sus compadres y a muchos parientes que no __________ (ver) en años. Lo único que __________ (preparar ya) es la lista de invitados pero no __________ (tener) tiempo de mandar las invitaciones. Margarita, nuestra tía paterna, __________ (prometernos) ayudarnos en todo.

11. Encuesta. Entreviste a un(a) compañero(a) sobre sus relaciones personales. Prepare sus preguntas y tome notas sobre las respuestas. En ambas debe usarse el presente perfecto. Después cambien papeles.

POR EJEMPLO: Alguna vez / Recientemente..., ¿(tener) un(a) amigo(a) de otro país?
ESTUDIANTE A: Alguna vez, ¿**has tenido** un amigo de otro país?
ESTUDIANTE B: No, **nunca he tenido** un amigo de otro país, pero pienso que es una forma de saber cómo son los jóvenes de otras partes.

1. ¿enamorarse / seriamente?
2. ¿pelearte / con alguien de tu familia?
3. ¿conocer / a alguien a quien no / poder olvidar?
4. ¿no pasar / una noche en vela pensando en tus problemas amorosos?
5. ¿cuándo / te afectar una crisis familiar?
6. ¿servir / de testigo en la corte en un caso de maltrato de menores° o de mujeres?
7. ¿qué / decidir hacer para mejorar tus relaciones con otra gente?

menores°: *younger than 21*

12. Noticias. Cuéntele a otro estudiante qué buenas y / o malas noticias ha recibido de su familia esta semana.

POR EJEMPLO: Esta semana **he sabido** que a mi mamá **le han dado** un ascenso en su trabajo, pero también **me han contado** que mi abuelita **ha estado** muy enferma. Y tú ¿qué noticias **has recibido**?

13. Obras son amores. Escriba un párrafo sobre lo que ha hecho últimamente por sus padres para demostrarles que aprecia mucho lo que ellos han hecho por Ud. Después, compártalo con su compañero(a).

14. El Día del Padre. En el mundo hispano es muy tradicional celebrar el Día del Padre para felicitar a padres, abuelos y esposos. ¿Lo hace su familia también? En grupos de tres, intercambien información si han celebrado este día alguna vez con miembros de su familia y cómo lo han hecho.

15. De su mano voy por el mundo. En todo el mundo existen padres y madres ideales que saben guiar a sus hijos. Comparta con un(a) compañero(a) algo muy importante que ha aprendido de su mamá o papá o de ambos.

POR EJEMPLO: A su lado **he aprendido** a ser fuerte pero comprensivo, a querer y no odiar, a ser solidario. En él / ella / ellos **he visto** siempre el mejor ejemplo.

❖ El pretérito y el imperfecto usados juntos

To talk or write about the past, it is necessary to use both the imperfect and the preterite tenses.

Use the imperfect to . . .	Use the preterite to . . .
• describe ongoing actions, states, and feelings	• narrate successive steps in a story
Hablaba con su hermano y **trataba** de calmarlo. **Estaban** tan tristes por el divorcio de sus padres.	**Entró**, le **pidió** perdón y le **dio** un beso.
• give age	• narrate completed actions
Tenía 18 años y ya era madre soltera.	**Se separaron** y, poco a poco, la realidad **se impuso**.
• tell time of day	• talk about specific times
Eran casi las doce de la noche y todos esperaban ansiosamente el Año Nuevo.	Anoche **celebramos** las Bodas de Plata de mis padres con una fiesta familiar.
• describe appearance	• to focus on the beginning or end of an event
Era alto, fuerte y moreno y **tenía** ojos oscuros.	**Empecé** a comprender las cosas. **Me cansé** de escucharle sus falsas excusas.
• contrast past and present conditions	
Antes vivía en casa de mis padres, pero **ahora estoy** en una residencia.	
• describe routine actions in the past	
Padres e hijos siempre **comentaban** los eventos del día durante la cena. **Lloraba** todo el tiempo sin consuelo.	

In general, use the imperfect to set the stage and the preterite to describe the action. At first, it is sometimes easier to divide the narration into two paragraphs when writing: First, write the description of the scene in the imperfect. Second, narrate the action in the preterit. Study the example below.

Una boda real

¡Vivan los novios! El 19 de marzo de 1995, Jaime de Marichalar y Elena de Borbón, hija mayor de Juan Carlos I, Rey de España, se casaron en la Catedral de Sevilla, Andalucía.

Stage

Eran las 12:35 del día sábado 18 de marzo de 1995. **Hacía** un día primaveral y Sevilla, vestida de azahar°, **estaba** de fiesta.[1] La boda de Elena de Borbón y Grecia, hija mayor de los Reyes de España, **era** la primera boda real que **se celebraba** en España desde 1906. En la calle, miles de sevillanos **esperaban** con entusiasmo y curiosidad la llegada de la novia. Esta **lucía** muy guapa con su traje de organza de seda natural y con una espectacular cola de 10

orange blossoms

[1]En Sevilla, hay naranjos en todas partes, hasta en las calles. En primavera, el aroma inunda la ciudad.

metros. La novia y su padre, el Rey Juan Carlos, muy sonrientes, **saludaban** al gentío. En el altar, Jaime de Marichalar **esperaba** a su novia; era evidente que **estaba** muy nervioso. Todos los familiares **estaban** emocionados, especialmente la abuela paterna, que, como todas las abuelas, **lloraba** de emoción.

Action

La infanta **entró** a la catedral del brazo de su padre. Cuando **llegaron** al altar, Don Jaime la **tomó** de la mano y el arzobispo de Sevilla **comenzó** la ceremonia. En la homilía, les **recordó** la importancia del amor: "Hombre y mujer serán como una sola cosa porque uno sólo es el amor que han recibido", les **dijo**. Cuando Elena **dijo** *sí*, la muchedumbre **gritó** un estruendoso "¡olé!" que se **escuchó** dentro del templo. Los novios, ambos de 31 años, **se convirtieron** en marido y mujer a la una y seis minutos de la tarde. Terminada la ceremonia, los novios **salieron** muy felices del templo y **se subieron** a una calesa, que los esperaba para dar un paseo por las calles de la ciudad.

Tomado de *El país*, lunes 20 de marzo de 1995.

❖ A practicar

16. El apoyo familiar. Con otro estudiante, lean lo que dijo Elena Estuardo y subrayen todos los verbos que están en el tiempo pasado (pretérito o imperfecto). Traten de explicar por qué se usa cada uno de ellos.

Cuando tenía 11 años, mis padres se divorciaron y todavía recuerdo muy bien los detalles, aunque ya han pasado seis años. Lloraba todo el tiempo sin consuelo y siempre pedía ayuda a los santos para calmar a mis padres. Pero fue inútil, se separaron y poco a poco la realidad se impuso. Empecé a comprender las cosas, a aceptarlas y a adaptarme a la nueva situación. Creo que la franqueza y la claridad con que mis padres supieron explicarme todo me ayudaron mucho. Ahora, aun cuando estoy en la universidad, todavía vivo con mi madre y somos felices con la ayuda que nos brindan nuestros familiares. Nunca quise irme a vivir en un apartamento o en las residencias para no romper esta relación tan linda con mi mamá.

En seguida, lean el párrafo otra vez y copien las frases que indican cómo dan apoyo los familiares y cómo se realiza la reciprocidad en la familia, según estudiaron en el Noticiero Cultural de las págs. 74–75.

POR EJEMPLO: Creo que la franqueza...

Aun cuando...

17. Dame tu mano, mamá. Complete el siguiente poema con la forma correcta del pretérito o del imperfecto, para saber cómo expresa su aprecio Elena.

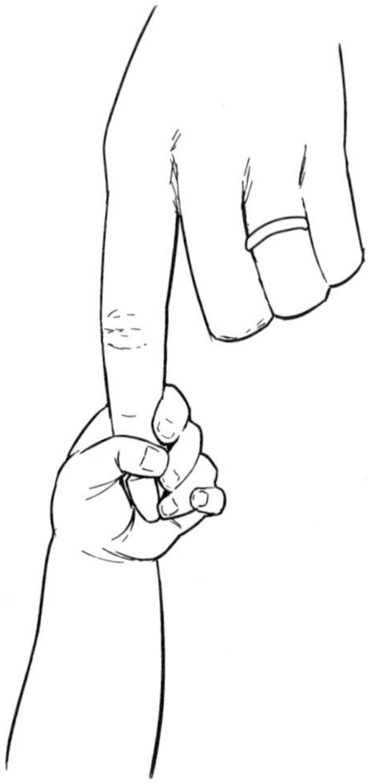

Dame tu mano, mamá

Dame tu mano, mamá,
esa mano dulce
y suave que (limpiar)
mis primeras lágrimas,
(acariciar) mis cabellos y
(llevarme) a clases
el primer día
de colegio.

Dame tu mano, mamá,
esa mano que (amasar)
la harina de mi torta
de cada cumpleaños,
esa mano que (cortar)
las rosas que siempre
(alegrar) nuestra casa.
Abrázame fuerte, mamá,
dame tu mano,
que te quiero
cada día más.

18. La fuerza del amor. Complete el principio de la historia de amor de Juan José con la forma correcta del verbo, según el contexto. Luego, termine la historia sin olvidar el uso del pretérito y el imperfecto.

(Conocí / Conocía) a mi novia en una fiesta cuando (estuve / estaba) en la secundaria. (Fue / Era) amor a primera vista y (pasamos / pasábamos) toda la noche juntos, hablando y bailando. Todos nuestros amigos (pensaron / pensaban) que mi novia y yo (fuimos / éramos) la pareja perfecta, pero, de repente, (comenzaron / comenzaban) las tensiones y la discusiones y después de un tiempo (terminamos / terminábamos). Luego, (volvimos / volvíamos) varias veces pero después (nos peleamos / nos peleábamos) otra vez. Así (estuvimos / estábamos) por varios meses hasta que...

19. Una historia sin comienzo ni fin. En grupos de tres inventen el comienzo y el fin de esta historia. No olviden que el primer párrafo debe describir el escenario y el último debe ofrecer un desenlace° interesante.

resolution

... y, un par de horas más tarde, al ritmo de la ópera "Carmen" de Bizet, yo cortaba tomates para la salsa napolitana, mientras su recuerdo estaba conmigo.
Súbitamente, sonó el timbre. Con la esperanza de ver en la puerta su figura, corrí...

20. Aventuras de la niñez. Cuéntele a un(a) compañero(a) una aventura de cuando Ud. era niño(a). Mencione tanto los antecedentes y el escenario como las cosas que ocurrieron.

Sugerencias: un paseo al zoológico, cuando mi padre me enseñó a montar en bicicleta, la primera vez que fui al circo, el día que me perdí en..., mi primera excursión, mi primera competencia de...

POR EJEMPLO: Un día de verano cuando yo tenía nueve años, mi abuelo me llevó a... Había muchos animales y también... De repente, sentí mucha hambre y mi abuelo... Después de eso, ... Por la tarde, fuimos a... Luego, también... Cuando ya estaba de noche, ... Por fin, ... Y así fue mi día en...

21. Chismes. Escojan una pareja conocida (compañeros(as) de la clase o de la universidad, actores, políticos, deportistas, etc.). Por turnos, inventen frases y cuenten lo qué pasó en una cita de estos personajes. Usen el pretérito y el imperfecto, según sea necesario. Todos los estudiantes de la clase deben participar.

POR EJEMPLO: La semana pasada,... decidió invitar a... a una fiesta en... Él / Ella aceptó gustoso(a); inmediatamente, se puso a... y también... Cuando pasó a recogerlo(la), él / ella apareció vestido(a) como... Pero no le importó, porque... Entonces, se fueron a... Fue muy divertido cuando se les perdió... Y así pasaron la velada...

22. Una boda especial. Busque una foto de una boda de un pariente o amigo(a) y prepare una descripción de la celebración para presentarla ante la clase. Use el pretérito y el imperfecto en su descripción. Anote los puntos principales de la decripción aquí.

23. ¿Quién puede describir a la abuela, tía u otro familiar? Recuerde cómo era su abuela (tía) cuando Ud. era niño(a) y descríbala.

POR EJEMPLO: Mi abuela **era** muy anciana. Su cara **era** como una máscara de piel arrugada, pero cuando **hablaba** con su voz dulce, la máscara **desaparecía**. Cuando la **visitaba**, siempre me **preparaba** mis galletitas preferidas.

Observe pág. 93, #24.

24. Nuevas tendencias. Los expertos en asuntos de familia aseguran que los padres hispanos de hoy también están cambiando como en otras culturas. De hecho, la nueva generación se quitó el saco° y se puso el delantal° y han dejado de ser soporte económico solamente para ayudar en la rutina del hogar. Hable con sus abuelos, tíos u otros hombres mayores para saber cómo actuaban ellos u otros hombres de esas generaciones en el hogar. Luego, compárelos con los padres de la nueva generación. Para inspirarse, observe las ilustraciones de la pág. 92.

jacket / apron

POR EJEMPLO: Los padres antiguos **eran** autoritarios, pero los padres de hoy **escuchan** más a sus hijos y no **desautorizan** a la madre.

Sugerencias: ir de compras, cocinar, lavar, dominar a la madre y a los hijos, hablar fuerte y gritar, educar a los hijos todo lo contrario a como él fue educado, ser muy complaciente, asumir la paternidad a la fuerza, no exigir nada, castigar físicamente a los hijos para corregirlos

❖ Los verbos reflexivos

In a reflexive verb, the object refers back to the subject, as in *I have asked myself why they make it so hard*. To talk about their daily activities, Spanish speakers often use reflexive verbs such as **levantarse**, **relajarse**, **sentirse bien / mal**, **irse**, **venirse**, **casarse**, **divorciarse**, and **divertirse**. The endings of these verbs are the same as for nonreflexive verbs. However, reflexive pronouns that agree with the subject must always be used. Note that reflexive pronouns *precede* conjugated verbs.

Durante la semana, generalmente **me levanto** a las siete de la mañana, **me baño** y **me visto** rápidamente para **irme** a clase. Casi nunca tengo tiempo para **desayunarme**. Por el contrario, mi compañera de cuarto no **se levanta** temprano porque **se acuesta** muy tarde y no tiene clases por la mañana. Como las dos **nos preocupamos** mucho de la salud, tratamos de **relajarnos** jugando al tenis tres veces a la semana.

enamorarse *(to fall in love)*					
Presente		*Imperfecto*		*Pretérito*	
me enamoro	nos enamoramos	me enamoraba	nos enamorábamos	me enamoré	nos enamoramos
te enamoras	os enamoráis	te enamorabas	os enamorabais	te enamoraste	os enamorasteis
se enamora	se enamoran	se enamoraba	se enamoraban	se enamoró	se enamoraron

Here are some other common reflexive verbs:

acostarse *to go to bed*
levantarse *to get up*
despertarse *to wake up*
lavarse *to wash oneself*
afeitarse *to shave*
maquillarse *to make up*
(des)vestirse *to get (un)dressed*
cansarse *to get tired*
llamarse *to be named*

darse cuenta de *to realize* — ¡Date cuenta que...!
callarse *to stop talking* — ¡Cállate!
sentirse bien / mal *to feel well / bad* — No te sientas mal.
fijarse en *to pay attention to* — Fíjate en la chica que acaba de llegar.

casarse con *to get married to*	Se casó con...
divorciarse de *to divorce, get divorced*	Se divorciaron ya.
morirse (de) *to die (of hunger, cold, pain)*	Me muero de sueño.
superarse *to advance oneself*	Estudia para superarse.
olvidarse de *to forget*	No te olvides de mí.

¡OJO! When using reflexive verbs with parts of the body and clothing, use a definite article **el**, **la**, **los**, **las**, not possessive adjectives.

Me lavé **la cara** y me puse **los aretes blancos**.
Antes de cenar, siempre me lavo **las manos** y me cambio **la ropa**.

Meaning-changing verbs

There are some verbs whose reflexive versions convey different meanings.

irse a *(to leave for, to go away)*		
me voy	**nos vamos**	Si hay prueba **me voy** a las 7 y media.
te vas	**os vais**	¿En qué **te vas** a clase?
se va	**se van**	Todos **se van** a San Francisco mañana.

Non-reflexive	**Reflexive**
acordar *to agree*	**acordarse** *to remember*
despedir *to fire*	**despedirse de** *to say good-bye*
dormir *to sleep*	**dormirse** *to fall asleep*
ir a *to go to*	**irse a** *to go away*
poner *to put, place*	**ponerse** *to put on; to become; to get*
quedar(le) *to have left*	**quedarse** *to stay*
quitar *to take away*	**quitarse** *to take off*
salir *to leave*	**salirse** *to overflow; to go out of a place*
saltar *to jump*	**saltarse** *to skip something*
sentir *to regret*	**sentirse (bien / mal)** *to feel good / bad*
sonar *to sound*	**sonarse** *to blow one's nose*

Many reflexive verbs refer to mental activities or reactions.

aburrirse	**calmarse**	**entristecerse**	**ponerse furioso(a)**
alegrarse	**deprimirse**	**entusiasmarse**	**preocuparse**
asustarse	**divertirse**	**frustrarse**	**sorprenderse**
avergonzarse	**enojarse**	**interesarse**	

❖ A practicar

25. Ni sé cómo vivo. Cuéntele a la clase qué hizo en un día típico de la semana pasada a las horas indicadas. Luego, diga cómo cambió su rutina el fin de semana.

POR EJEMPLO: El martes me desperté a las 6, me duché y me afeité rápido, pero no me desayuné. En cambio, el sábado, me desperté a las 12 y no me afeité y después me fui a...

1. 6:00 A.M.	despertarse	afeitarse	comer algo
2. 7:30 A.M.	jugar al (a la)...	lavarse los dientes	vestirse

3. 8:00 A.M.	hablar por teléfono	estudiar	escuchar música
4. 9:00 A.M.	desayunarse	mirar la tele	entrenarse
5. 12:00 M.	ir a clase	acostarse	lavar la ropa
6. 4:00 P.M.	divertirse	ducharse	charlar
7. 6:00 P.M.	hacer ejercicio	levantarse	cambiarse ropa
8. 7:30 P.M.	dormirse	cenar	darse cuenta que tenía...
9. 11:30 P.M.	sentirse bien / mal		

26. La vida es pura rutina. Ahora pregúntele a un(a) compañero(a) sobre su rutina. Hágale por lo menos cinco preguntas. Incluya las horas del día y varios verbos reflexivos en sus preguntas.

POR EJEMPLO: ¿A qué hora te vienes a clase por la mañana?
¿Con quién sales los viernes?
¿Cuándo te vistes más elegante? ¿Qué te divierte más?

27. Reacciones y sentimientos. Pregúntele a otro(a) estudiante cómo se siente o cómo reacciona en las siguientes situaciones. Use los verbos reflexivos que se refieren a actividades mentales.

POR EJEMPLO: pelearse / con sus padres
ESTUDIANTE A: ¿Cómo te sientes cuando te peleas con tus padres?
ESTUDIANTE B: Me deprimo y me entristezco hasta que finalmente hablo con ellos y hacemos las paces°.

we make up

1. sacarse / una mala nota en un examen
2. no tener / nada que hacer en el fin de semana
3. tu mejor amigo(a) invitar / a tu novio(a) a salir
4. recibir / una carta con un cheque / de tu abuelita
5. hacer mucho sol / y / no haber nubes / en el cielo
6. estar imprimiendo° / un trabajo a medianoche y / acabarse / el papel
7. saber / que uno de tus parientes / ir / a divorciarse

printing

28. No todo es de color de hormiga. Complete la historia con el pretérito o imperfecto de los verbos dados. Luego, termine la historia de modo que tenga un final feliz.

Mi prima Anita (casarse) cuando tenía 17 años. Todos sabíamos que era un error y que su vida iba a ser una pesadilla, pero ella no (darse cuenta) de las responsabilidades que trae el matrimonio. (Aburrirse) en la casa todo el día y su esposo Jaime (impacientarse) porque Anita no cocinaba ni limpiaba la casa. Después de pocos meses (separarse) pero...

Fíjese bien

❖ Las preposiciones *a, en, de*

The preposition **a** usually means *to, towards* but its meaning may change depending on the context. In Spanish, **a** is used . . .

1. To introduce a direct object that refers to people except after the verb **tener**. This is called *the personal **a***.

Conocí **a** mi prometida en la escuela secundaria pero **a** su hermano lo conocí después.

2. To introduce an indirect object; it translates as *to, for.*

   Le contó su problema **al** consejero y él le pasó el caso **a** la sicoterapeuta.

3. After verbs that imply motion *to or toward*: **ir a**, **venir a**, **salir a**, **volver a**, **bajar a / subir a**, **acercarse a**.

   Irá **a** Madrid en el verano a visitar a sus padrinos.

4. To express a particular point in time or space or on a scale and then it means *at*.

   Mi última clase termina **a** las cuatro de la tarde.
   En la mayoría de los estados es ilegal conducir **a** más de 65 millas.

5. Followed by a noun, to indicate means or methods of operation or how something is made, **a** translates as *by*.

   Antes de comprar una computadora, tenía que escribir mis informes **a máquina** y hacer todas las correcciones a mano.
   Este mantel es un recuerdo único. Fue hecho **a mano** por mi bisabuela.

6. To indicate two simultaneous actions: **al** + *infinitive* (*upon* + *-ing*).

   Al entrar al cine vio a su padre con su madrastra.

The preposition **en** is usually translated as *in* but the meaning it conveys is some type of enclosure. In Spanish, **en** is used . . .

1. To indicate position or enclosure within and it may be translated as *in, on, into, at*.

   El centro de adopción está **en** la avenida principal, **en** la esquina opuesta de la escuela.
   El retrato de papá está **en** la pared, pero el de mamá está **en** el escritorio.
   Guardó los papeles de adopción **en** el cajón del escritorio.
   Al niño le gusta quedarse **en** casa con la niñera cuando hace frío.

2. In time phrases, to indicate what happens in a given moment or within a period of time (*in, at, within*).

   El bebé nació **en** mayo pero su padre nunca lo supo. **En** ese momento, la madre sola se dio cuenta de la tremenda responsabilidad que tenía. Para colmo, también tenía que pagarle al médico **en** tres días.

The preposition **de** is usually translated as *from* or *of* but, as with other prepositions, its meaning changes depending on the context. In Spanish, **de** is used . . .

1. To indicate origin (*from*).

   El pintor y escultor Fernando Botero es **de** Colombia.
   Hoy en día los jóvenes **de** España no aprueban el machismo.

2. To indicate possession, then it is translated as *of*.

   Estos son los hijos **de** mi padrastro.
   En la oficina **del** abogado Robledo, discutieron el divorcio **de** mis primos.

3. To indicate the material something is made of (*of*).

   Los mayas construyeron enormes templos **de** piedra.
   La tortilla mexicana es **de** maíz, no **de** papas, cebollas y huevos, como la española.

4. To indicate a specific time and then it translates as *in*.

   El laboratorio de conducta social empieza a las dos **de** la tarde.
   Nunca me acuesto antes de la una **de** la mañana.

5. To connect two nouns in Spanish. Compare:

   English: N2 (modifying noun) + N1 (modified noun)
   adoption *papers*
   Spanish: N1 + **de** + N2
   certificado de adopción
   Mi clase **de** sicología familiar es muy útil pero la **de** química orgánica es muy difícil.
   El maltrato **de** niños y mujeres es un fenómeno social muy antiguo; pero ahora lo reconocemos.
   Para la nueva bebita quisiera comprar una silla **de** paseo, una lamparita **de** noche y varias prendas **de** ropa.

❖ A practicar

29. Invitación. Lea cuidadosamente y escoja la preposición correcta para completar esta invitación.

Enlace matrimonial

♡ *Carlos Mario Herrera Ospina* ♡

Katalina María Quiroga Gaitán

Tienen el gusto (a/ de/ en)
invitarle (a/ de/ en)
la ceremonia religiosa
que se celebrará (a/ de/ en)
la Iglesia de Santa María
de los Angeles y (a/ de/ en)
la recepción
que ofrecerán (a/ de/ en)
el Club Campestre,
Salón Principal.

Medellín, nueve (a/ de/ en)
junio (a/ de/ en) mil
novecientos noventa y cinco.
Por favor, confirme
su asistencia (al/ del/ en el)
26 22 14

30. Diez años después. Complete esta conversación entre dos amigos(as) con las preposiciones correctas.

KATALINA: ¡Ay, qué cansada estoy! Me levanté ________ las 5:00 ________ la mañana para prepararles el desayuno ________ los niños y a hacer algo para la cena ________ esta noche. Después trabajé nueve horas ________ el proyecto de expansión ________ la compañía. Mi nuevo jefe es ________ Nueva York y quiere resultados inmediatos. Imagínate que espera que el proyecto esté listo ________ tres días.

NORA: Mis días son tan difíciles también. Después de darle las órdenes ________ la criada, tomé el bus para venirme ________ la oficina porque mi auto está ________ el taller. No pude usar el carro ________ Jaime porque lo necesita para ir ________ jugar golf esta tarde. No puedo quejarme porque él dice que trabajo porque quiero. Piensa que debo quedarme ________ casa, cuidar ________ los niños y jugar al golf con él ________ el Club Campestre. Yo prefiero enfrentar los problemas ________ mi trabajo y sentirme realizada, aunque me mate el estrés.

31. Para superarse. Complete el párrafo con **a**, **de** o **en**, según sea necesario.

________ modernos institutos los jóvenes estudian y practican un idioma extranjero. Los planes incluyen curso, alojamiento ________ casas ________ familia y alimentación. La opción no suena mal: estudiar un idioma diferente al ________ la Madre Patria, ________ otro país con costumbres y tradiciones propias y con personas ________ la misma edad, pero ________ distintas nacionalidades. La idea es que no sólo aprendan el idioma deseado sino que también aprendan y conozcan otras culturas. La mayoría ________ los estudiantes se alojan ________ casas ________ familia para tener un mayor contacto con el lugar y sus costumbres. ________ estos hogares, los jóvenes deben someterse al horario ________ alimentación y al ritmo ________ vida ________ los dueños ________ casa. Los programas extracurriculares incluyen excursiones, idas ________ (el) teatro, paseos ________ bicicleta y práctica ________ deportes.

Tomado de "Ahora, a viajar para estudiar", *El Tiempo*, jueves 19 de enero de 1995, pág. 2C.

❖ Las conjunciones *pero* and *sino (que)*

Although both of these conjunctions correspond to the English word *but*, they are used differently.

1. **Pero** may be used after an affirmative or a negative element. When it is used after a negative construction, it means *but, however*.

   Si trabajamos en algo que nos gusta, sentimos cansancio **pero** no fatiga.
   No llegaron a ningún acuerdo, **pero** siguieron siendo amigos.
   No tienen mucho dinero, **pero** son felices.

2. **Sino** and **sino que** introduce information that contradicts or replaces what it is said in the first part of a proposition. They are used only after a negative element and mean *but* in the sense of *rather*. **Sino que** is used before a clause, when a verb form follows.

No quiso hablar con su padre **sino** con su madre.
Los problemas matrimoniales no se solucionan con gritos **sino** con un diálogo inteligente.
Muchas profesionales no quieren tener niños **sino que** prefieren dedicarse a su trabajo.

No sólo... sino también... is the Spanish equivalent of *not only . . . but also . . .*

No sólo es una excelente madre **sino también** una profesional de mucho éxito.

❖ A practicar

32. Se cae de maduro. Complete las oraciones de manera lógica.

1. El divorcio no sólo es devastador para los cónyuges°, sino también... *spouses*
2. El mejor amigo de siete de cada diez mujeres no es una mujer sino...
3. Muchas mujeres invitan a los hombres a salir, pero...
4. Un hombre de verdad debe controlar sus emociones, pero...
5. Una mujer liberada no debe molestarse si su marido sale con sus amigos, sino que...
6. Lo sexual no debe ser lo principal en una relación, pero...
7. Las mujeres de hoy no sólo se interesan en carreras femeninas tradicionales sino que...

33. Un tema actual. Hágale preguntas a otro(a) estudiante usando la guía que sigue. Túrnense para preguntar y contestar. En las respuestas deben usar **pero**, **sino**, **sino que**, **no sólo... sino también**.

POR EJEMPLO: ESTUDIANTE A: Cuando eras niño(a), ¿trabajaba tu madre? (estar en casa)
ESTUDIANTE B: Mi madre no trabajaba **sino que** estaba en casa con nosotros.

1. ¿Crees que los hombres deben dedicarse a su trabajo solamente? (cocinar, cuidar de los niños)
2. ¿Te resultan difíciles las tareas domésticas? (aburridas, entretenidas, repetitivas)
3. ¿Crees que cocinar es una tarea para las mujeres solamente? (los hombres)
4. ¿Piensas que el dinero compra la felicidad? (facilita una vida placentera)
5. ¿Es la maternidad una fuente de alegría para la mujer? (la causa de mayor angustia)

FINALMENTE

Para escuchar activamente

(⏩ Student tape, **Parte III**)

❖ Hay que prepararse

Cuando escuchamos un programa de radio en que discuten cuál es el mejor hogar para un niño sin padres, nos podemos formar una buena idea si le ponemos atención a dos cosas:

- las características de la familia que buscan
- las características del niño que busca un hogar

1. Según las descripciones de distintos tipos de familias que vimos en este capítulo, piense y escriba tres frases que describan un buen hogar. Siga el modelo.

POR EJEMPLO: Un niño solo necesita... porque...

un hogar	sólido(a)	con mucha gente
una familia	afectuoso(a)	con padrinos
	entretenido(a)	con muchos hermanos
	tradicional	con una madre sola
	de una madre sola	con un padre solo
		con papá y mamá

2. Piense y escriba tres características de un niño° solo, sin padres, que necesita un hogar. Siga el modelo.

° *child*

POR EJEMPLO: Un niño sin hogar se siente... y puede estar... porque...

triste	perturbado
abandonado	afectado
desadaptado	desadaptado
(des)confiado	desorientado
alegre	perdido
independiente	

❖ Buen entendedor

Ahora escuche la **Parte III** de su cinta cuatro veces.

⏩ 1. Fórmese una idea general.
⏩ 2. Anote algunas características del hogar que prefieren.
⏩ 3. Anote dos frases que describen al niño.
⏩ 4. Agregue otros detalles u otra frase.

Para escribir mejor

En defensa de...

En este capítulo, hemos analizado algunos problemas de la familia y de la sociedad. Imagínese que en la universidad o en su comunidad le han pedido que escriba una defensa de alguno de estos temas.

1. Elija un tema que lo impresionó o que le preocupa o proponga un tema relacionado a los siguientes.

defensa de la familia tradicional
defensa de la familia no tradicional
defensa de los derechos de adopción
defensa de las madres solas / padres solos
defensa de los derechos de los niños
defensa de la separación o el divorcio

2. Escriba dos o tres frases introductorias en el imperfecto que puedan captar el interés de la persona que lee o escucha su defensa. Puede empezar con frases personales para hacer más fuerte su posición.

POR EJEMPLO: Yo sólo tenía... años y estaba en... cuando mis padres se divorciaron (adoptaron a mi hermanita / se casaron / se...). Yo siempre pensaba (lloraba / observaba que / creía que...). Mis padres me enseñaron que... (me calmaron / me explicaron que... / me pidieron que...).

3. Escriba al menos tres frases sobre el tipo de familia / costumbre / práctica que Ud. quiere defender. Use expresiones idiomáticas aprendidas en este capítulo y los anteriores.

POR EJEMPLO: Una familia / Un hogar no sólo... sino que también... En estos hogares hay gran afecto (armonía / preocupación por / respeto por...). Al considerar el tipo de apoyo (educación / soporte) que necesita un niño que... creo que es mejor contar con... que con...

4. Describa al menos tres actividades o tres aspectos del hogar o del grupo familiar usando el vocabulario, expresiones y los verbos aprendidos en este capítulo.

POR EJEMPLO: En el mundo actual, es necesario educar (ayudar a / preparar) más niños (parejas / padres) que puedan funcionar (trabajar / guiar a) los niños (los jóvenes / las madres) por su propia cuenta, sin la intervención de otros grupos (otra gente / otras instituciones...). A pesar de... en estas familias...

5. Ahora describa qué pasó en una ocasión específica cuando se hizo / no se hizo lo que Ud. defiende o prefiere. Use más expresiones idiomáticas y el pretérito aprendidos en este capítulo. Use expresiones de secuencia para indicar en qué orden sucedieron° las cosas.

° *pasaron*

POR EJEMPLO: Hace un año (En diciembre / En... / El año pasado...) la institución.... (la familia... / el grupo... / la iglesia...) decidió continuar (interrumpir / modificar / cancelar) la ayuda a... Las consecuencias fueron fatales porque... / El resultado fue todo un éxito porque...

6. Finalmente, escriba una conclusión de su defensa. Diga por qué es importante para Ud. y qué espera como resultado en el futuro.

POR EJEMPLO: Los niños (mujeres / padres / adoptados / los sin casa / las familias...) esperan más apoyo (fondos / respeto / atención a su problema / campaña / labor). No sólo es importante para la comunidad (el país / el estado / la ciudad / los jóvenes) sino también para... Por eso, creo que (propongo que / espero que) el maltrato (la violencia / el divorcio / la adopción / las familias...) reciban la atención que merecen.

7. ▶▶ Grabe su defensa en audio o videocinta y compártala con sus compañeros(as). Puede agregarle efectos visuales, musicales o de sonido; también puede agregarle un segmento de una conversación entre Ud. y un(a) compañero(a) que está a favor o en contra de Ud.

Glosario

Sustantivos

albergue *m.* shelter, refuge
analfabetismo *m.* illiteracy
analfabeto(a) illiterate
apellido *m.* last name
apoyo *m.* support, help
beca *f.* scholarship
beneficio *m.* benefit
campaña *(f.)* **a favor / en contra** campaign for / against
compadre *m.* godfather
compadre(s) *m.* godfather; godparents
delincuencia *(f.)* **juvenil** juvenile delinquency, teen crime; **delincuencia urbana** urban crime
hijo(a) son, daughter
hijo(s) child, son, children
hogar *m.* home, family
madrastra *f.* stepmother
madrina *f.* godmother
maltrato *(m.)* **infantil** child abuse
manifestación *f.* demonstration
mayor *m.* older person
menor *m.* minor (younger than 21)
padrastro *m.* stepfather
padre(s) *m.* father; parent(s)
padrino *m.* godfather
pareja *f.* couple
pareja *f.* spouse, companion
préstamo *m.* loan
soporte *(m.)* **financiero** financial support
valor *m.* value
vigilia *m.* wake
voluntario *m.* volunteer

Adjetivos

casado(a) married
desadaptado(a) maladjusted
divorciado(a) divorced
maltratado(a) abused, beaten
mayor older
separado(a) separated
solo(a) alone, lonely
soltero(a) single, unmarried

Verbos

apoyar to support
ayudar a to help
casarse (con) to get married (to)
conseguir ayuda / fondos to get help / funds
dar apoyo a to support
darse cuenta (de) que to realize
divorciarse (de) to get a divorce (from)
entrenar(se) to train
irse a to go away; **irse de paseo / de viaje** to go for a ride (walk) / on a trip
ponerse a to start doing something
sentirse bien / mal to feel well / bad
soportar to support
superarse to improve oneself
quedarse estudiando to stay up studying
volverse (vegetal) to turn into / to become a vegetable

Conectivos

a pesar de (que) in spite of
no sólo... sino también not only . . . but also
pero but
por eso that's why
sino (que) but instead

Preguntas

¿adónde?: ¿adónde fuiste / fueron? where to?: where did you / they go?
¿de qué vives? what do you do for a living?
¿con quién vives? whom do you live with?
¿cómo te / les fue? how did you do?
¿qué hiciste / hicieron? what did you do?

Modismos

estar en cuenta regresiva time is running short
gusto de verte nice to see you
hay tanto(a)... sin there are so many . . . without
los sin casa the homeless
mucho gusto / tanto gusto nice to meet you
papá y mamá Mom and Dad
por su propia cuenta on his / her own
¡qué lástima! / ¡que pena! what a pity!

Autoprueba

Repase este capítulo y después haga esta prueba para ver qué más necesita estudiar.

❖ I. Cultura hispana

A. Complete las siguientes frases según lo que estudió en este capítulo.

1. Hay algunas diferencias entre las familias de los hispanos y otras familias. Por ejemplo, ...
2. Si los padres se divorcian y se vuelven a casar, los hijos tienen... y también nuevos hermanos que vienen de otras familias que se llaman...
3. En estas grandes familias siempre hay mucha celebración porque...
4. Tradicionalmente, los jefes de familia pueden ser, según las circunstancias...
5. Si una persona tiene un solo apellido puede ser porque...
6. Cuando se pierde el buen nombre de la familia, la gente...
7. El padrino y la madrina de un hijo son los... de los padres de este niño.

❖ II. Vocabulario y lectura

B. Complete la ficha personal (p. 104) con todos sus datos. Luego, complétela con los datos de un(a) compañero(a) de la clase de español.

C. Dé dos palabras en español, que estén asociadas en este capítulo a cada una de las siguientes. Pueden ser sustantivos, adjetivos, verbos o expresiones.

1. beca
2. préstamo
3. conseguir
4. padrastro
5. pareja
6. maltratado(a)
7. me quedo durmiendo
8. por cuenta propia
9. despedirse
10. los sin casa
11. delincuencia
12. soltero(a)
13. solo(a)
14. drogas
15. a favor

Ficha personal

____________________________ Edad: __________

Nombre   Apellido paterno   Apellido materno   (años)

____

Nombre de las personas que son parte de la familia. Dé el parentesco° — *relationship*

____

Nombre de las personas que lo apoyan en caso de necesidad. Dé el parentesco

____

Dónde vive   Con quién vive   Dónde trabaja   Beca/préstamo

____

Nombre de las personas a quienes Ud. apoya como amigo o voluntario

____

Organización de bien común a que pertenece o campaña que le interesa. Diga por qué.

____

¿Cómo es Ud. de físico? ¿A qué hora se acostó anoche? ¿Cómo se siente hoy?

____

Cuándo se entusiasma   se preocupa   se enoja   se frustra   se alegra

D. Lea lo siguiente y complete las frases. Use el vocabulario que aprendió y los cognados que pueda reconocer.

La llegada de un padrastro

Doña Clara, una bisabuela de 90 años, dice: "Mi marido murió y yo quedé viuda° cuando era muy joven, con dos hijos. Pero nunca quise darles un padrastro a mis hijos". Doña Clara hizo lo que se hacía en aquel tiempo, en que los padrastros y madrastras tenían una mala imagen; ella simplemente decidió no casarse otra vez. Pero ahora, ese esquema ha dejado de tener validez. Hoy sabemos que una mujer viuda o divorciada puede empezar de nuevo, casarse otra vez y rehacer su vida. Hay padrastros que pueden portarse como verdaderos padres y pueden darles a los niños el modelo masculino con el que pueden identificarse. Esto no quiere decir que sea preciso casarse otra vez. Las estadísticas indican que la proporción de parejas que fracasan la segunda vez es casi la misma que para el primer matrimonio y no hay garantías de que la segunda vez las cosas van a salir bien. Lo importante es no casarse sólo para que "los niños tengan un padre", porque lo cierto es que cada vez son más los niños que crecen sin un padre en la casa.

° viuda: *sola*

1. Doña Clara quedó viuda cuando...
2. No quiso casarse porque...
3. Los niños necesitan un modelo porque...
4. Los que fracasan la segunda vez son más o menos...
5. Hay algunos hombres que pueden portarse como...
6. No importa no casarse otra vez porque...

Tomado de "Madre y padre de un hijo varón" por Pedro Romañach. *Buenhogar,* año 9 Nº 9, 3 de mayo de 1994, págs. 14–16.

❖ III. Gramática

E. Escriba al menos una forma de pretérito, una de imperfecto y una de presente perfecto de los siguientes verbos.

decir	sentirse	hacer	irse	pedir
ponerse a	estar	conseguir	describir	salir
ser	volverse	conocer	quedarse	dar

F. Use los elementos dados para escribir preguntas para conversar con sus compañeros(as). Use palabras interrogativas apropiadas y la forma correcta de los verbos en el presente o pasado.

1. ¿a dónde / irte / ayer...?
2. ¿qué / hacer / estos días?
3. ¿qué / organizar?
4. ¿qué / hacer contra...?
5. ¿qué / pensar / drogas?
6. ¿qué haber hecho / para ayudar a...?
7. ¿qué campaña / ayudar?
8. ¿quiénes / ayudarte a ti?
9. ¿cuándo / sentirte mejor?
10. ¿salir / por la noche?
11. ¿qué / entusiasmarte?
12. ¿dónde trabajar / a veces?
13. ¿con quiénes / vivir ahora?
14. ¿clases / tomar en la secundaria?
15. ¿ir / los fines de semana / verano?

G. Complete la siguiente narración con la forma de imperfecto o de pretérito que corresponda, según el sentido. Recuerde que el imperfecto describe el período y el escenario y el pretérito, las acciones.

Cuando yo ____________ (mudarse) de mi casa a la universidad hace un año, ____________ (alejarse) de mi círculo de parientes y amigos y ____________ (tener que) volver a empezar de la nada. Cuando ____________ (estar) en casa yo ____________ (saber) que todos ____________ (poder) ayudarme en cualquier momento y, por eso, los problemas no ____________ (preocuparse) por mucho tiempo. Después que ____________ (venirse) a la residencia, sin embargo, cualquier cosa ____________ (transformarse) en un desastre, porque no ____________ (haber) nadie para darme apoyo. No sólo ____________ (llorar) todo el tiempo, sino que ____________ (sentirse) mal, ____________ (enfermarse) mucho. Por supuesto, eso ____________ (durar) un par de meses nada más, porque después ____________ (conocera) varios chicos como yo y también algunas personas mayores que ahora son mi círculo de apoyo cuando las cosas se ponen difíciles.

H. Escriba una nota explicándole a su compañero(a) de cuarto o casa adónde fue y para qué.

POR EJEMPLO: Salí a las... para ir a trabajar a... Tengo que..., ... y también... Recibí tus mensajes: Lori llamó para pedirte... y Carlos vino a... No he limpiado nada ni he... Si puedes, por favor tienes que ayudarme con... Vuelvo a las...

IV. Redacción

I. Describa a un(a) amigo(a) que tiene problemas o un(a) amigo(a) que trabaja mucho en una organización de ayuda comunitaria. Escriba una descripción lo más completa que pueda en tres párrafos.

1. Describa aspectos de su personalidad. Compárelo(la) con otra persona para hacerlo más interesante.
2. Describa sus actividades y sus intereses. Diga qué cosas ha hecho últimamente, qué cosas hace siempre, qué le preocupa, qué le alegra y qué lo(la) frustra. Agregue una descripción de lo que Uds. hacen para ayudarse o apoyarse.
3. Describa una ocasión en que estuvieron juntos y se divirtieron mucho. Describa el ambiente° con el imperfecto y luego lo que hicieron juntos con una serie de pretéritos.

ambiente: background or stage

V. Destreza oral

J. Con un(a) compañero(a), preparen una conversación entre un(a) jefe(a) de una campaña° comunitaria y un(a) joven como Ud. Tienen algunos problemas para conseguir fondos para su campaña porque esta semana no consiguieron nada. Afortunadamente, también tienen unas ideas bastante buenas. Su profesor les asignará el papel de jefe(a) o de voluntario(a) al presentarse a la prueba oral.

campaña

Capítulo 4

Con el cajero automático, puedes ahorrar algo en cualquier momento para q tus hijos tengan un futuro seguro.

Él y ella en el mundo de las finanzas

Objetivos: En este capítulo, va a aprender a describir su presupuesto, a hablar de sus gastos y a conversar con sus compañeros(as) sobre cuestiones de dinero y finanzas.

Tema: Ahorros, ganancias y deudas.

Gramática: El indicativo y el subjuntivo. El subjuntivo para hablar del futuro. El futuro.

Cultura: Las finanzas y ellas. Las deudas. Las monedas de los países hispanos.

PARA COMENZAR

Verónica González, administradora de empresas, Gta. Gral. de una clínica.

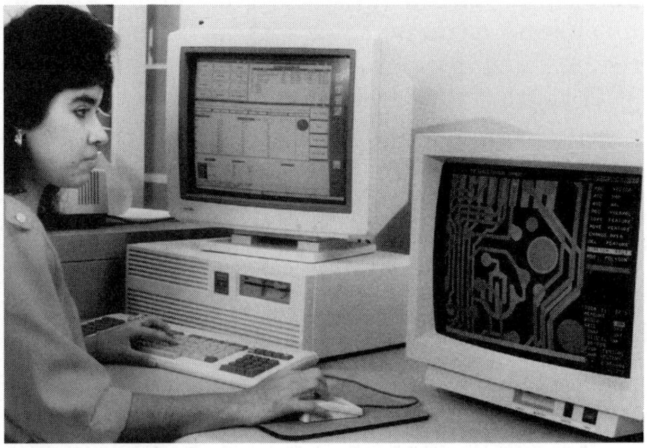

Ximena Sáinz, 31 años, ingeniera industrial, Gta. Gral. de una industria de productos de limpieza.

Y Ud, ¿qué dice? (Student tape, **Parte I**)

Me llamo Verónica González, soy administradora de empresas y la gerenta general de una clínica médica. Con la asesoría de mi marido, invierto° el 30 por ciento de mis entradas° en fondos mutuos nacionales e internacionales y en depósitos a plazo°. No creo que sea una persona gastadora, ya que me gusta vivir bien y gastar° sólo lo necesario con mi esposo y nuestros dos hijos, Camila de 16 y Pedro de 14. Quiero que ellos puedan disfrutar de un futuro económicamente seguro para que tengan acceso a todas las buenas oportunidades que la vida les pueda ofrecer.

I invest
income
CDs
spend

Mi nombre es Ximena Sáinz, tengo 31 años, soy ingeniera industrial y gerenta general de una industria de productos de limpieza industrial y doméstica. Pongo la mitad° de mi sueldo en fondos mutuos, ya que me producen buenas ganancias° y no significan un gran riesgo°. La verdad es que ya no es raro que las mujeres estén en el mundo de los negocios y que muevan dinero entre las distintas inversiones°, como certificados de depósito°, acciones, bienes raíces o fondos mutuos. Espero que en el futuro haya más mujeres en puestos de mando empresarial° y en los mercados de valores, puesto que tenemos la capacidad y la preparación necesaria.

one half
profits / risk
investments
CDs
management level

Tomado de "Intuición femenina", *Qué Pasa*, Santiago, año XXIII, Nº 1236, 17 de diciembre de 1994, págs. 68–70.

Las finanzas y ellas

Aun cuando la cantidad de mujeres profesionales, gerentas° y comerciantes° sea enorme hoy en comparación con lo que ocurría hace 20 o 25 años, en el mundo hispano de los negocios y la economía todavía existe una gran cantidad de mujeres profesionales, dueñas de casa° o trabajadoras que no participan activamente del mundo de las inversiones. No participan ni a nivel° familiar ni personal, porque creen que no saben invertir o porque no reciben sueldo o porque éste es tan mínimo que no pueden ahorrar°.

managers / businesspeople

homemakers

level

save

Por otra parte, de las que sí tienen acceso a la inversión de capitales, la mayoría sigue la tradición y se hace asesorar° o aconsejar° por un hombre, ya sea el marido, un familiar o un amigo cercano, antes de tomar la decisión final; sólo una minoría de ellas consulta a un experto profesional. Esto no hace más que confirmar que el nexo familiar y la red° de amigos es un factor cultural difícil de eliminar, aunque la sociedad esté cambiando esquemas y valores rápidamente.

to consult / advise

network

Ahora es su turno

1. Mujeres previsoras. Vuelva a escuchar lo que dicen las señoras y lea la nota cultural y, con un(a) compañero(a), escriban las respuestas a las siguientes preguntas.

1. ¿Quiénes son las personas entrevistadas y qué son?
2. Estas señoras mencionan cuatro maneras de invertir el dinero, ¿cuáles son?
3. Estas mujeres ahorran una gran proporción de su sueldo. ¿Qué razones dan?
4. ¿Qué creen Uds.? ¿Es diferente la vida de estas profesionales a la de sus madres y abuelas? Expliquen.

2. ¿Y Ud. qué opina? Complete las siguientes frases desde su punto de vista.

1. Estoy de acuerdo / No estoy de acuerdo con la manera de ahorrar de ellas porque...
2. A mí me parece que es / no es necesario ahorrar o invertir porque...
3. Yo creo que uno necesita / no necesita el consejo de un hombre de la familia antes de invertir porque...

3. Aplicación. Ahora que pensó en maneras de ahorrar o invertir el dinero, escriba un párrafo sobre lo que hace Ud. o una persona conocida para guardar algo de dinero para el futuro. Use los modelos de Verónica o de Ximena y sus respuestas de las actividades 1 y 2.

Noticiero cultural

❖ Las deudas

Yo no le debo un peso a nadie.
No se fía° hoy, vuelva mañana.
Ángel de la guarda, que guardas a los pecadores,
aparta de esta casa a los malos pagadores.

no se da crédito

Estos dichos expresan la actitud hispana frente al crédito y las **deudas**°, ya que, por tradición, a los hispanos no les gusta pedir **préstamos**° ni tener tarjetas de crédito, ni deberle° dinero a nadie. Esto es parte del buen nombre de la casa y de la capacidad del jefe de familia para hacer frente a los gastos. En las grandes capitales hispanas, sin embargo, mucha gente está usando más y más tarjetas.

debts
to request loans
to owe

Para deber lo menos posible, algunas veces se ahorra todo el dinero necesario para comprar **al contado**° la ropa, un carro, un artefacto eléctrico y hasta una casa. Otras veces, se le pide un préstamo a un familiar, un padrino o una persona conocida, los que generalmente no cobran° interés. Hay otras familias que tienen una cuenta en una tienda conocida y pagan° una **cuota** todos los meses por las compras que han hecho. Esto se llama comprar **a plazos**, porque la fecha en que se pagan las cuotas mensuales es **el plazo**° para pagar. Muchos tratan de no comprar otra vez hasta haber cancelado la deuda totalmente.

in cash
to charge
to pay
deadline

Los sistemas financieros refuerzan estas actitudes, porque es extremadamente difícil conseguir préstamos. A veces, se exigen garantías casi tan grandes como el préstamo que se va a pedir o cuotas tan altas en plazos tan cortos que una familia común y corriente no puede adquirir la deuda. Los préstamos para comprar una casa son a diez años y para comprar un auto, a uno o dos años. Esta política financiera también es el resultado de la inestabilidad económica de muchos países hispanos en el pasado.

¿Qué opina Ud.?

1. Si Ud. compra muchas cosas y las paga a crédito, ¿termina de pagar antes de comprar otra cosa?
2. Cuando el crédito está tan restringido, ¿qué cree Ud. que pasa con la economía del país?

Vocabulario

❖ A. Para hablar de dinero y las finanzas

¿Cuánto interés pagan en tu banco?	Casi nada; dos o tres por ciento.
Dicen que los americanos no ahorramos.	Pero yo tengo una cuenta de ahorros.
	Y yo sólo tengo una cuenta corriente.
¡Es difícil controlar los gastos, hombre!	Deberías...
	...hacerte un presupuesto.
	...hacerte un plan de ahorros.
	...hablar con un asesor financiero.
¿Y tus padres ahorran?	Sí, creo que tienen...
	...fondos mutuos.
	...acciones.
	...un seguro de vida.
	No, no creo que tengan...
	...ni un peso.
	...ni un centavo.
	...ni un chavo.
	...dónde caerse muertos.
Y tú, ¿qué vas a hacer después?	Cuando tenga trabajo, pienso...
	...irme de vacaciones.
	...ahorrar.
	...pagar mis deudas.
	...invertir.
	...comprarme una casa.
	...pedir un préstamo.
	...comprarme un carro.

❖ B. Mi secreto.

Más expresiones para charlar con amigos(as), diciendo toda la verdad

—Es posible que mi abuela me abra una cuenta de ahorros.	—¿A la vista o a plazo?
—A plazo; ella quiere que ahorre mucho.	—¡Bien te conoce tu abuela!
—¡Me gasté la plata de los libros!	—Ojalá tengas donde pedir un préstamo.
—¿Qué puedo hacer?	—Es mejor que llames a tus padres.
—¡No tengo ni un peso!	—No creo que te pueda prestar nada.

❖ A practicar

3. Periodista de TV. Imagínese que su compañero(a) es un(a) periodista de la televisión y Ud., una persona que acaba de ganar la Lotería Buena Fortuna y que no sabe en qué invertir el dinero. Conteste las preguntas de su compañero(a) en una entrevista para la televisión colombiana.

ESTUDIANTE A: —Señor, señor, para el Canal 13, por favor. Díganos, por favor, ¿qué piensa hacer con los millones que acaba de ganar?

ESTUDIANTE B: —Bueno, no sé qué pueda hacer... Este, no creo que pueda decidir muy rápido. Es posible que...

ESTUDIANTE A: —¿Qué le parece esta lista de posibles inversiones? Le aconsejo que invierta en...

ESTUDIANTE B: —Cuando reciba el dinero... Por ahora, voy a...

ESTUDIANTE A: —Muchas gracias por contestar nuestras preguntas y ¡felicitaciones! Es un premio...

4. Instrumentos financieros en que invierten ellas. Estudie las cifras y después complete la descripción del gráfico.

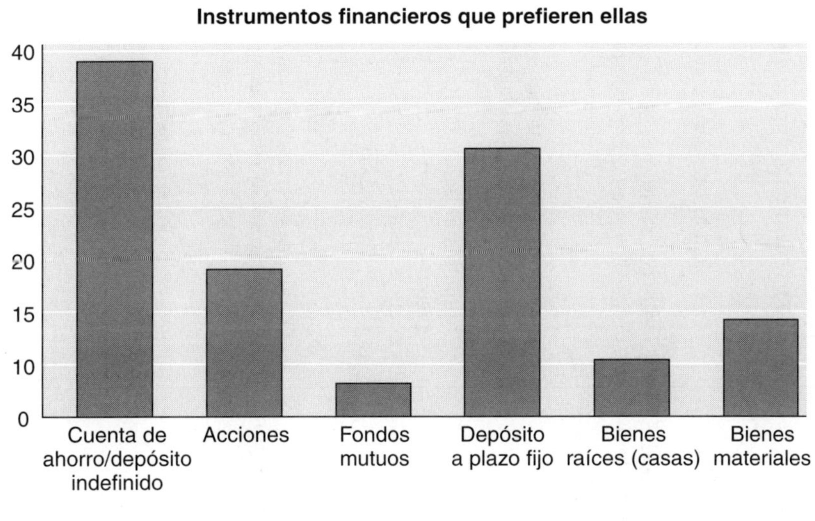

Tomado de *Qué Pasa*, Santiago, año XXIII, Nº 1236, 17 de diciembre de 1994, pág. 70.

Las mujeres tienen preferencias bien claras para invertir y ahorrar. Casi el 40 por ciento de ellas (37,9%) prefiere... , mientras que el 30,9 por ciento se decide por... Es decir, la gran mayoría (69%) opta por... Después de las inversiones seguras en las cuentas de ahorro, un 19,1% de ellas se aventura a comprar acciones, otras (14,4%) adquieren... y, por último, sólo una décima parte de ellas... Finalmente, sólo un 6,6% de las damas elige los...

5. Buen lector. Lea el anuncio del Banco O'Higgins con un(a) compañero(a). Luego, hagan una lista de las ofertas de servicios para ejecutivos que no se ofrecen ni para las mujeres ni para los jóvenes.

ORRIENTE MUJER DEL BANCO O'HIGGINS • CUENTA CORRIENTE MU
HIGGINS • CUENTA CORRIENTE MUJER DEL BANCO O'HIGGINS • CUE
E MUJER DEL BANCO O'HIGGINS • CUENTA CORRIENTE MUJER DEL
• CUENTA CORRIENTE MUJER DEL BANCO O'HIGGINS • CUENTA CO
L BANCO O'HIGGINS • CUENTA CORRIENTE MUJER DEL BANCO O'HI
ORRIENTE MUJER DEL BANCO O'HIGGINS • CUENTA CORRIENTE MU
HIGGINS • CUENTA CORRIENTE MUJER DEL BANCO O'HIGGINS • CUE

Un mundo de soluciones financieras

Al abrir su Cuenta Corriente Mujer en el O'Higgins, tiene beneficios preferenciales en todos los productos del banco:

Línea de Crédito automática. Usted sólo paga intereses por el monto y los días en que la haga efectiva.

Tarjeta de Crédito MasterCard.

Créditos de Consumo, Automotriz, de Turismo e Hipotecario con las condiciones más ventajosas del mercado.

Tarjeta cliente con acceso a más de 500 cajeros Redbanc a lo largo de todo el país, las 24 horas todos los días del año.

Productos de inversión y ahorro, como Cuentas de Ahorro, Depósitos a Plazo en pesos o UF, etc.

Autocuenta. Banco O'Higgins se encarga de pagar, con cargo a su Cuenta Corriente, sus cuentas de servicios, créditos, MasterCard del O'Higgins, contribuciones, etc.

Autofono, para que usted obtenga información de saldos, últimos cheques pagados, etc., con sólo llamar por teléfono.

Cajas de Seguridad en Casa Matriz y en las sucursales Carrera, Vitacura, Providencia y Valparaíso.

Abra hoy mismo su Cuenta Corriente Mujer del Banco O'Higgins, y cuente con su independencia.

BANCO O'HIGGINS
La llave precisa.

ORRIENTE JOVEN DEL BANCO O'HIGGINS • CUENTA CORRIENTE
CO O'HIGGINS • CUENTA CORRIENTE JOVEN DEL BANCO O'HIGGINS
ORRIENTE MUJER DEL BANCO O'HIGGINS • CUENTA CORRIENTE JOV
IGGINS • CUENTA CORRIENTE JOVEN DEL BANCO O'HIGGINS • CUE
E JOVENDEL BANCO O'HIGGINS • CUENTA CORRIENTE JOVEN DEL B
• CUENTA CORRIENTE JOVEN DEL BANCO O'HIGGINS • CUENTA COR
BANCO O'HIGGINS • CUENTA CORRIENTE JOVEN DEL BANCO O'HIG

Un mundo de soluciones financieras

Al abrir su Cuenta Corriente Joven del O'Higgins, tienes beneficios preferenciales en otros productos del banco:

Línea de Crédito automática gratis por l año. Sólo pagas intereses por el monto y los días en que la utilices.

Tarjeta MasterCard gratis por un año.

Créditos de Consumo, Automotriz, de Turismo e Hipotecario con las condiciones más ventajosas del mercado.

Productos de inversión y ahorro, como Cuentas de Ahorro, Depósitos a plazo en pesos o UF, etc.

Autocuenta. Banco O'Higgins se encarga de pagar, con cargo a tu Cuenta Corriente, tus cuentas de servicios, créditos, MasterCard del O'Higgins, etc.

Abre hoy mismo tu Cuenta Corriente Joven del O'Higgins. Cuenta con tu independencia y el respaldo de un gran banco.

BANCO O'HIGGINS
La llave precisa.

ORRIENTE PERSONAL DEL BANCO O'HIGGINS • CUENTA CORRIENTE
O O'HIGGINS • CUENTA CORRIENTE PERSONAL DEL BANCO O'HIGGI
ORRIENTE PERSONAL DEL BANCO O'HIGGINS • CUENTA CORRIENTE
DEL BANCO O'HIGGINS • CUENTA CORRIENTE PERSONAL DEL BAN
• CUENTA CORRIENTE PERSONAL DEL BANCO O'HIGGINS • CUENTA
E PERSONAL DEL BANCO O'HIGGINS • CUENTA CORRIENTE PERSON
IGGINS • CUENTA CORRIENTE PERSONAL DEL BANCO O'HIGGINS •

La llave precisa para un mundo de soluciones financieras

Al abrir su Cuenta Corriente en el O'Higgins, tiene acceso preferente a una gran variedad de productos:

Línea de Crédito automática. Usted sólo paga intereses por el monto y los días en que la haga efectiva.

Tarjeta MasterCard y American Express. Titular y Adicionales sin costo para usted.

Créditos de Consumo con tasa fija o variable.

Crédito Automotriz y de Turismo en condiciones preferenciales.

Crédito Hipotecario con aprobación en 24 horas y al menor costo, porque sus letras hipotecarias tienen los mejores precios de venta.

Productos de Inversión y Ahorro: Cuentas de Ahorro; Depósitos a plazo en pesos o UF; Depósitos multimonedas; Inversiones a través de O'Higgins Corredores de Bolsa y O'Higgins Fondos Mutuos, etc.

Cajas de Seguridad en Casa Matriz y en las sucursales Carrera, Vitacura, Providencia y Valparaíso.

Autocuenta. El banco paga sus cuentas de servicios, créditos, MasterCard del O'Higgins, contribuciones, etc., con cargo a su Cuenta Corriente.

Servicios tecnológicos. Autosaldo, Autofono, Autofax y Autoservicios de Información.

Tarjeta cliente, con acceso a más de 500 cajeros Redbanc en todo el país, las 24 horas todos los días del año.

BANCO O'HIGGINS
La llave precisa.

❖ C. Más sobre dinero y las finanzas

Las siguientes preguntas y expresiones le servirán para hablar y escribir de asuntos de dinero. Primero, entreviste a un(a) compañero(a). Después, escriban un resumen de las ideas de Uds. dos.

¿Qué piensas? ¿Crees que podamos ahorrar algo o invertir?	¡Ni modo! Apenas tengo para vivir. Más vale que sí, porque no habrá seguridad social.
¿Sabes cuánto es el mínimo para abrir una cuenta aquí?	No hay mínimo si eres universitario. Creo que son cincuenta dólares.
¿Cuál es el límite de tu tarjeta de crédito?	El de los pobres. Quinientos dólares. No tengo idea del cupo; es de mi papá.

❖ A practicar

6. Vamos a poner orden aquí. Tome su chequera° o la cuenta de su tarjeta de crédito del mes pasado y clasifique sus gastos en los siguientes grupos o categorías. Luego, sume los gastos de cada categoría y vea si hay equilibrio entre ellos o si hay grupos con muchos más gastos que otros.

° *check book*

Ropa o vestuario	Alquiler/ residencia	Libros, programas, útiles	Compras mayores	Compras menores	Entretenciones	Movilización	Organizaciones	Seguros	Reparaciones

Total de entradas ________

Total de gastos ________

Ahorro/Déficit ________

7. ¡Se ganó la Quiniela! Imagínese que Ud. recibe un premio de $10.000 dólares de la Quiniela. Haga una lista de cómo va a usar o invertir el dinero del premio. Use las categorías de gastos que ha aprendido en este capítulo y dé al menos dos tipos de inversión que puede hacer. Dé el monto o suma total en cada caso.

POR EJEMPLO: Cuando reciba el premio pienso ahorrar $00 para..., invertir $00 en..., gastar $00 en..., pagar $00 de mi..., pedir un préstamo por $00 y entonces comprar..., abrir una cuenta con $00 para..., guardar $00...

8. ¿Soy muy manirroto(a)°? Entreviste a un(a) compañero(a) y traten de ver qué tipo de gastadores son Uds., según los planes que hicieron en la actividad anterior. Hay gastadores compulsivos(as), imaginativos(as), tímidos(as), metódicos(as), equilibrados(as), etc.

big-time spender

POR EJEMPLO: Parece que soy un gastador compulsivo(a) porque... Por ejemplo, lo que más me interesó es... y no dejé nada de plata para... Ahora que lo pienso mejor, creo que dejaré más para... y tampoco debo olvidarme de un regalo para...

SIGAMOS ADELANTE

Para leer mejor

1. ¿Qué importancia tiene para usted gastar dinero? Apruebe o desapruebe las siguientes afirmaciones y explique por qué las acepta (**A**) o las rechaza (**R**).

1. _____ No importa cuánto gane° una persona; todo el mundo puede gastar y ahorrar también.
2. _____ En el mundo de hoy, se puede gastar e invertir la plata con más seguridad.
3. _____ Para poder gastar hay que tener un buen sueldo.
4. _____ La gran preocupación de la mayoría de los jóvenes profesionales es que su sueldo les alcance para pagar sus cuentas°, tener una vida cómoda, divertirse, comprarse ropa nueva y, por último, ahorrar.
5. _____ Las personas mayores ahorran más que los jóvenes porque son más responsables.
6. _____ En materia de gastos y ahorros, las mujeres son más previsoras que los hombres.
7. _____ La disciplina es lo más importante después que se hace un presupuesto.
8. _____ Si sólo se puede ahorrar un poco, lo mejor es poner el dinero en una cuenta de ahorros.
9. _____ Sólo los millonarios dilapidan la plata y gastan en exceso.

ganar: *to earn; to win*

bills

2. Buen lector. Ahora mire la lectura en silencio, piense qué sugiere el título y trate de adivinar las ideas en general; no traduzca palabra por palabra. Las siguientes ideas le pueden ayudar.

Formato. Mire el artículo y vea qué estructura tiene: narración de un evento, entrevista, descripción con definiciones, noticias del día.
Cognados. Tiene que tratar de comprender los cognados. Estas son palabras semejantes al inglés y generalmente tienen un significado muy similar. Aquí tiene algunos ejempos que usted puede ampliar fácilmente.

El monto de la compra es **descontado** de la cuenta. → *deducted, discounted*

Los expertos y **técnicos instalarán** la red de terminales. → ____________

Ojalá nada afecte el funcionamiento de la red, cuando sea **inaugurada**. → ____________

La compra será **validada o rechazada** después de verificar los fondos. → ____________

Los expertos que tendrán **a cargo** la operación dicen que es simple. → ____________

Las ventajas son **claras e indudables**: seguridad y rapidez. → *clear and*

¿Quién puede aspirar a más **seguridad**, **orden**, **rapidez y comodidad**? → ____________

Uso de un diccionario. Por ahora, trate de no usar el diccionario las dos primeras veces que mire el artículo y recuerde que varias palabras tienen el significado en el margen. Si no entiende una o dos palabras, siga leyendo, porque el contexto puede ayudarle a comprender. Recuerde que está leyendo para comprender las ideas generales, no para traducir palabras.

Debuta la tarjeta de débito

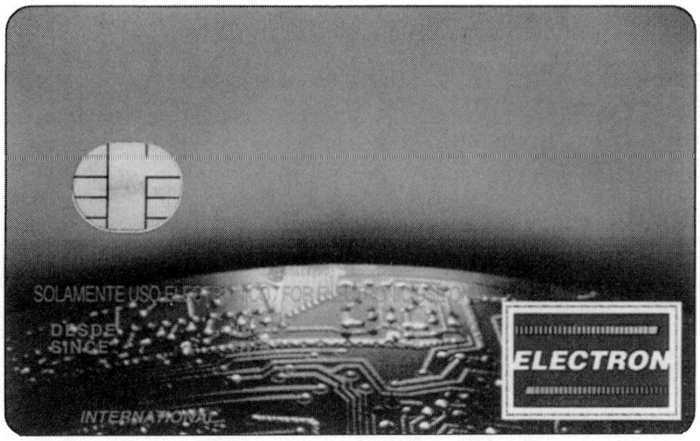

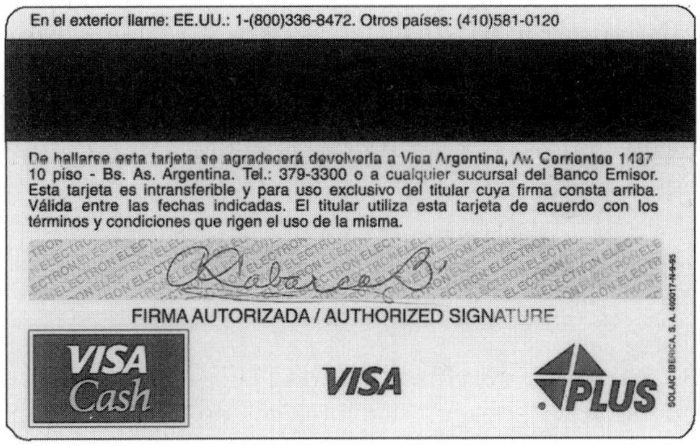

¿Una nueva tarjeta? Sí, plástica, y del mismo tamaño° que la que usamos para comprar a crédito. La nueva tarjeta permitirá una nueva manera de hacer nuestras transacciones. Al comprar con ella, el valor de la compra será inmediatamente descontado de nuestra cuenta corriente y no habrá intereses que pagar. En cambio, será necesario que la cuenta corriente esté siempre provista de los fondos necesarios. *size*

Los expertos y técnicos que instalarán la red de terminales en los mismos centros comerciales en que se hacen compras con la tarjeta de crédito, esperan que los trabajos se terminen para principios de 1996 y que no haya ninguna sorpresa que pueda atrasar° el funcionamiento de la red en julio de ese año, cuando sea inaugurada. *hacer posponer*

Para pagar con la tarjeta de débito, el cliente deberá entregarla° al cajero°, quien la deslizará° por el terminal e ingresará el monto de la compra. *hand it / teller* *slide it*

Independientemente, a través de un instrumento denominado PIN-PAD (parecido a una calculadora), el cliente ingresará su número secreto, pero previamente comprobará que el monto que aparece en la pantalla sea el correcto. La compra será validada o rechazada después que se verifique la existencia de fondos en la cuenta del usuario. El proceso dura apenas unos segundos.

Para mucha gente no está clara todavía la diferencia real entre las tarjetas de débito y sus primas hermanas, las tarjetas de crédito. La respuesta de los expertos que tendrán a cargo la operación es realmente simple: La diferencia es obvia: «pague ahora o pague después». Los clientes de ambas tarjetas serán los mismos; la diferencia en el uso de una u otra posiblemente estará dada por el valor de las compras y el presupuesto inmediato con que cuente el usuario. Así, por ejemplo, las compras de débito serán cosas como entradas para el cine, comida rápida y compras de farmacia o del supermercado. Es posible que las tarjetas de crédito se usen para comprar vestuario, artefactos de línea blanca°, pasajes de avión, gastos de hotel y todas las compras que financiaremos con ingresos futuros, puesto que la deuda se puede pagar cuando queramos (siempre que paguemos un monto mínimo todos los meses).

appliances

Para los consumidores, las ventajas de las tarjetas de débito sobre el uso de dinero efectivo° o de cheques, son claras e indudables: seguridad y rapidez. Seguridad porque no hay necesidad de llevar tanto dinero en efectivo en la billetera y porque nadie puede hacer uso de ella sin conocer la clave (PIN). Rapidez, porque la transacción dura sólo unos segundos. Además, proporcionará comodidad° y mejor información, ya que cada fin de mes recibiremos del banco un informe o cartola con el detalle de dónde y cuánto compramos. Los comerciantes, por su parte, casi inmediatamente después de aprobada una transacción, recibirán el debido crédito en su cuenta bancaria. ¿Quién puede aspirar a más seguridad, orden, rapidez y comodidad?

cash

convenience

Tomado de "Debuta la tarjeta de débito", *El Mercurio, Siglo XXI*, Nº 170. Santiago, 6 de enero de 1994, pág. 11.

---

3. Se puede adivinar, ¿verdad? En este artículo, hay vocabulario nuevo que puede adivinarse por el contexto. Lea las frases y busque en la lista al menos un sinónimo de la palabra en negrita.

suma, código, entradas, similar, consumidor, de banco, ropa (vestidos), cliente, escribir en la computadora, verificar, dinero, cantidad

POR EJEMPLO: Será necesario que la cuenta esté provista de los **fondos** necesarios. → **suma**, **dinero**

1. El PIN-PAD es **parecido** a una calculadora.
2. El cajero **ingresará** el **monto** de la compra.
3. El cliente **ingresará** su **número secreto**.
4. **Comprobará** que el monto sea el correcto.
5. Las tarjetas de crédito se usan para comprar **vestuario**.
6. Depende del presupuesto con que cuente el **usuario**.
7. Las compras que financiaremos con **ingresos** futuros.
8. Recibirán el debido crédito en su cuenta **bancaria**.

4. ¿Qué piensa Ud.? Todo parece muy simple, pero Ud. puede tener otra opinión. Complete lo siguiente.

1. La tarjeta de débito es rápida, cómoda y segura. Sin embargo, es indispensable que el usuario...
2. La tarjeta de débito es muy cómoda para el comerciante. En cambio, las tarjetas de crédito...
3. Para usar la tarjeta de crédito, el cliente sólo tiene que... En cambio, para usar la tarjeta de débito, el cliente debe recordar...
4. Sólo una de las dos tarjetas tiene un pago mínimo mensual...
5. A fin de mes, las dos tarjetas le enviarán... A veces, esto puede usarse para hacer un presupuesto.
6. Cuando sea inaugurada la nueva red de terminales, los cajeros ingresarán... y los usuarios...
7. Según mi modo de ver, las tarjetas de débito tienen las siguientes ventajas:...
8. En cambio, las tarjetas de crédito tienen las siguientes ventajas:...
9. Yo usaré la tarjeta de débito para comprar... y la de crédito para comprar...
10. Como a los comerciantes les interesa el efectivo, es posible que prefieran...

5. Ahora le toca a usted. Use sus respuestas de la actividad anterior, además de su talento creativo, para escribir un aviso comercial para publicitar una de estas tarjetas.

Pronto en su tienda preferida estará la tarjeta de...
Comodidad y... máximas...
No tiene más que...
Una tarjeta de... es mucho mejor que un(a)...

Perlitas (⏩ Student tape, **Parte II**)

❖ A. Datos de la pobreza

¿Sabían Uds. que la población mundial es de unos 5.500.000.000 de habitantes? ¿Y sabían ustedes que, de este total, hay más de mil millones (+1.000.000.000) de pobres **desamparados**° que viven con menos de un dólar al día?

indigentes

Según las estadísticas del Banco Mundial, la cantidad de habitantes que vive bajo el nivel de pobreza ha seguido aumentando debido al crecimiento de la población°. Las estadísticas también muestran que, en los 55 países en que se concentra la extrema pobreza, la esperanza° de vida en los años 70 era de 53 años; sin embargo, hoy es de 62 años. La mortalidad infantil, por su parte, bajó de 110 a 73 por cada mil niños nacidos. Otros índices también muestran mejoría; por ejemplo, hoy en día, el 68 por ciento de la población tiene acceso a agua potable°, mientras que hace sólo 20 años, sólo un tercio (33%) tenía agua. Felizmente, la escolaridad primaria o básica también aumentó y lo hizo en un respetable 36 por ciento.

population
expectancy
drinking

Tomado de "Datos de la pobreza", *Cambio 16 América*, 23 de mayo de 1994, № 1.174. Pág. 9.

Vuelva a leer los "Datos de la pobreza" y complete el párrafo con formas de **pobre**, **posible**, **hacer**, **desamparado**.

Me parece posible y necesario que nosotros ______________ algo para terminar o por lo menos aliviar a las víctimas de la ______________. No es ______________ que nosotros, con la educación que tenemos, no hagamos nada porque, de lo contrario, los ______________ aumentarán y cada día habrá más y más ______________ en el mundo.

❖ B. Oficina en su casa

No crea que una oficina en su casa significa más trabajo. Si ha pensado así, se ha equivocado. No, no es más trabajo sino que es una manera de organizar mejor su tiempo y su trabajo. En la sociedad ultra moderna de hoy, más y más empresas° les están ofreciendo a sus empleados la posibilidad cierta y real de trabajar para la empresa en la casa; para ello, es necesario tener una oficina en casa. ¿Qué ha hecho posible este milagro de trabajar sin tener que conducir por horas por una carretera atochada de vehículos y de contaminantes? Pues, entre otras cosas, una tecnología no soñada hace veinte años.

compañías

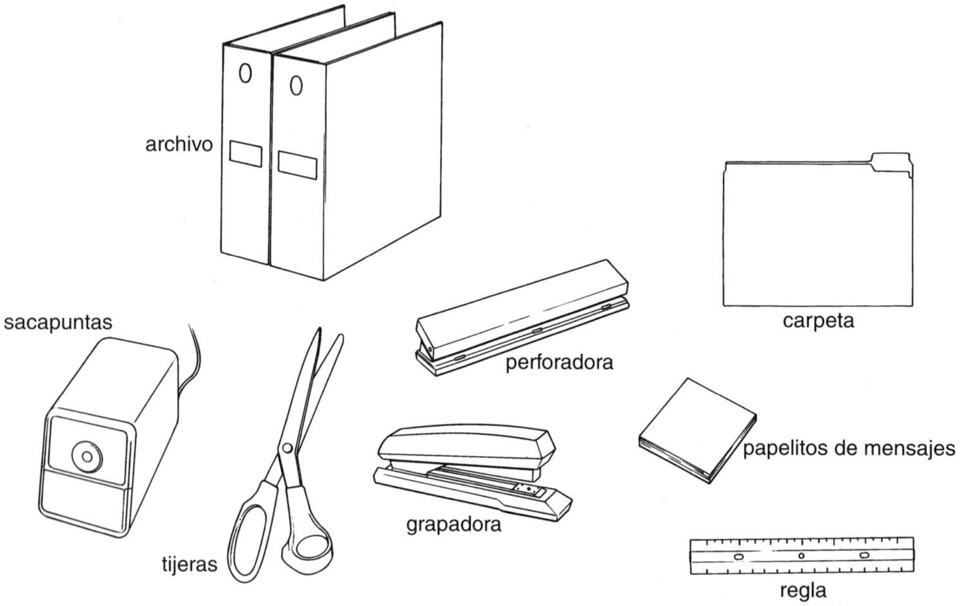

Vamos a ver, ¿qué cosas son necesarias en una oficina?

computadora (computador) (ordenador)
programas de planillas electrónicas (Lotus)
impresora y fotocopiadora láser
teléfono de línea directa
papel con membrete° y en blanco
archivos
bolígrafos y marcadores
directorio telefónico
manuales y diccionario
fax y contestador de teléfono
programas para procesar palabras
picadora de papeles
carpetas
papelitos engomados de mensajes
perforadora y grapadora
calculadora
lápices y sacapuntas eléctrico
reglas y tijeras

letterhead

Idea tomada de "Oficina en casa", *Buenhogar*, año 29, Nº 2, 25 de enero de 1994, pág. 53.

Vuelva a leer "Oficina en casa" y complete el siguiente párrafo.

Me parece que cuando yo sea ______________, tendré una oficina en casa porque no quiero ______________ por una carretera ______________. Por lo menos, tendré una ______________, un ______________ y también una ______________. Cuando pueda, compraré un(a) ______________ y así, además de mi empleo, pondré una oficina de asesoría por mi propia cuenta.

6. Me parece que... Reaccione ante lo que leyó en **Perlitas**. Dé su opinión por escrito completando **dos** de las siguientes frases en forma de párrafo.

1. La pobreza me preocupa tanto. Me parece que...
2. ¿Cómo es posible que haya gente que vive con menos de un dólar al día? ...
3. En realidad, todos los estudiantes tenemos oficina en casa porque...
4. Si uno tiene la oficina en casa se puede ahorrar mucho en...

Noticiero cultural

Las monedas de los países hispanos

De estas monedas, puede usar los pesos nuevos para tomar el metro a la universidad.

Las deudas vienen en paquetes muy variados. Según el país, Ud. puede tener una deuda en **pesos**, en **quetzales** o en **guaraníes**. Por supuesto, cada una de estas monedas tiene distintas equivalencias con el dólar estadounidense; consulte un diario importante para informarse. Aquí tiene Ud. los países hispanos y los nombres de sus monedas.

Bolivia, Colombia, Cuba, Chile, República Dominicana y Uruguay:	**peso $**	México:	**nuevo peso N$**
España:	**peseta Pt**	Honduras:	**lempira L**
Costa Rica y El Salvador:	**colón ₡ y C**	Panamá:	**balboa B** (y **dólar**)
Venezuela:	**bolívar Bs.**	Ecuador:	**sucre S/**
Nicaragua:	**córdoba C$**	Guatemala:	**quetzal Q**
Paraguay:	**guaraní G**	Perú:	**nuevo sol NS/.**

CONTINUEMOS

Estructuras indispensables

❖ El indicativo y el subjuntivo

In Spanish, the subjunctive mood is used mostly in dependent clauses. There are three types of dependent clauses: noun clauses, adjective clauses, and adverb clauses.

main clause — dependent clause
El contador quiere... que **retiremos** los cheques hoy mismo.

A **noun clause** functions as a noun. If the noun clause expresses doubt, denial, persuasion, desire, suggestions or indirect commands, value judgments, or speculations, then the subjunctive is used in the dependent clause. In all other cases, the indicative mood is used in the present, past, or future tenses. In the examples that follow, observe how the verb mood (indicative or subjunctive) indicates the switch in focus.

Factual: I	**Es obvio** que usar la tarjeta de crédito sin buen criterio **es** muy peligroso.
Speculative: S	El próximo año **es posible que tenga** una oficina en casa.
Certainty: I	**Estoy seguro** que los bancos nunca **pierden** plata.
Doubt: S	**Dudo** que los bancos **suban** las tasas de interés el próximo mes.
Denial: S	**No creo** que **puedan** ahorrar porque su sueldo es muy bajo.
Information: I	Mi novio **dice** que **soy** una manirrota.
Persuasion: S	Mi padre **insiste** en que **ahorremos** un poco todos los meses.
Desire: S	**Quiero** que mis hijos **puedan** disfrutar de un futuro económicamente seguro.
Value judgment: S	**Es mejor** que **llames** a tus padres otra vez y les **expliques** en qué gastaste la plata que te enviaron.

1. Use subjunctive endings after verbs expressing suggestion, influence, or desire only if the subject of the main clause is different from that of the subordinate verb. Otherwise, use the infinitive.

   El economista *quiere que* los bancarios *sigan* sus sugerencias.
   El economista *quiere sugerirle* algo a los bancarios.

2. Also notice how, in addition to the endings, the choice of mood is also supported by expressions such as ***siempre***, ***no hay duda que*** (factual) or ***el próximo año***, ***es posible*** (speculative).

   Siempre le pides préstamos a la abuela y te los da sin dificultades. Pero ***es posible que*** un día ***te obligue*** a pagárselos si ya tienes trabajo.

An **adjective clause** functions as an adjective. If the antecedent is specific, the indicative is used. If the antecedent is *unknown* or *hypothetical*, then the subjunctive is used in the adjective clause.

Specific: Buscan a **la contadora** que ***trabajó*** en Venezuela y que ***habla*** muy bien español.
Nonspecific: Buscan **una contadora** que ***no sea*** manirrota.

An **adverb clause** functions as an adverb. It conveys information about the time, place, manner, frequency, cause, purpose, or result of the main action or event. If the event has happened or is certain to happen, the indicative is used. If the event has not taken place yet, then the subjunctive is used in the adverb clause.

Certain: **Siempre** ***pago*** la tarjeta de crédito en su totalidad ***cuando recibo*** la cuenta, porque no me gusta tener deudas.
Future: Debes trabajar en el verano ***para que puedas*** ayudar a pagar la matrícula. Si tienes mucho que hacer, trabaja ***cuando puedas***.

Forms of the present subjunctive

To form the present subjunctive, drop the **-o** ending of the first person singular of the present indicative and add the appropriate endings. There are two sets of endings, one for **-ar** verbs and one for **-er** and **-ir** verbs:

-ar verbs → **e**		**-er** and **-ir** verbs → **a**	
ahorro →	que ahorr**e**	debo →	que deb**a**
presto →	que prest**e**	deduzco →	que deduzc**a**
pago →	que pagu**e**	hago →	que hag**a**
le deposito →	que le deposit**e**	me pongo →	que me pong**a**

prestar *(to loan; to borrow)*		**deber** *(to owe)*	
prest**e**	prest**emos**	deb**a**	deb**amos**
prest**es**	prest**éis**	deb**as**	deb**áis**
prest**e**	prest**en**	deb**a**	deb**an**

All forms of **-ar** and **-er** stem-changing verbs follow the same pattern, except in the **nosotros(as)** and **vosotros(as)** forms.[1]

-e → -ie quebrar (un negocio) → que... quiebre, quiebres, quiebre, qu**e**bremos, qu**e**bréis, quiebren
perder (capital) → que... pierda, pierdas, pierda, p**e**rdamos, p**e**rdáis, pierdan
-o → -ue contar (ganancias) → que... cuente, cuentes, cuente, c**o**ntemos, c**o**ntéis, cuenten

All forms of **-ir** stem-changing verbs follow the same pattern in the present subjunctive as in the present indicative but present an additional change (**e → i**; **o → u**) in the **nosotros(as)** and **vosotros(as)** forms.

invertir (fondos) → que invierta, inviertas, invierta, inv**i**rtamos, inv**i**rtáis, inviertan
pedir (un préstamo) → que pida, pidas, pida, p**i**damos, p**i**dáis, pidan
morir → que muera, mueras, muera, m**u**ramos, m**u**ráis, mueran

---
[1]Subjunctive review continues in Ch. 5.

Verbos irregulares en el subjuntivo

Certain important verbs have irregular subjunctive forms. Notice that their **yo** form of the present indicative does not end in **-o**.

ir	voy	→ **vaya, vayas, vaya, vayamos, vayáis, vayan**
haber	(hay)	→ **haya, hayas, haya, hayamos, hayáis, hayan**
estar	estoy	→ **esté, estés, esté, estemos, estéis, estén**
dar	doy	→ **dé, des, dé, demos, déis, den**
ser	soy	→ **sea, seas, sea, seamos, seáis, sean**
saber	sé	→ **sepa, sepas, sepa, sepamos, sepáis, sepan**

❖ A practicar

1. Comprobemos. Lea otra vez el artículo "Debuta la tarjeta de débito" de la página 117 y busque las formas de subjuntivo que completan las siguientes frases. Luego, subraye la cláusula principal o las expresiones de futuro que exigen° el subjuntivo.

require

POR EJEMPLO: Será necesario que la cuenta corriente **esté** siempre provista de los fondos necesarios.

1. Los expertos esperan que no ______________ ninguna sorpresa que ______________ atrasar el funcionamiento de la red...
2. ...en julio de ese año, cuando ______________ inaugurada la red.
3. El cliente comprobará que el monto que aparece en la pantalla ______________ el correcto.
4. La compra será validada o rechazada después que ______________ la existencia de fondos en la cuenta.
5. Es posible que las tarjetas de crédito ______________ para comprar vestuario, artefactos de línea blanca.
6. La diferencia posiblemente estará dada por el valor de las compras y el presupuesto inmediato con que ______________ el usuario.
7. La deuda se puede cancelar cuando ______________ siempre que ______________ un monto mínimo.

2. ¡A manejar bien las finanzas! En parejas, tomen turnos para darse consejos o sugerencias sobre las siguientes situaciones. Usen verbos como **sugerir**, **recomendar**, **aconsejar**, **rogar**, **decir** y expresiones como **es importante**, **es necesario**, **es preferible**.

POR EJEMPLO: Estoy muy preocupado porque nunca me alcanza la plata hasta el fin del mes.
Te sugiero **que hagas** un presupuesto de tus gastos fijos y **que dejes** algo extra para imprevistos.

1. Tengo dinero en mi cuenta de ahorros, pero el interés que gano es muy bajo.
2. Acabo de recibir una herencia°. Estoy contentísimo(a), pero no quiero pagar impuestos.

inheritance

3. Me gustaría comprar acciones, pero no tengo la menor de idea de cuáles sean las mejores.
4. Mi esposo(a) / novio(a) y yo necesitamos un coche nuevo y sólo tenemos plata para la cuota inicial.
5. Mi compañero(a) de cuarto quiere que le preste $200 para una emergencia. Tengo dinero pero temo que no me pague después.

6. Tengo un CD° que va a madurar la próxima semana y quiero invertir los fondos en algo diferente. *certificado de depósito*
7. Siempre ahorro casi todo lo que gano, pero nunca me divierto.

3. Nuestra opinión vale. En grupos de tres, expresen sus reacciones a las siguientes ideas. Usen verbos y expresiones como **alegrar(se)**, **creer**, **no creer**, **dudar**, **frustrar**, **molestar**, **sorprender**, **es horrible**, **es posible**, **es verdad**, etc.

POR EJEMPLO: Es necesario que los políticos gasten mucho dinero en sus campañas políticas.
Dudamos que **sea** necesario que **gasten** tanto dinero en sus campañas políticas cuando hay tantos problemas sociales.

1. Las mujeres no deben depender de los hombres económicamente.
2. Es más fácil gastar cuando tenemos una tarjeta de crédito.
3. Los préstamos educativos ayudan a quienes quieren estudiar y no tienen dinero.
4. Hoy en día ya hay demasiadas mujeres en puestos de mando.
5. Lo único que hace falta para poder ahorrar es tener voluntad.
6. Los campos de las finanzas y la administración de empresas le ofrecen a la mujer grandes posibilidades.
7. Los hombres tienen más sentido común que las mujeres cuando se trata de hacer buenas inversiones.
8. Las mujeres todavía no ganan lo mismo que los hombres por el mismo trabajo.
9. Para hacerse rico hay que arriesgarse° con las inversiones. *to take risks*
10. Las mujeres profesionales casadas tienen doble jornada (día de trabajo).

4. Se busca gerente. Lea el siguiente anuncio y complételo describiendo qué tipo de persona busca la Multinacional de Servicios para el puesto de Gerente. Use al menos cinco verbos diferentes en el subjuntivo. La Multinacional de Servicios busca una persona que...

Tomado de *El país*, domingo 26 de marzo de 1995 / Negocios, pág. 40.

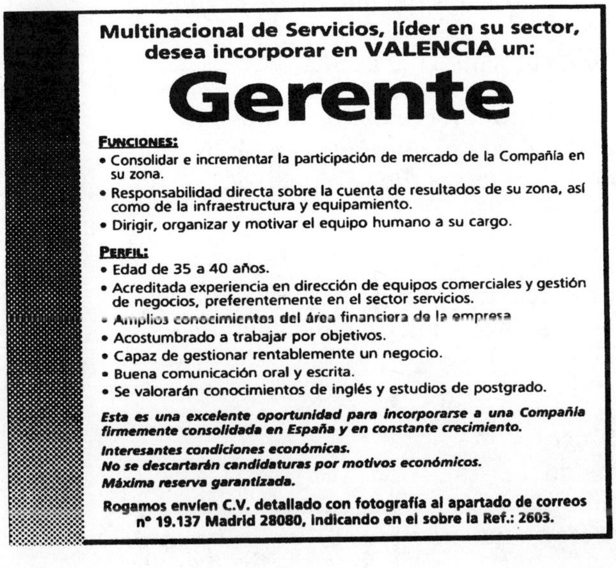

Multinacional de Servicios, líder en su sector, desea incorporar en VALENCIA un:

Gerente

FUNCIONES:
- Consolidar e incrementar la participación de mercado de la Compañía en su zona.
- Responsabilidad directa sobre la cuenta de resultados de su zona, así como de la infraestructura y equipamiento.
- Dirigir, organizar y motivar el equipo humano a su cargo.

PERFIL:
- Edad de 35 a 40 años.
- Acreditada experiencia en dirección de equipos comerciales y gestión de negocios, preferentemente en el sector servicios.
- Amplios conocimientos del área financiera de la empresa
- Acostumbrado a trabajar por objetivos.
- Capaz de gestionar rentablemente un negocio.
- Buena comunicación oral y escrita.
- Se valorarán conocimientos de inglés y estudios de postgrado.

Esta es una excelente oportunidad para incorporarse a una Compañía firmemente consolidada en España y en constante crecimiento.

Interesantes condiciones económicas.
No se descartarán candidaturas por motivos económicos.
Máxima reserva garantizada.

Rogamos envíen C.V. detallado con fotografía al apartado de correos nº 19.137 Madrid 28080, indicando en el sobre la Ref.: 2603.

5. Nuestro propio anuncio. Con un(a) compañero(a), escriban un anuncio para un puesto° de corredor de bolsa°, de experto en tarjetas de crédito / débito o de vendedor de seguros de vida.

trabajo / broker

❖ El subjuntivo para hablar del futuro

Because the future is uncertain, the subjunctive is used when Spanish speakers speculate about what has not happened yet and . . .

- explain the *purpose* (**para que**) for doing something in the future.
- describe *conditions required* (**cuando**, **después que**, **antes que**) for something in the future.

Study the examples to see how subjunctive verb forms are used with expressions that introduce purpose or conditions for the future.

Voy a ver el programa de finanzas, ***cuando termine*** de llenar la planilla de mis gastos.
Tienes que pedir un préstamo ***para que puedas*** comprarte un auto nuevo.
Aunque no ***tengas*** tarjeta de crédito, te pueden dar una tarjeta de débito.
Quiero comprarme otra impresora mejor ***después que consiga*** el contrato.
Cuando tenga un buen sueldo, voy a comprarme una computadora con multimedia.

Use the subjunctive after the following expressions, only when you are speculating about what *might happen in the future*.

cuando	*when*	**después (de) que**	*after*	**aunque**	*although*
hasta que	*until*	**tan pronto como**	*as soon as*		

Cuando llegue el nuevo ordenador, será más rápido procesar los datos.
Después que hagamos los cálculos para el presupuesto, podemos pedir los fondos.
Vamos a comprar acciones o bonos, ***siempre que estén*** más baratos.
Cuando vaya a ver al asesor financiero, voy a decirle que no quiero más certificados de depósito, pero no voy a cobrar los que tengo ***hasta que expiren***.
No pienso pagar más del mínimo, ***aunque*** el banco me lo ***pida***.

Note that, in addition to the connective expression, there almost always is another reference to the future (***será***, ***vamos a***, ***voy a***, ***no pienso***) and, by extension, an introduction to speculation that requires the subjunctive.

❖ A practicar

6. Las dos caras de la moneda. Lea el artículo e identifique todos los verbos que están en subjuntivo. Después, complete las frases que siguen con un(a) compañero(a).

1. Los colombianos se alegran de que...
2. Nadie duda que el crecimiento económico...
3. Lo triste es que los resultados positivos no...
4. Es probable que el desarrollo económico sin desarrollo social...
5. Por lo tanto, para salir adelante es necesario que...

Las dos caras de la moneda

«Que la economía crezca, que las empresas aumenten sus niveles de producción y ventas, que el desempleo disminuya, que la inflación se reduzca y que el país tenga un horizonte absolutamente despejado en materia cambiaria, son hechos que -quién lo duda- nos deben alegrar a todos los colombianos porque demuestran la gran solidez de la economía y sus halagüeñas perspectivas hacia el futuro. Esa es la cara buena de la moneda.

Pero que estos satisfactorios resultados no se traduzcan en una evidente mejoría en los niveles de distribución del ingreso, en una disminución de la pobreza que, en condiciones extremas, afecta a más del 40% de la población, y que gran parte de los logros en materia de empleo estén disfrazando un crecimiento sin precedentes de la informalidad, señalan la otra cara de la moneda. La cara fea, la cara amarga.

Ciertamente, el desarrollo social se hace viable en el contexto de una economía que crece vigorosamente. No obstante, el énfasis en esto último, sin atención a lo primero, puede llevar a situaciones socialmente explosivas que comprometen incluso las mismas posibilidades del crecimiento. Ese es el reto del país hacia el futuro»: Cámara de Comercio de Medellín.

Tomado de *El Colombiano*, Medellin, domingo 3 de abril de 1994, pág. 3D.

7. A veces sí, a veces no. Use la forma verbal apropiada, según los indicadores en el contexto:

especulación o futuro → subjuntivo
factualidad o información → indicativo

1. Yo soy muy cuidadoso(a); siempre ______________ (verificar) el total de mis gastos y de mis cuentas.
2. La próxima vez, cuando ______________ (usar) mi tarjeta de débito, voy a comprobar si tengo fondos.
3. Como nunca tengo suficiente plata en mi cuenta corriente, la diferencia entre las dos tarjetas no ______________ (interesarme).
4. Creo que voy a necesitar un cupo más alto cuando ______________ (tener) que comprar artefactos.
5. Si no eres ordenado con tus gastos, es mejor que ______________ (usar) tu tarjeta de débito.
6. Claro que sí, siempre lo ______________ (hacer), pero a veces ______________ (olvidarse) de la clave°. *PIN number*
7. Es posible que mi padrino ______________ (pagarme) si le ayudo con su planilla electrónica.

8. ¿Cuándo, pero cuándo? Con un compañero(a), túrnense para preguntarse cuándo van a hacer lo siguiente.

POR EJEMPLO: pagar las cuentas
ESTUDIANTE A: ¿Cuándo vas a pagar tus cuentas?
ESTUDIANTE B: Voy a pagarlas cuando **reciba** el cheque de mi casa.

1. llenar la solicitud para aumentar tu cupo° en la tarjeta *limit*
2. cobrar° el cheque de la quincena *to cash a check*
3. gastar menos en vestuario
4. pensar en el futuro financiero
5. devolverme la plata que te presté
6. hacer un presupuesto
7. ahorrar un poco en los libros
8. buscar un mejor trabajo
9. tener teléfono celular

9. Mi carrera y mi futuro. Complete lo siguiente con formas verbales apropiadas al contexto y comparta sus planes profesionales con otro(a) compañero(a).

POR EJEMPLO: Pienso invertir (en)... tan pronto como...
Pienso invertir en la bolsa / tomar un seguro... tan pronto como gane un poco más.

1. Tomaré más cursos de contabilidad y... hasta que...
2. Quiero encontrar un buen trabajo... para que mis...
3. Trataré de pagar la tarjeta... aunque...
4. Siempro tomo cursos de... porque...
5. No quiero... hasta que... .
6. Voy a gastar menos... después que...
7. Compraré un coche... antes que...
8. Mi hermana y yo vamos a... cuando...

❖ El futuro

The future tense is used in Spanish and in English to express events that are posterior to the present point of reference. The future usually implies a distant event or a prediction.

Mi primer sueldo lo **invertiré** en pagar una deuda que tengo con mi hermana.
Pagaremos los pasajes de avión y los gastos de hotel con la tarjeta de crédito.

In addition, there are other ways to express future actions and plans in Spanish.

1. Use the present tense to indicate near future plans or actions (see chapter 1).

   Empiezo a trabajar en junio, por eso **me voy** a casa a fines de mayo.

2. Use **ir a + infinitive**, particularly in conversation, as the equivalent of *to be going to*.

   Vamos a sacar plata del cajero automático, porque no alcanzamos a ir al banco esta tarde.

3. Use certain verbs that denote plan making.

   Pienso gastarme toda la plata que gane este verano. ¡Me enferma ahorrar!
   Quiero conseguir un trabajo donde use planillas electrónicas. Es tan entretenido.

Forms of the future tense

The future tense is formed by adding the appropriate endings to the infinitive, which functions as the stem. Note that the three conjugations take the same endings and that these are stressed, except in the **nosotros** forms.

Future indicative of regular verbs		
ganar	**promover**	**invertir**
ganar**é**	promover**é**	invertir**é**
ganar**ás**	promover**ás**	invertir**ás**
ganar**á**	promover**á**	invertir**á**
ganar**emos**	promover**emos**	invertir**emos**
ganar**éis**	promover**éis**	invertir**éis**
ganar**án**	promover**án**	invertir**án**

Some very common verbs have irregular stems in the future tense, but the endings are regular.

poner:	**pondr**é, **pondr**ás, **pondr**á, **pondr**emos, **pondr**éis, **pondr**án
tener:	**tendr**é, **tendr**ás, **tendr**á, **tendr**emos, **tendr**éis, **tendr**án
venir:	**vendr**é, **vendr**ás, **vendr**á, **vendr**emos, **vendr**éis, **vendr**án
valer:	**valdr**é, **valdr**ás, **valdr**á, **valdr**emos, **valdr**éis, **valdr**án
salir:	**saldr**é, **saldr**ás, **saldr**á, **saldr**emos, **saldr**éis, **saldr**án
querer:	**querr**é, **querr**ás, **querr**á, **querr**emos, **querr**éis, **querr**án
decir:	**dir**é, **dir**ás, **dir**á, **dir**emos, **dir**éis, **dir**án
hacer:	**har**é, **har**ás, **har**ás, **har**emos, **har**éis, **har**án
poder:	**podr**é, **podr**ás, **podr**á, **podr**emos, **podr**éis, **podr**án
saber:	**sabr**é, **sabr**ás, **sabr**á, **sabr**emos, **sabr**éis, **sabr**án
haber:	**habr**é, **habr**ás, **habr**á, **habr**emos, **habr**éis, **habr**án
caber:	**cabr**é, **cabr**ás, **cabr**á, **cabr**emos, **cabr**éis, **cabr**án

❖ A practicar

10. El próximo paso. Con un(a) compañero(a), comente sobre lo que van a hacer próximamente con respecto a sus finanzas. Usen **ir a** en combinación con las actividades de la lista y expresiones de tiempo como **mañana**, **pasado mañana**, **el viernes**, **el próximo mes**, **el verano que viene**.

POR EJEMPLO: cobrar cheque / pagar las deudas
ESTUDIANTE A: El 30 de este mes **voy a cobrar** mi cheque y **voy a pagar** todas mis deudas, ¿y tú?
ESTUDIANTE B: Yo **voy a ahorrar** parte de mi sueldo.

1. solicitar un préstamo educacional / pagar...
2. trabajar / ayudar a pagar mi matrícula
3. administrar bien mi plata / tener suficiente para las cuentas
4. sacar dinero° de la cuenta / comprar...
5. cobrar mi cheque / pagar la tarjeta de crédito
6. depositar mi cheque / pagar la cuota de...
7. hacer un presupuesto / gastar menos
8. pedirle plata prestada a mi hermano / tirarlo en...

to withdraw money

11. Mi futuro financiero. Imagínese cómo será su situación financiera en diez años. En seguida, con otro(a) compañero(a) discutan las posibilidades, teniendo en cuenta las condiciones que siguen.

Verbos útiles: ***ahorrar*, *comprar*, *hacer*, *invertir*, *mantener*, *pagar*, *poder*, *poner*, *prestar*, *tener*, *vender***

POR EJEMPLO: Cuando me gane la lotería...
ESTUDIANTE A: Cuando me gane la lotería, **podré** invertir mucho dinero en la bolsa. ¿Y tú?
ESTUDIANTE B: Yo **ahorraré** un diez por ciento y con el resto **haré** un viaje por Sudamérica.

1. Tan pronto como consiga un buen empleo después de graduarme...
2. Si recibo una jugosa herencia de un pariente muy rico...
3. Después que mi padre me haga socio(a)° de la compañía de la familia... *partner*
4. Cuando me case y compremos una casa...
5. Si decido trabajar en un país hispano...
6. La primera vez que me asciendan en el trabajo...
7. Si continúo estudiando después de sacar mi título...
8. Si me caso con una persona riquísima...
9. Si pierdo todo en una mala inversión...

12. Sin bola de cristal. Teniendo en cuenta lo que averiguó sobre los planes financieros de su compañero(a) en la actividad anterior, prediga dónde y cómo vivirá y qué situación financiera tendrá él / ella dentro de veinte años.

POR EJEMPLO: Dentro de veinte años, Lisa **será** gerenta de una empresa..., **vivirá** en una casa..., cerca de un área metropolitana con su esposo y... Como supo invertir bien su dinero y tomó seguro de vida **será**... y **tendrá**... Pronto **podrá** dejar de trabajar y **disfrutará** más de...

13. La influencia de la educación. Discuta con dos compañeros(as) qué cambios positivos **ocurrirán** en el mundo si todos los jóvenes (hombres y mujeres) reciben una educación adecuada. Tomen nota de sus ideas y luego escriban un párrafo y den un informe a la clase.

14. El Tarot de los negocios. Con otro(a) compañero(a) lea lo que dice el Tarot para cada signo. Luego completen los consejos, relacionándolos con el mundo de los negocios. No olviden usar el futuro.

Libra: Demasiada rigidez en sus acciones lo llenarán de tensión en su trabajo y alejará a personas y situaciones muy convenientes para lograr sus metas. Para triunfar, deberá ser más flexible y...
Escorpión: Aunque la realidad sea difícil de aceptar, es mejor poner los pies en la tierra y darse cuenta de los problemas que tiene con sus inversiones. De lo contrario, ...
Sagitario: Acepte con entusiasmo las transformaciones inesperadas del mundo laboral. Así tomará la delantera en estos cambios y no...
Capricornio: No se deprima porque las cosas ya no funcionan ni son útiles para sus intereses. Tendrá que aprovechar...
Acuario: Recuerde que los grandes inventos se han debido a menudo a personas valientes que nadaron contra la corriente. Por eso, Ud. ...
Piscis: Tantos compromisos en el mundo de los negocios y las finanzas le impedirán gozar de las cosas que también son importantes, como su familia. ...
Aries: Por temor a repetir experiencias negativas en los negocios y dolorosas en el amor Ud. ha cerrado su mente y su corazón a nuevas posibilidades. Ya que lo pasado pasó, el destino le traerá otras posibilidades. Por ejemplo, ...
Tauro: Aunque aún le produzca muchas dudas la posibilidad de cambiar de actividad, el Tarot cree que valdrá la pena, porque incrementará sus ingresos y también...
Géminis: A pesar de las dificultades que ha tenido en su trabajo recientemente, no le es conveniente permitir que la pereza sea la consecuencia de dichas dificultades. Desde mañana, ...
Cáncer: Tenga cuidado con lo que dice. Preste atención a sus palabras y a quién se las dice. La gente mal intencionada podrá utilizar sus comentarios como armas en su contra. Por ahora, será mejor que...
Leo: Aunque le cueste trabajo asumir el riesgo que la vida le está poniendo por delante, vale la pena que lo haga pues, gracias a ello, Ud. ...
Virgo: No sea impaciente y siga adelante con sus planes. De lo contrario, su entusiasmo...

15. Oferta de empleo. En parejas, lean la oferta de empleo y digan: (1) cuáles serán las obligaciones del Director de Área; (2) qué requisitos tendrá que tener el postulante; (3) qué tendrá que hacer para solicitar el empleo.

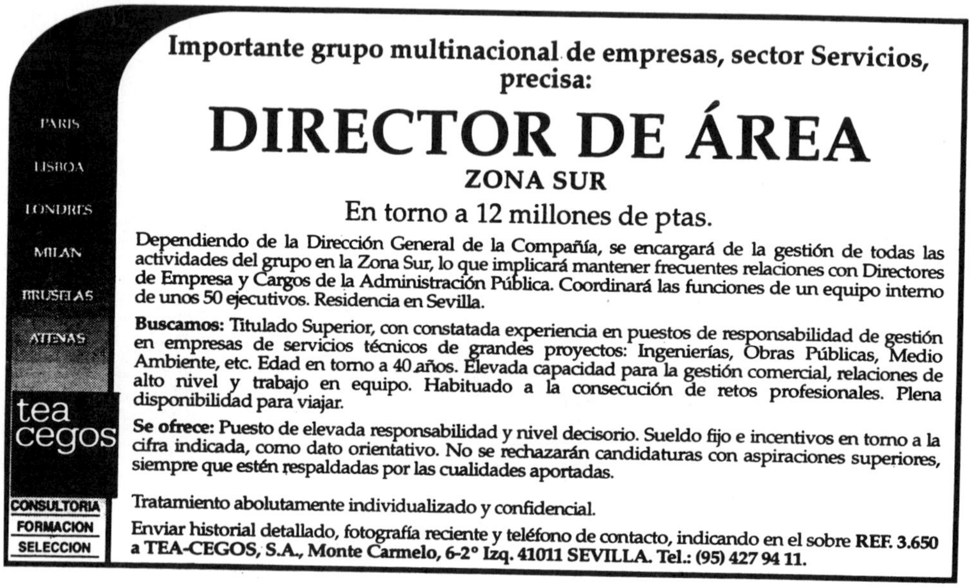

16. La oficina móvil. Además de la popular oficina en casa, hoy en día también hay muchos profesionales móviles, o sea, que pueden hacer parte de su trabajo en oficinas móviles gracias a los avances tecnológicos. Para ellos, lo importante no es el lugar donde esté la información, sino tener acceso a ella. Piense cómo será esta oficina móvil que será tan común en el siglo XXI, qué equipo tendrá y cómo afectará la vida de la gente. Descríbala en un párrafo.

Fíjese bien

❖ *Para traducir* since: como, puesto que, ya que, porque

In Spanish, the idea of *since*, as in *because*, is expressed by the conjunctions **como**, **puesto que**, **ya que**, and **porque**. These conjunctions indicate reason or cause for something (factual information) and thus they require the indicative. Notice that these conjunctions can either go in the middle or at the beginning of a sentence. However, you cannot start a sentence with **porque**; use **como**, instead.

Como *ha tenido* mucho éxito en sus inversiones, sus compañeros siempre le piden consejo.
Puesto que su padre ***es*** muy rico, gasta a manos llenas.
Ya que *vas a comprar* un CD, compra uno a plazo más largo.
Tuvo que conseguir un segundo empleo **porque *no le alcanzaba*** el sueldo para cubrir sus gastos.

❖ A practicar

17. Redactor. Para mejorar su redacción, conecte las oraciones con las conjunciones indicadas. Use el indicativo o el subjuntivo después de ellas, según sea necesario.

POR EJEMPLO: Quiero que mis hijos estudien. Pueden tener acceso a buenas oportunidades. (para que)
Quiero que mis hijos estudien **para que *tengan*** acceso a buenas oportunidades.

1. Necesito ahorrar algo. Vivo en la residencia y no en mi casa. (porque)
2. Trabajaré unas horas de sobretiempo. Me pagan bien. (puesto que)
3. Son muy metódicos. Hay muchas posibilidades de que se hagan ricos. (ya que)
4. Las acciones bajaron. Llamé a mi corredor de bolsa. (tan pronto como)
5. Me subieron el sueldo. Voy a aumentar mi porcentaje de ahorros. (puesto que)
6. No le gustan los riesgos. Comprará bienes raíces. (como)
7. Retiraré mi plata de la cuenta de ahorros. Los intereses empiezan a bajar. (antes de que)

18. Traductor. Para mejorar su redacción, traduzca las siguientes frases. Use un conectivo apropiado según el sentido y el indicativo o el subjuntivo, según sea necesario.

POR EJEMPLO: As soon as we arrive, I will exchange some money.
Tan pronto como (en cuanto) *lleguemos*, voy a cambiar algo de plata.

1. Since shares have gone down now, you must buy some.
2. We haven't invested a penny since we lost everything in December.
3. I will never save one peso because my salary is so low.
4. My budget is a disaster, since all I earn is for the rent.
5. Everybody is going to take Business Spanish so we can use it on the job.

FINALMENTE

Para escuchar activamente

(⏩ Student tape, **Parte III**)

❖ Hay que prepararse

Cuando escuchamos un anuncio sobre servicios bancarios, nos podemos formar una buena idea si le ponemos atención a dos cosas:

- las características del instrumento financiero que ofrecen
- las transacciones que se pueden hacer

1. Piense y escriba cuatro características deseables en una tarjeta de banco

POR EJEMPLO: Espero que la tarjeta sea... y también que tenga...

2. Según las descripciones de distintos instrumentos que vimos en este capítulo, piense y escriba dos frases que describan una buena tarjeta de banco. Siga el modelo.

POR EJEMPLO: Con la tarjeta es posible que Ud. nunca tenga que... Por el contrario, con una... en su bolsillo, Ud. puede ahorrar tiempo porque puede...

❖ Buen entendedor

Ahora escuche la **Parte III** de su cinta cuatro veces.

⏩ 1. Fórmese una idea general.
⏩ 2. Anote algunas características (adjetivos) de la persona que buscan.
⏩ 3. Anote dos frases que describen a esta persona.
⏩ 4. Agregue otros detalles u otra frase.

Para escribir mejor

❖ Buen manejo del dinero

Imagínese que Ud. tiene que explicarle a un(a) estudiante extranjero las alternativas financieras que va a encontrar cuando venga a estudiar a los Estados Unidos y aconsejarlo sobre los mejores métodos de guardar su dinero o invertirlo.

1. Escriba dos o tres consejos generales para su amigo(a) extranjero(a). Observe que las expresiones de futuro o de consejo exigen el subjuntivo.

POR EJEMPLO: **Cuando** vengas a los Estados Unidos **es bueno que** traigas (efectivo, cheques de viajero, cheques, pesos, dólares, tu tarjeta de...). No es conveniente que los pongas en la maleta porque... **Pídele** a tu banco **que** te den una historia de crédito **para que** el banco de aquí...

2. Escriba al menos tres descripciones de cuentas o inversiones que puede hacer el extranjero cuando ya esté en los Estados Unidos. Muchos de estos consejos deben llevar subjuntivo también.

POR EJEMPLO: **Para que** no estés más pobre que una rata después, **te sugiero que**... (ahorrar / guardar / reservar). ¿Sabías que es mejor poner la plata en una cuenta... y no en una cuenta...? Por otro lado, si piensas comprar un carro / una impresora / un archivo... **te aconsejo que**...

3. Describa al menos tres cosas que el(la) extranjero(a) tendrá que hacer muy pronto después de llegar. Use el vocabulario, expresiones, las conjunciones y el subjuntivo aprendidos en este capítulo.

POR EJEMPLO: Al llegar, tendrás que... y también necesitarás dar un depósito por... También te pedirán un depósito por el teléfono y por... Al día siguiente, tendrás que ir al banco a cobrar...

4. Ahora termine ofreciéndole su apoyo al estudiante extranjero. Use más expresiones idiomáticas, las conjunciones y el futuro aprendidos en este capítulo.

POR EJEMPLO: Ya sé que todo esto parece muy complicado, pero ya verás que los bancos (los empleados de los bancos / la universidad) te ayudarán mucho, porque todos entenderán que... Después de dos meses, estarás con todas tus cuentas en orden y así te dedicarás sólo a...

5. ⏩ Grabe sus consejos en audio o videocinta y compártalos con sus compañeros(as). Puede agregarle efectos visuales, musicales o de sonido; también puede agregarle un segmento de una conversación entre Ud. y un bancario o un(a) amigo(a).

Glosario

Sustantivos

acciones *f. pl.* shares
ahorros *m.* savings
archivo *m.* file, archive
asesor(a) consultant
asesoría *f.* consulting
cajero(a) *m.* teller
cajero automático *m.* ATM machine
carpeta *m.* manila folder, hanging file
centavo *m.* cent
chavo *m.* cent (Caribbean)
cuenta *f.* bill
cuenta *f.* bill; account; **cuenta a la vista / a plazos** unrestricted / deferred deposit account; **cuenta corriente / de ahorros** checking / savings account
cupo *m.* credit card limit; vacancy; room
deuda *f.* debt
dinero *m.* money, funds
dólar *m.* dollar
efectivo *m.* cash
entrada *f.* income; ticket
finanzas *f. pl.* finance
ganancias *f.* earnings
gastos *m.* expenses
ingresos *m.* income
manejar to drive; to handle; manage; **manejar dinero / fondos / plata** to manage money, funds
mitad *f.* half
peso *m.* weight, currency
plata *f.* money, funds; silver
por ciento *m.* per cent
porcentaje *m.* percentage
premio *m.* prize
presupuesto *m.* budget; estimate
puesto *m.* position, job
seguro *(m.)* **de vida** life insurance
sueldo *m.* salary

tarjeta *(f.)* **de crédito / débito** credit / debit card
tasa *f.* rate

Adjetivos

ahorrador(a) thrifty person
gastador(a) big spender
manirroto(a) big-time spender
ordenado(a) tidy, methodical
previsor(a) good planner

Verbos

ahorrar to save
asesorar to consult for
cobrar to cash a check; to charge
deber to owe
ganar to earn; to win
gastar to spend money
invertir to invest
pagar to pay
pedir un préstamo to request a loan
sacar dinero to withdraw money

Conectivos

antes que before
aunque although
como as, since
con tal que as long as, provided that
después que afterwards
hasta que until
para que so that
porque because, since
puesto que since
tan pronto como as soon as
ya que since

Modismos

comprar a plazos / al contado to buy in installments / in cash
estar más pobre que una rata to be broke, to be as poor as a church mouse
más vale que sí / no you'd better do it / not do it
¡ni modo! no way!
no tener ni un peso(chavo) to be broke
no tener dónde caerse muerto not to have anything at all
quedarse sin un peso / chavo to be broke
ser manirroto(a) to be a big-time spender

Autoprueba

Repase este capítulo y después haga esta prueba para ver qué más necesita estudiar.

❖ I. Cultura hispana

A. Complete las siguientes frases según lo que estudió en este capítulo.

1. Hay algunas diferencias entre las dos culturas en cuanto a las deudas. A los hispanos no les gusta...
2. En vez de usar la tarjeta de crédito, es mejor ahorrar y...
3. Muchas veces, se piensa que las mujeres no saben nada de finanzas. Entonces, ...
4. Cuando alguien no tiene nada ahorrado para el futuro, en español se dice...
5. Cuando alguien está muy pobre, sin un peso, se dice que está más pobre que...
6. En Venezuela, Perú y Costa Rica la moneda se llama... , respectivamente.
7. Hay varios países en que la moneda se llama **peso**. Estos son:...
8. Hay varios países en que la moneda se llama **dólar**. Estos son:...

❖ II. Vocabulario y lectura

B. Complete esta ficha personal con todos sus datos personales. Luego, complétela con los datos de un(a) compañero(a) de la clase de español, si es posible.

Ficha personal

______________________________ Edad: ________

Nombre Apellido paterno Apellido materno (años)

____

Cuentas bancarias (tipo) ¿Gana sueldo ahora? ¿Cuánto gana por hora?

____

Ingresos mensuales totales ¿Ayuda del jefe de familia? ¿En qué desea invertir?

____

Tipo de ahorros que prefiere Deudas grandes que tiene ¿Cuánto? Beca sí/no ¿Cuánto?

____

¿Cómo es Ud. como gastador? Después de estudiar este capítulo, ¿qué piensa de sus finanzas?

____

¿Cuáles son sus principales gastos? ¿Qué hará para corregir sus errores financieros?

C. Dé dos palabras en español, que estén asociadas en este capítulo a cada una de las siguientes. Pueden ser sustantivos, adjetivos, verbos o expresiones.

1. gastos
2. ahorros
3. cobrar
4. carpeta
5. previsor / a
6. manirroto(a)
7. cuenta corriente
8. cajero automático
9. asesor/a financiero(a)
10. sacar dinero
11. comprar al contado
12. no tener un chavo
13. seguro de vida
14. presupuesto
15. a plazos

D. Lea lo siguiente y conteste las preguntas. Use el vocabulario y las expresiones que aprendió y los cognados que pueda reconocer.

Adaptarse o morir

En esta época en que las grandes tiendas ya no pueden esperar a que los consumidores entren solos por sus puertas, la respuesta rápida a los ciclos de demanda es cuestión de vida o muerte. Para que una gran tienda pueda sobrevivir la competencia, hay que mejorar las relaciones con los grandes distribuidores, usar la información de ventas diariamente y darle la mejor atención y los precios más bajos al cliente.

Esto es posible con el uso de los códigos de barras. Desde que se empezaron a usar los códigos de barras para leer los precios en las cajas, la revolución de la información entró al supermercado y a la gran tienda, porque el código no sólo sirve para leer el precio con rapidez. La idea es que, tan pronto como el código entre a la red de información, el sistema pueda empezar a responder a la demanda.

Por ejemplo, es posible que sea preciso que el distribuidor reponga el artículo° de inmediato, o que sea necesario que los empleados de la tienda cambien de lugar la mercadería para que el consumidor tenga más fácil acceso a ella. También es posible que los precios bajen aún más si el productor puede predecir con más exactitud cuándo tiene que entregar más mercadería. *item*

Así, la tecnología de la información no sólo ha cambiado la dinámica de los negocios sino que ha hecho que grupos que antes eran casi rivales trabajen juntos para vender más y más rápido.

Ideas tomadas de "Los supermercados monstruos" por Raúl Ferro. *América Economía*, Nº 89, noviembre de 1994, págs. 38–40, 42–43, 45–46.

1. Cuando la competencia es muy grande, es necesario que una tienda grande haga tres cosas:...
2. Cuando la cajera lee el código de barras, ocurren al menos dos cosas:...
3. Si la tienda tiene una mentalidad competitiva, la información del código debe usarse no sólo para controlar los ingresos de la tienda sino que para...
4. Antes, una gran tienda no le entregaba su información a nadie. Ahora, es conveniente comunicarla para que...
5. La idea principal de este artículo es que la respuesta...

❖ III. Gramática

E. Escriba al menos una forma irregular del futuro de los siguientes verbos: **decir**, **hacer**, **tener**, **venir**, **poner**, **saber**, **haber**, **querer**.

F. Use los elementos dados para escribir preguntas para conversar con sus compañeros. Use palabras aprendidas en este capítulo, palabras interrogativas apropiadas y verbos en futuro, según el sentido.

1. ¿asesorar en tus finanzas?
2. ¿años de plazo / conseguir?
3. ¿cupo / tener en la tarjeta?
4. ¿a quién / pedir préstamo?
5. ¿hacer / si no tener efectivo?
6. ¿ir / al cajero automático?
7. ¿subir el sueldo este año?
8. ¿preferir / gastar tu plata?
9. ¿ser manirroto(a) / ordenado(a)?
10. ¿salir / por la noche?
11. ¿ayudar / económicamente?
12. ¿trabajar por hora / a veces?
13. ¿pagar / deudas grandes?
14. ¿tener / presupuesto equilibrado?
15. ¿cosas comprar a plazos?

G. Complete lo siguiente con formas verbales del indicativo (presente o pasado) o del subjuntivo presente, según el tipo de expresión conectiva usada. Si lo desea, subraye los conectivos primero.

Como me __________ (quedarse) sin un chavo la semana pasada, tuve que ir al cajero automático con mi tarjeta de débito, pero ya no __________ (haber) nada de plata en la caja, porque __________ (haber) muchísimos estudiantes aquí que __________ (sacar) dinero los viernes por la noche. La próxima vez, con tal que me __________ (acordarse) el jueves, pienso ir antes de que la caja __________ (quedarse) vacía como la semana pasada. Esto me pasa casi todos los viernes desde que __________ (conseguir) mi nueva tarjeta de débito.

H. Escriba un anuncio de trabajo. Indique las condiciones y el sueldo y dé un perfil del candidato ideal escrito con formas de futuro.

1. Dé el nombre del especialista que se necesita
2. Diga dónde trabajará
3. Qué hará cuando empiece a trabajar
4. Qué características y preparación profesional tendrá

❖ IV. Redacción

I. Describa a (1) un(a) amigo(a) que tiene problemas financieros o (2) describa sus finanzas y planes de inversión a futuro. Escriba una descripción lo más completa que pueda en tres párrafos.

1. Describa aspectos de su estilo de gastar la plata (manirroto(a), cuidadoso(a), previsor(a), ordenado(a), etc.). Compárelo(la) / Compárese con otra persona para hacerlo más interesante.
2. Describa sus actividades financieras y sus intereses. Diga qué cosas ha comprado últimamente, en qué ha ahorrado, qué errores ha cometido, qué le preocupa, qué le alegra. Agregue una descripción de lo que él / ella / Ud. tratará de hacer para mejorar su situación o para invertir / ahorrar más en el futuro.
3. Describa sus planes (a) dando las razones con expresiones como **puesto que**, **ya que**, **como**, **porque y** (b) indicando cuándo piensa realizarlos con expresiones como **cuando**, **tan pronto como**, **antes que**, **después que**, **hasta que** con formas del indicativo y del subjuntivo respectivamente.

❖ V. Destreza oral

J. Prepare una conversación entre dos personas con otro(a) compañero(a). Pueden ser marido y mujer, hermanos, novios, o un empleado de banco y un cliente. Una persona tiene serios problemas financieros y la otra le da consejos para solucionar su problema. Preparen una buena descripción del problema y varios consejos y preguntas que pueda usar la persona que aconseja. Usen el vocabulario, las expresiones y el subjuntivo aprendidos en este capítulo. Su instructor(a) le asignará un papel de consejero o persona con problemas cuando se presenten a la prueba oral.

Capítulo 5

Anoche nos comimos una tremenda comida en un restaurante del zócalo.

Sano y feliz

Objetivos: En este capítulo, va a aprender a describir su dieta, a dar y recibir consejos de salud, a hablar de sus actividades y deportes preferidos y a conversar con sus compañeros(as) sobre problemas de salud y nutrición.

Tema: La salud y la nutrición.

Gramática: Los pronombres directos e indirectos. Los imperativos formales. Los imperativos informales.

Cultura: Tiempo libre. Remedios caseros y la sabiduría tradicional.

PARA COMENZAR

María José siempre se ve tan estupenda.

Y Ud., ¿qué dice? (Student tape, **Parte I**)

MARILÚ: No creo que nunca sepa el secreto de María José.
CHEPA: Para mí, que ella siempre se muere de hambre. No puede ser que siempre se vea tan estupenda, así no más.
FERNANDO: Niñas, niñas..., ¡ya basta! Mejor vámonos a correr de una vez.
JORGE: Sí, porque de sólo pensarlo ya me siento cansado.
MARILÚ: No creo que pueda ir a correr sin sacarme a María José de la cabeza. En fin, trataré.

❖ La leche, alimento casi perfecto

España es el cuarto consumidor de leche líquida de la Comunidad Europea y el décimocuarto en el mundo. En España como en Europa, la leche líquida es prácticamente toda de vaca. En otras culturas, se consume leche de otros animales como búfalas, cabras° y ovejas°. En 1994, cada español consumió, por término medio, 102 litros de leche líquida y kilo y medio de leche concentrada o en polvo.

goats / sheep

Los expertos dicen que se debe tomar leche todos los días, al menos medio litro, ya que es uno de los alimentos más completos. Medio litro de leche de vaca proporciona cerca del 25% de las calorías, un 40% de las proteínas, un 70% del calcio y la riboflavina, y alrededor de un tercio de la vitamina A y de la tiamina necesarias para satisfacer las necesidades de un niño de cinco años de edad.

La leche **desnatada** (sin crema) y la semi-desnatada tienen el mismo contenido de nutrientes que la leche **entera**. ¿Dónde está la diferencia, entonces? La desnatada no tiene grasa y la semidesnatada la tiene parcialmente. Los españoles, sin embargo, todavía prefieren la leche entera, la que representa un 76% de toda la leche consumida, con un contenido graso de 3,2%. La desnatada representa el 18% del consumo, con un máximo de 0,3% de grasa.

La leche entera se aconseja para los recién nacidos, los niños, los adolescentes y las personas de la tercera edad. Para los adultos, las personas que siguen un **régimen para adelgazar** (dieta de bajas calorías) y los que tienen problemas de altos niveles de colesterol, se aconsejan la leche y el yogur descremados.

Tomado de "La leche, alimento casi perfecto", *Tu salud, la revista del bienestar*, Madrid, enero de 1993, Nº 2, págs. 96–99.

❖ Ahora es su turno

1. Todos quieren verse estupendo. Vuelva a escuchar la conversación del grupo de amigos y lea la nota sobre "La leche, alimento casi perfecto." Luego, con un(a) compañero(a) complete las siguientes frases.

1. Chepa piensa que para verse estupenda (no) hay que...
2. El consumo de bebidas como la Coca-Cola, la Pepsi, la Orange y otras similares (no) disminuye el necesario consumo de leche por los niños y los jóvenes...
3. Yo bebo / no bebo leche entera / desnatada porque... Por lo general, la tomo con...

2. Aplicación. Aunque parece que en las dos culturas la gente se preocupa de su peso y de su alimentación, el artículo sobre la leche demuestra que la manera de preocuparse no es la misma. ¿Qué diferencias ve Ud. en el consumo de leche, por ejemplo?

Noticiero cultural

❖ Tiempo libre

En general, además de **hacer deportes** como correr, jugar básquetbol, fútbol o béisbol, nadar, **escalar**, **patinar** y montar en bicicleta, los jóvenes hispanos pasan una buena parte de su tiempo libre jugando con la computadora, comiendo o bebiendo algo en la cafetería de la universidad y conversando con los amigos por horas y horas. También pasan varias horas leyendo los periódicos y las revistas juveniles, coleccionando fotos de sus artistas del cine y de la canción preferidos, escribiendo notas y cartas o jugando juegos de video. Muchos también prefieren ir al cine o alquilar películas. Pero una de las actividades más importantes para todos es **salir a dar una vuelta** por las calles, avenidas o centros comerciales de moda para **juntarse con** los amigos.

¿Qué opina Ud.?

Compare las actividades de su grupo con las de los universitarios hispanos y luego complete las frases.

1. Como los hispanos, nosotros también...
2. Nos encanta hacer deportes. Por ejemplo, ...
3. Una manera de pasar el tiempo libre aquí es salir a... para...

Vocabulario

❖ A. Para hablar de la salud, la nutrición y el ejercicio

¿Qué haces para mantenerte en forma?	Mira, yo nunca dejo de hacer ejercicio. Yo me cuido; evito el exceso de azúcar y de grasa. No hago nada; como de todo.
¿Qué me aconsejas?	Que comas una dieta más equilibrada; no comas tanta grasa. Que hagas más deporte; no pases sentado(a). Que hagas ejercicio periódicamente, no a veces. Que tomes un verdadero desayuno, no una bebida.
¿Qué será más sano?	Que evites las frituras y la carne. Que comas frutas y verduras, granos y legumbres. Que bebas mucha agua pura.
Y tú, ¿no haces ejercicio?	Claro que sí, pues. Hago gimnasia todos los días. Sí, a veces nado (esquío / corro / patino / levanto pesas).
¿Y haces deporte?	Claro, hago aerobismo (esquí acuático / vela / montañismo). También corro tabla (voy al gimnasio / monto en bicicleta).
Y para pasar el tiempo ¿qué haces?	Escucho mis discos compactos. Veo un videodisco. Juego con la computadora. Navego por la Internet.

B. Mi secreto

Más expresiones para charlar con amigos(as), diciendo toda la verdad.

¿Sabes qué?	Yo no salgo a correr ni aunque me paguen. Me duelen las piernas.
	No me gusta el ejercicio porque no me gusta transpirar.
	Para andar con hambre todo el día, prefiero ser gordito(a).
¿Quieres que te diga?	A mí no me gusta levantar pesas.
	Lo verde es bueno para las vacas, no para mí.
	Todos(as) mis amigos(as) fuman; yo, también.
	Anoche me comí una tremenda pizza yo solo(a).
	Anoche me tomé una caja de helados entera.
¿Sabías que ya no fumo?	No puede ser; no te lo creo.
no bebo?	¿De veras? ¡Pero qué bien!
no como tanto?	¡Imposible! ¡Qué estupendo!
no trasnocho?	¿Tú? No te creo.

A practicar

3. Deportes acuáticos. Primero mire los dibujos y luego escriba el número de la actividad deportiva correspondiente en la lista de actividades.

1. Le gusta hacer vela.
2. Esta chica tiene buenas piernas para esquiar en el mar.
3. A veces, corre tabla.
4. Esta chica fue a bucear a la Isla de Mujeres.

4. Buena solución. Las siguientes personas tienen un problema que no les permite hacer ejercicio ahora. Con un(a) compañero(a), denles una solución.

POR EJEMPLO: Antes corría y caminaba mucho; pero ahora le tengo alergia al polen.
Puedes ir al gimnasio (nadar en la piscina cubierta / hacer aerobismo).

1. Quiero hacer ejercicio, pero no me gusta transpirar.
2. Antes montaba en bicicleta, pero me la robaron.
3. A veces, hacía aerobismo, pero las clases son muy caras.
4. Ahora vivo en una ciudad donde no hay lago ni playa. Ya no puedo hacer esquí en el agua.
5. No quiero jugar fútbol porque ya no me gusta la disciplina tan estricta.

5. Lo verde es para las vacas. Haga una lista de todas las cosas malas para la salud que ha hecho últimamente. Dé dos cosas en cada categoría.

POR EJEMPLO: La semana pasada no comí fruta.
Anoche me comí dos tremendos sandwiches.
Ayer dormí sólo tres horas.
También tomé muchos helados.

6. Buenos propósitos. Piense en lo que hacía antes y lo que hace ahora que es mejor para su salud. Luego, diga qué no hace ya.

POR EJEMPLO: **Yo ya no** bebo (me como / duermo / salgo / compro)...

7. Sigue mi consejo. ¿Qué le puede aconsejar a las siguientes personas? Siga el ejemplo y use **coma**, **duerma**, **evite**, **haga**, **tome**, según la situación.

POR EJEMPLO: Margarita siempre está con sueño. Le aconsejo que duerma y...

1. Don Pepe tiene el colesterol alto.
2. María Inés tiene unos kilos de más.
3. Rosita sólo quiere comer dulces.
4. Nicolás nunca hace ejercicio.
5. Marta necesita más calcio.
6. Peruco fuma demasiado.

8. Ni soñarlo. Complete las siguientes frases con lo que no piensa o no quiere hacer.

POR EJEMPLO: No pienso correr más porque las calles son peligrosas.

1. Para mantenerme en forma no...
2. No quiero... ni aunque me...
3. Como no me gusta... no pienso...
4. Prefiero... a morirme de...
5. Eso es de locos; a mí no me gusta...
6. Aunque me paguen, no pienso...

❖ C. Más sobre la salud, la nutrición y el ejercicio

Las siguientes palabras interrogativas y los ejemplos le servirán para hacer preguntas para conversar y escribir bien.

Dime, ¿qué dieta haces en la primavera?
en diciembre?
en invierno?

La dieta del arroz; así quemo las grasas.
No almuerzo; así me mantengo en forma.
Corro y camino más; así bajo de peso.
La dieta líquida; así no engordo más.

¿Se vacunaron contra la influenza?
la hepatitis?
la meningitis?

Nos vacunamos ayer; había mucha gente.
Sí, claro. Es mejor que vayas pronto.
Sí, es mejor que te apures.

¿Crees que es peligroso el fútbol americano?
el motociclismo?
el automovilismo?
el boxeo?

Óyeme, todos los deportes son peligrosos.
No, si tienes cuidado y te pones el casco.
No creo que debas preocuparte.

¿De qué depende el éxito?

De tu suerte. Puedes...
...caerte.
...desgarrarte un músculo.
...pegarte en la cabeza.
...quebrarte una pierna (un brazo).
...doblarte un tobillo.
De tu entusiasmo y dedicación. Debes...
...cuidarte mucho.
...entrenarte todos los días.
...comer más verduras.

❖ A practicar

9. No es tan difícil. Estudie las nuevas expresiones y, con un(a) compañero(a), den cuatro o cinco actividades (verbos) asociadas con lo siguiente.

POR EJEMPLO: Para no enfermarse hay que... cuidarse mucho, comer más..., no preocuparse mucho, hacer más deporte, evitar el exceso de...

1. Para mantenerse en forma hay que...
2. Para sentirse con más energía y deseos de trabajar hay que...
3. Par no accidentarse en los deportes hay que...
4. Par ser buen deportista hay que...
5. Para bajar de peso por lo menos hay que...

10. Quería saber. Con un(a) compañero(a), preparen por escrito sus fichas de salud.

Ficha de salud

Información confidencial

Nombre: ______________________________ Edad: ____________________

Peso: _____ Kg _____ gr Estatura: _____ m. _____ cm. Fumador (a): sí/no

Vacunas: tétano (sí/no) Fecha: ________________ (día, mes, año)

influenza (sí/no) Fecha: ________________ (día, mes, año)

polio (sí/no) Fecha: ________________ (día, mes, año)

Hace ejercicio periódicamente (sí/no) 0/1/2/3/4 veces a la semana

Deportes que hace: 1. __________ 3. __________

2. __________ 4. __________

Accidentes: fracturas (sí/no) ligamentos dañados (sí/no)

¿Toma vitaminas? ____ nunca ____ ocasionalmente ____ regularmente

¿Bebe leche?

¿Come frutas y verduras? ____ nunca ____ ocasionalmente ____ regularmente

¿Qué frutas prefiere? ______________ ¿Cuántas come al día? _______

En los dos últimos años: ha estado a dieta (sí/no) ¿Cuándo? _____

ha tenido algún accidente (sí/no) ¿Cuándo? _____

11. Para mantenerse en forma. Conecte los dos elementos de cada consejo. En seguida, escriba las frases que formó. Después, escriba dos ejemplos más del mismo tipo, usando **así** para conectar sus ideas.

Hago gimnasia dos veces al día.	Así desarrollo más músculos.
Como dos porciones de todo.	Así tengo tiempo para dar una vuelta.
Levanto pesas con una amiga.	Así entusiasmo a mis amigos.
Estudio temprano por la tarde.	Así me mantengo en forma.
Llevo unos sandwiches para la excursión.	Así bajo de peso.
Sigo una dieta baja en calorías.	Así subo de peso.

12. Entrevista. Con los siguientes elementos, prepare preguntas para conocer mejor a un(a) compañero(a).

1. ¿*Hacer* algún deporte? ¿Qué te *gustar* más de ese(esos) deporte(s)?

2. Cuando eras niño, ¿a qué *jugar*? ¿Y en la secundaria?
3. ¿Te has accidentado haciendo deportes o sabes de alguien que se accidentó? Cuéntame.
4. ¿*Preferir* tomar agua, leche, un batido de frutas o una Coca-Cola cuando *hacer* gimnasia o deportes? ¿Por qué *preferir* esa bebida?

13. Así me cuido. Diga cómo se cuida de las siguientes cosas.

POR EJEMPLO: Así me cuido del colesterol alto. → Siempre prefiero el queso blanco.

1. Así bajo de peso.
2. Así protejo mis bronquios.
3. Así cuido mis dientes.
4. Así me cuido de la hepatitis.
5. Así protejo mi piel de la deshidratación.
6. Así consumo más calcio.
7. Así hago ejercicio.
8. Así me relajo.

14. Otro amigo para el Club Vida Sana. Preséntele un(a) nuevo(a) amigo(a) a su compañero(a). Puede seguir el ejemplo.

MIKE: ¡Hola! ¿Qué tal, Jim?
JIM: Pues nada, ¿y tú? ¿Qué hay de nuevo?
MIKE: Mira, te presento a... Estudia... y está en el equipo de...
JIM: ¡Tanto gusto, ...! Me alegra saber que tú y Miguel jueguen...

Noticiero cultural

Ésta es una farmacia como debe ser: tiene remedios, píldoras homeopáticas y artículos de belleza.

❖ Remedios caseros y la sabiduría tradicional

En los Estados Unidos, se ha producido un fenómeno nuevo: la gente quiere volver a usar remedios tradicionales, porque muchos **remedios**° modernos ya no hacen efecto o son demasiado tóxicos. Lo curioso es que en las culturas hispanas la gente siempre ha usado los remedios tradicionales. Es fácil ver los letreros en la calle: **Homeopatía**, **Botánica**, **Tienda Natural**. En estas farmacias y tiendas, se puede comprar remedios y suplementos dietéticos para casi cualquier cosa, desde cáncer, enfisema, sinusitis o bronquitis hasta indigestión, lesiones de la piel y mal de amores o depresión.

medicinas

Algunos remedios son hierbas sin elaboración para hacer infusiones que calman algunos síntomas comunes como **el dolor de estómago**, **la tos**° o **la fiebre**. Otros remedios pueden ser gotas°, extractos o píldoras que deben acompañarse de algún tipo de régimen alimenticio. Finalmente, también hay alimentos que se venden por sus propiedades tónicas o nutritivas, como semillas y legumbres (frijoles, lentejas, garbanzos), cereales (cebada, trigo, arroz completo, salvado) y aceites de oliva, canola, girasol o nueces°.

coughing / drops

walnuts

¿Y usted? ¿Qué remedio o tónico natural usa habitualmente?

SIGAMOS ADELANTE

Para leer mejor

1. ¿Qué importancia tiene para usted? Con un(a) compañero(a) discutan ocho de las siguientes afirmaciones y expliquen por qué las aceptan (**A**) o rechazan (**R**).

1. _____ Es importante meditar, ya que las preocupaciones son la causa principal de muchas enfermedades.
2. _____ La gente que duerme siesta se despierta con mucha energía y la mente despejada°.
3. _____ Las personas que sufren mucho estrés necesitan proteínas y aun grasa, aunque tengan sobrepeso.
4. _____ Lo que engorda no es el tipo de alimento sino la cantidad de lo que se come.
5. _____ El ejercicio es mejor que una dieta para bajar de peso.
6. _____ Las píldoras para suprimir el apetito son peligrosas porque alteran el metabolismo y producen desórdenes hormonales.

clear

7. _____ Todas las carnes, sin excepción, tienen colesterol y por eso hay que limitar su consumo.
8. _____ Es necesario resistir la presión externa para evitar conductas indeseables como fumar, consumir bebidas alcohólicas en exceso o drogas, y tener relaciones sexuales riesgosas.

2. Buen lector. Ahora mire la lectura en silencio y trate de adivinar las ideas en general; no traduzca palabra por palabra. Las siguientes técnicas le pueden ayudar.

Formato. Mire el artículo y vea qué estructura tiene: ¿entrevista o descripción? Si no hay subtítulos, busque una frase o palabras al principio de cada párrafo que le den una idea de lo que va a leer.
Conectores. Hay tres expresiones conectivas en este fragmento. Mire donde están y luego conecte las expresiones con sus significados.

De hecho, ...	*In addition, . . .*
En lo que a... se refiere, ...	*In fact, . . .*
Además, ...	*With respect to . . .*

Cognados y contexto. Tiene que tratar de comprender las palabras pensando en un cognado o el contexto en que aparece. Por ejemplo:

salud	El agua es fundamental para ***la salud*** porque es necesaria para eliminar toxinas. → *think: how toxins are eliminated*
creados	Hay distintos hábitats ***creados*** por las diferencias de temperatura. → *think: creation*
humectación	Tomar la mayor cantidad de agua posible es una positiva contribución a ***la humectación*** de la piel. → *think: humid, humidity*
contrarrestar	Tomar agua, es la única manera de *contrarrestar* las pérdidas de humedad por los procesos de transpiración y respiración. → *think: counter, what you do with losses*

Use las mismas estrategias para derivar el significado de **indispensable**, **sinónimo**, **expuesta**, **hidratación**. ***Uso del diccionario.*** Después de leer este artículo, si tiene curiosidad por saber el significado de alguna palabra nueva, búsquela en el diccionario. Lea todos los significados que aparecen y después seleccione el más apropiado para el contexto.

Fuente de juventud: el agua

Desde la creación del universo, el agua ha estado relacionada a los lugares y procesos más sorprendentes de la naturaleza.

- Los océanos, donde se encuentra todo un mundo de especies animales y vegetales en distintos hábitats creados por las diferencias de luz, temperatura y sustancias químicas.
- Las lluvias, que generan la actividad química de los suelos y permiten la vida del hombre y de las plantas, animales e insectos.
- Las nieves que alimentan los ríos, los lagos y los océanos.

Este líquido indispensable, sinónimo de vida y de belleza para el ser humano, es el elemento vital más importante del organismo. De hecho, aproximadamente un 60% del peso de una persona adulta es agua.

En lo que a la salud se refiere, el agua es fundamental para el buen funcionamiento de todos los órganos, pues permite eliminar las toxinas y ayuda a la digestión de los alimentos. Además, para todos nosotros y especialmente para las jóvenes, tomar la mayor cantidad de agua posible es una positiva contribución a la humectación de la piel, particularmente de la cara, que siempre está expuesta al sol y al aire.

Para mantener el nivel de agua o de hidratación que el organismo necesita para un buen funcionamiento, es necesario tomar al menos ocho vasos de agua diariamente, si se trata de una persona sedentaria, y el doble o más, si se trata de un deportista. Es la única manera de contrarrestar las pérdidas de humedad por los procesos de transpiración y respiración.

Tomado de "Fuente de juventud: el agua", *Buenhogar*, año 30, Nº 10, 16 de mayo de 1995, págs. 18–19.

---

3. ¿Qué piensa Ud.? Responda las siguientes preguntas.

1. Antes de leer este artículo, ¿qué sabía Ud. acerca de los beneficios del agua?
2. ¿Qué importancia tienen los océanos en la evolución de la vida en nuestro planeta?
3. Según el artículo, ¿cuáles son las dos funciones principales del agua en el organismo?
4. ¿Cuánta agua bebe Ud. diariamente? ¿Cree que sea suficiente?
5. Cuando hace deportes o gimnasia, ¿qué procesos relacionados con el agua observa Ud. en sí mismo? Explique.

4. Ahora le toca a usted. Con un(a) compañero(a), piensen en lo que saben sobre el agua y completen las siguientes frases.

1. En los océanos, hay distintos hábitats porque...
2. Hay que tomar mucha agua cuando hacemos deportes porque...
3. No es lo mismo un vaso de agua que uno de bebidas gaseosas porque...
4. Hay que usar racionalmente el agua porque...
5. El consumo de agua ayuda a conservar la juventud porque...

6. Los deportistas deben beber más agua porque...
7. La contaminación de los océanos es espantosa porque...
8. La falta de agua se nota de inmediato en la piel porque...

Perlitas (Student tape, **Parte II**)

❖ Una delicia

El queso es un alimento muy versátil, porque lo mismo se puede comer solo (de aperitivo o merienda), que utilizarse en la preparación de ricos platos. Puede ser el ingrediente principal o un complemento, porque realza los sabores de las salsas y de algunas recetas. El queso también es el protagonista de muchos postres.

Tipo de queso	*Calorías**
gruyère o queso suizo	410
parmesano	380
roquefort (en los EE. UU., queso azul)	360
holandés	330
brie	300
mozzarella	250
requesón o queso blanco	100

*Las calorías están calculadas en base a porciones de 90 gramos (3 oz.) y son aproximadas, ya que dependen del grado de madurez y de la humedad del queso y, por supuesto, del contenido de grasa.

Tomado de "Todo sobre el queso", *Buenhogar*, año 29 Nº 19, 20 de septiembre de 1994, págs. 48–52.

5. Una tentación. Complete el siguiente párrafo con alguna de estas palabras o cifras: **100**, **300**, **410**, **azul**, **calorías**, **comerlo**, **difícil**, **grasas**, **me**, **mí**, **menos**, **poco**, **ponerlo**.

Para __________, comer queso es una tentación __________ de vencer. Me encanta __________ en ensaladas verdes aderezadas con aceite de oliva, vinagre y una pizca de sal. Así mantengo bajo control las __________, ya que con las __________ calorías del queso blanco, basta y sobra. Si como pizza, no evito el mozzarella, pero sí pido que le pongan __________ pepperoni. Cuando __________ invitan a una comida y sirven queso al final, no me sirvo queso suizo, porque tiene __________ calorías, ni queso __________ (que tiene 360), sino que como brie que tiene sólo __________ cal / gramo.

6. Mis propias tentaciones. Como ahora todos los alimentos llevan la lista de su contenido calórico y nutritivo, es muy fácil llevar un registro personal. Apunte aquí los alimentos quede son su propia tentación y las calorías que contienen. Así sabrá cuántas calorías come cada vez que cae en la tentación.

POR EJEMPLO: Me fascinan los cacahuetes; son __________ calorías.

Vigile lo que come

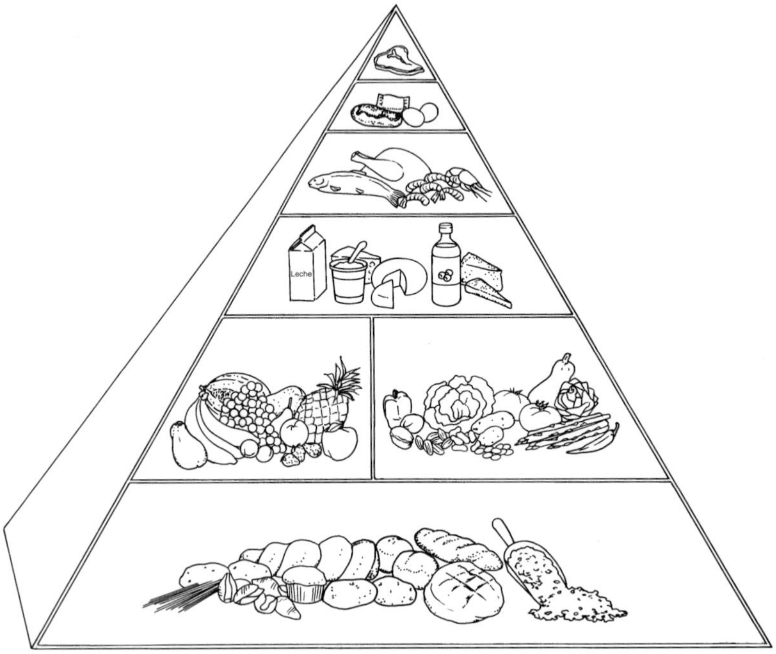

La pirámide mediterránea de los alimentos

Los científicos todavía no se han puesto de acuerdo sobre lo que es una dieta perfecta, por lo que la controversia continuará por mucho tiempo. Sin embargo, la siguiente guía está basada en muchas investigaciones y le da siete reglas indispensables para una buena nutrición.

1. **Siga un régimen equilibrado°**, basado en una variedad de alimentos. El modelo es el de la pirámide de los cinco grupos de alimentos. En la base de la pirámide está también la base de nuestra alimentación: el pan, los cereales y otros granos, con 6 a 11 porciones al día. A continuación, vienen las frutas y los vegetales con 5 o más porciones diarias. En el tercer nivel de la pirámide, están los productos lácteos, limitados a 2 o 3 porciones al día. En el tope, están las carnes, las grasas y los dulces; este último grupo no es un requisito para su dieta. *balanced*
2. **Elija una dieta muy baja en grasas.** Una pequeña cantidad de grasa y colesterol es necesaria para el buen funcionamiento del cuerpo, pero una dieta rica en grasas produce obesidad, porque las grasas tienen más calorías que las proteínas o carbohidratos. Además, las dietas ricas en grasa parecen estar asociadas al desarrollo de ciertos tipos de cáncer.
3. **Mantenga su peso.** El peso de una persona es el resultado de cuántas calorías consume y cuántas quema. Si su peso está de acuerdo con su estatura, entonces la cantidad de calorías que consume es la apropiada para sus actividades. La obesidad es un factor de alto riesgo porque está asociada con los ataques cardíacos, la diabetes, la presión alta y el colesterol elevado.

4. **Escoja una dieta rica en vegetales, frutas y granos.** Sus comidas deben ser abundantes en carbohidratos: arroz, pasta, granos y pan, acompañados de generosas porciones de vegetales y frutas. Si se come carne, debe ser una pequeña porción de ave°, pescado u otro tipo de carne. No use mantequilla para preparar la carne. *poultry*
5. **Use la sal con moderación.** El cuerpo necesita sal (sodio) para su buen funcionamiento, pero la mayoría de nosotros consumimos más de lo necesario. Póngale hierbas, especias o un poco de limón en vez de sal a la comida.
6. **Evite el exceso de bebidas alcohólicas.** Las bebidas alcohólicas contienen una alta cantidad de calorías, además de producir acostumbramiento.
7. **Evite consumir azúcar.** El azúcar contiene una gran cantidad de calorías y muy pocos nutrientes. Como las bebidas alcohólicas, le hace engordar mucho.

Tomado de *Buenhogar*, año 30, 16 de mayo de 1995, Nº 10, págs. 76–78.

7. Me parece que... Reaccione ante lo que leyó. Exprese su opinión por escrito completando dos de las siguientes frases en forma de párrafo.

1. Desde ahora voy a planificar mejor mi dieta porque...
2. Como no sabía que..., ahora voy a...
3. Antes, para mí la pirámide tenía sólo dos grupos de alimentos porque... . Sin embargo, ahora ya sé que...
4. Me parece que nosotros los jóvenes, aquí en los Estados Unidos, ...
5. No me gustan mucho los vegetales pero...

CONTINUEMOS

Estructuras indispensables

❖ Los pronombres directos e indirectos

Pronouns are words that refer to already mentioned people, places, objects, or actions. By using pronouns, you can speak and write Spanish more smoothly, without repeating the nouns over and over. For example, see how **las** replaces **las vacunas** and **te** replaces **Irma** below.

I.O. D.O.

—Irma, **te** dejé las vacunas sobre la mesa.

D.O.

—Oye, ¿por qué no **las** pones en la refrigeradora? Deben estar refrigeradas.

I.O. D.O. D.O.

—No tengo tiempo; **te las** dejo aquí y tú **las** guardas.

Direct and indirect object pronouns

What / whom? *(Direct object)*	**To / for whom?** *(Indirect object)*	**¿A quién? ¿Qué?** *(Direct object)*	**¿Para quién? ¿A quién?** *(Indirect object)*
me	*(to / for) me*	**me**	me
you	*(to / for) you*	**te**	te
him / her / it / you	*(to / for) him / her / it / you*	**lo / la**[1]	**le**
us	*(to / for)* us	**nos**	nos
you	*(to / for) you*	**os**	os (*used in Spain*)
them / you	*(to / for) them / you*	***los / las***	***les***

1. In the chart above, you can see that Spanish, like English, uses the same pronouns for the direct and the indirect object function. The only exception is that Spanish uses **le / les** for the indirect and **lo**, **la / los**, **las** for the direct. In the example below, you can see that **le** (indirect) refers to **Irma** and **las** (direct) to **las vacunas**.

   Le dejé las vacunas ahí a Irma; no **las** puse en la refrigeradora.

2. Object pronouns precede conjugated verbs and verbs in negative commands.

   —¿Quieres la dieta del arroz? **Te la *doy*** mañana porque **me la *tiene*** mi prima.
   —Pero el arroz con leche tiene muchas calorías. No **lo *consumas*** en exceso.

3. Indirect and direct pronouns are often used together. In these cases, indirect object pronouns always go before direct object pronouns.

Indirect obj. pron. + *Direct* obj. pron. + Verb
—Dónde **me** pusiste ***las vacunas***, Laura?
—**Te *las*** dejé sobre la mesa esta mañana.

If **lo / los** or **la / las** follows **le / les**, **se** must be used instead of **le / les**, as shown below.

Indirect		*before* Direct	+ Verb
me **te** **se *(le / les)*** **nos**	+	**lo / los, la / las**	+ verb

[1]In some areas of the Spanish-speaking world, **lo** and **la** are used as direct object pronouns for *things* only, with **le** reserved for *people* (e.g., **Le aprecio mucho**). In Central Spain, **la** is used as direct or indirect for *women* only.

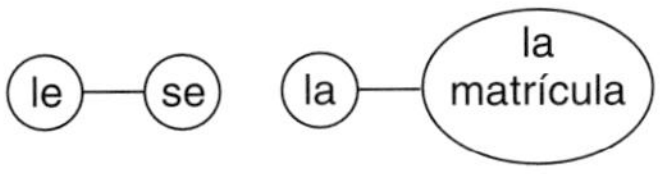

—¿Quién **le** regaló **la matrícula** en el curso de gimnasia a Laura?
—**Se la** pagó su madre, porque está un poco obesa.
—Nadie **me** regaló nada a **mí**.

¡OJO! Remember that verbs like **contar**, **dar**, **decir**, **enviar**, **escribir**, **llevar**, **mandar**, **pedir**, and **traer** require the use of indirect pronouns and are often used with **me lo (la)**, **te lo (la)**, or **se lo (la)** combinations.
—Voy a pedir**le** pizza vegetariana a mi novio.
—Claro, buena idea; píde**sela**, no más. Es rica y es mejor para la salud.
—¿Qué tienes ahí? ¿Otra bebida sin azúcar? Dá**mela**, por favor.

4. All pronouns must be attached to affirmative commands, e.g., ¡**Dásela**! However, pronouns used with a present participle or an infinitive can either precede the conjugated verb (e.g., **Se la** está pidiendo. **Se la** voy a mandar.) or they can be attached to them and have a written accent mark (e.g., Estaba **pidiéndosela**. Voy a **mandársela**.)

—**Pídeme** una ensalada para mí, Laura. Quiero estar en forma para el domingo.
—Sí, tranquila. Ya estaba **pidiéndotela**.

5. A prepositional phrase beginning with **a** and followed by a **noun** or **pronoun** is added for emphasis or clarification of the indirect object pronoun.

—Trá**eme** un vaso de agua fría **a mí**, por favor. ¡Me muero de sed!
Les expliqué cómo hacer los ejercicios de relajación **a mis compañeros** de clase.
Mi madre tiene el colesterol alto, pero mi padre no tiene problemas de salud. Por eso siempre **le** compro leche desnatada **a ella**.

❖ A practicar

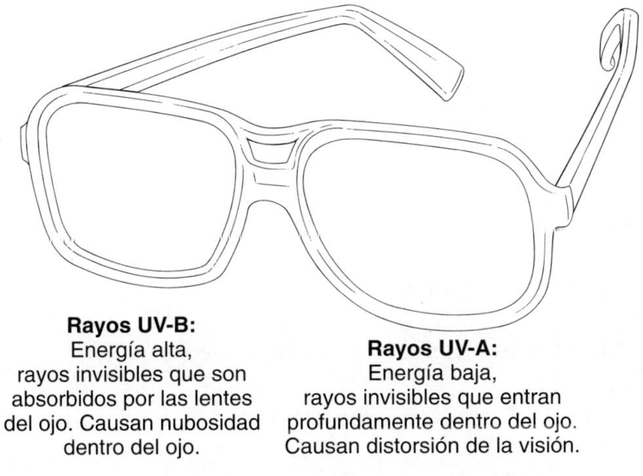

1. Falsa protección. En parejas, tomen turnos para hacer las siguientes preguntas. Contesten usando los pronombres directos e indirectos. Usen la información del dibujo para ayudarse en sus respuestas.

POR EJEMPLO: —¿Es verdad que las gafas de sol deben tener un filtro especial?
—Sí, porque las que no **lo** tienen no **nos** protegen los ojos.

1. ¿Qué es peor, usar gafas sin protección o no usar gafas?
2. Necesito unas gafas de sol nuevas. ¿Debo comprarme unas gafas oscuras?
3. ¿Qué tipo de energía y rayos absorben las lentes del ojo?
4. ¿Qué rayos causan distorsión en la vista?
5. Por consiguiente, ¿qué debemos hacer para protegernos los ojos de los rayos ultravioleta A y B?

2. Una dieta antioxidante. Mejore las siguientes respuestas usando pronombres apropiados para evitar la repetición de las palabras en negrita.

POR EJEMPLO: —¿Por qué es importante consumir antioxidantes?
—Es importante consumir **antioxidantes** porque evitan serias enfermedades y frenan el envejecimiento. →
—Es importante consumir**los** porque evitan serias enfermedades y frenan el envejecimiento.

1. —¿Qué alimentos contienen antioxidantes?
—Las dietas ricas en vitaminas C, E y betacaroteno contienen **antioxidantes**.
2. —Pero yo sé que la vitamina E a veces no puede consumirse porque los alimentos que contienen **vitamina E** son muy engordadores.
—Sí, las nueces, almendras y aceites hacen subir de peso. Entonces, en vez de consumir **nueces**, **almendras y aceites** se debe tomar un suplemento vitamínico.
3. —Los hombres y las mujeres, ¿necesitan la misma dosis de vitaminas?
—Sí, ambos necesitan **la misma dosis**, excepto que las mujeres necesitan más vitamina C.
4. —¿Cómo se prepara una dieta antioxidante?
—Puedes preparar **una dieta antioxidante** con grandes cantidades de vegetales y frutas y leche.
5. —Pues, ahora mismo me voy al supermercado a comprar **vegetales y frutas** para prepararlos para la cena.
—Buena idea, pero no cocines **las frutas y verduras**; trata de consumir **las frutas y verduras** frescas y crudas.
6. —Voy a exprimir también unos jugos y los voy a guardar en el refrigerador.
—Es mejor exprimir **los jugos** en el momento de tomarlos. Por favor, exprime un jugo **para mí** también.
7. —¿Vas a ir al supermercado ahora? ¿Me puedes traer unas naranjas de jugo?
—Cómo no. Voy a exprimirte **las naranjas de jugo** tan pronto vuelva.

3. Cómo cuidar la línea. Con otro(a) estudiante hagan y contesten preguntas sobre cómo cuidar la línea. Usen pronombres para evitar la repetición.

POR EJEMPLO: reducir calorías y bajar de peso
ESTUDIANTE A: ¿Qué puedo hacer para reducir calorías y bajar de peso?
ESTUDIANTE B: Para reducirlas, puedes comenzar con una dieta más equilibrada.

1. además de mejorar los hábitos alimenticios
2. después de conseguir la figura ideal
3. hacer gimnasia activa
4. tener hambre entre las comidas
5. tener siempre mucha sed
6. evitar los problemas cardiovasculares

4. Un regalo saludable. Este año, Ud. quiere promover la buena salud y los buenos hábitos entre sus familiares y amigos(as). Diga a quién le va a regalar lo siguiente y con qué motivo.

POR EJEMPLO: tres meses en el gimnasio
Le regalaré tres meses en el gimnasio **a mi hermano** porque necesita hacer mucho ejercicio.

1. una subscripción a la revista *Salud y belleza*
2. un certificado de $50 para La Tienda Naturista
3. una canasta con mascarillas, sales de baño y aceites para masajes
4. una copia de la dieta mediterránea
5. una cena para dos en un restaurante vegetariano
6. el libro *La dieta fácil*
7. un curso de herbología
8. un vídeo de aeróbicos
9. un juego de pesas
10. una bicicleta estática

5. En el restaurante vegetariano. Complete el diálogo y use pronombres cuando sea posible.

POR EJEMPLO: CLIENTE: ¿Me trae la carta, por favor?
MESERO(A): Voy a traér**sela** en seguida, señor.

CLIENTE: Quisiera una ensalada mixta.
MESERO(A): ¿Cómo ____ quiere?
CLIENTE: ¿Puede traer____ aceite y vinagre, por favor?
MESERO: ____ ____ traigo inmediatamente y ¿qué más desea?
CLIENTE: Pasta primavera. Pero, dígame, ¿cómo ____ preparan?
MESERO: ¿Cómo quiere que ____ ____ preparen?
CLIENTE: Solamente con tomate, cebolla y espárragos.
MESERO: Voy a decír____ ____ al cocinero ¿Desea algo más?
CLIENTE: Pan y agua mineral sin gas.
MESERO: Muy bien. ____ ____ traigo, en seguida.

❖ Los imperativos formales

To order something or to request information, to give instructions, or to offer advice, you can use the formal command forms of verbs with people you do not know well or when you want to show respect. Whenever appropriate, also add the expression **por favor**.

Proteja su salud.
Traigan leche desnatada, por favor.
Dejen de fumar, por favor.
Ponga más verduras en su carro de compras.
Deje la droga.

No **beba** si va a manejar.
No **consuman** tanta grasa.

No **olviden** los peligros del SIDA.
Pero no las **cocine**; son mejores crudas.
No **consuma** drogas; las drogas lo pueden consumir a Ud.

To form formal commands, change the present-tense **yo** form of the verb as shown in the chart.

-ar verbs → e(n)		-er / -ir verbs → a(n)	
tomo	tom**e(n)**	hago deporte	hag**a(n)** deporte
ando	and**e(n)**	traigo	traig**a(n)**
evito	evit**e(n)**	digo	dig**a(n)**
me cuido	cuid**e(n)**se°	me mantengo	manteng**a(n)**se°
me entreno	entren**e(n)**se°	me como	com**a(n)**se°

cuídense manténganse
entrénense cómanse

Con pronombres

Command forms are often used with pronouns. For affirmative commands, attach the pronoun to the verb and add a written accent as shown in the margin and in the example. Pronouns go before the verb in negative commands.

Tráigame su ficha médica, por favor. Después, **tómese** el ibuprofeno y **póngase** hielo en el tobillo también, pero no **se lo** masajee.

¡OJO! As you already saw in the subjunctive, some verbs have irregular command forms.
ir(se): (me) voy → **vaya(n)**, **váyanse**
dar: doy → **dé (den)**
ser: soy → **sea(n)**
estar: estoy → **esté(n)**

No le **dé** aspirinas a un bebé tan pequeño. **Váyanse** directo a casa y **denle** mucha agua y nada más.

❖ Los imperativos informales

You can use informal commands to give advice or ask a friend or a family member to do something for you. When asking for a favor, always add **por favor** before or after any command form.

1. To form informal affirmative commands, use the **usted** form of the present tense. When attaching a pronoun to a command, add an accent mark to verbs that have more than one syllable.

   Sírvele un vaso de leche a tu hermanito y da**le** el antibiótico. No lo puede tomar con el estómago vacío.

   Some very common verbs have irregular affirmative informal command forms.

hacer → **haz**	tener → **ten**	salir → **sal**	decir → **di**
poner → **pon**	venir → **ven**	ser → **sé**	ir → **ve**

2. To form an informal negative command, use the **tú** form of the present subjunctive.

   No **tomes** demasiados analgésicos porque después no te van a hacer efecto.
   Y no **dejes** de tomar mucha agua todo el día.
   No **trasnoches** tanto porque no puedes funcionar bien al otro día.

A practicar

6. El sueño de los santos. Lea el párrafo y haga una lista de los imperativos y de sus infinitivos.

Nada más reconfortante que dormir como un lirón°. Pero si lleva noches sin pegar los ojos, lo mejor es que suprima el café después de las seis de la tarde. Si no puede conciliar el sueño, dígale adiós a las bebidas alcohólicas también. No tome jugo de naranja o aspirina efervescente en la tarde, pues la vitamina C desvela°. Tampoco consuma bebidas muy calientes o muy frías antes de acostarse, pues provocan una evacuación gástrica muy rápida que dificulta la digestión e impide dormir. Por último, beba una taza de leche caliente con azúcar o miel. El truco de las abuelas siempre resulta.

dormir muy bien

quita el sueño

Tomado de *Semana. Mujer activa*, Colombia, año 2, Nº 9, pág. 10.

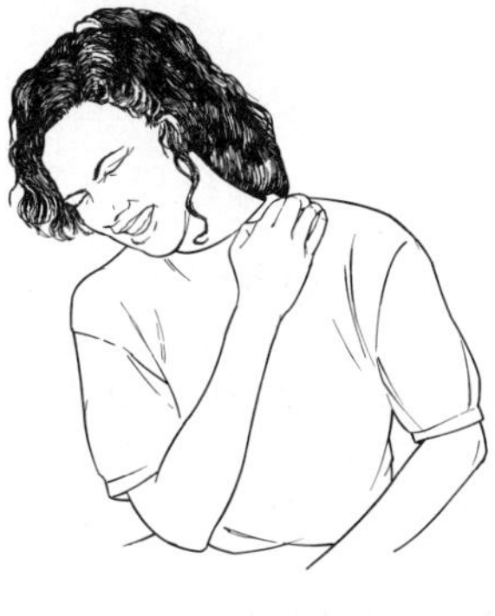

7. ¡Cúrese ese dolor en el cuello! Para saber cómo prevenir el dolor de cuello que nos da la computadora, complete los siguientes consejos con formas del imperativo formal.

✔ Si conduce por largo tiempo o desempeña trabajos que requieran una rotación repetitiva del cuello, (tomarse) ______________ frecuentes períodos de descanso durante la actividad.

✔ (Tener) ______________ cerca las cosas que usa diariamente, para que las pueda alcanzar sin esfuerzo.
✔ En vez de inclinar su cuello hacia el teléfono, (levantarlo) ______________ hacia su cabeza.
✔ Cuando duerma, (usar) ______________ una almohada que apoye la curvatura natural de su cuello. Muy importante: no (dormir) ______________ nunca boca abajo.
✔ (Sentarse) ______________ o (levantarse) ______________ erguido, manteniendo el mentón° hacia abajo. *chin*

Tomado de *Nueva*, Periódicos Asociados, Colombia, 14 de enero de 1995. Nº 450, pág. 6. Reprinted from *Mayo Clinic Health Letter* with permission of Prof. Dr. Ivo Sapunar, Viña del Mar, Chile and Mayo Foundation for Medical Education and Research, Rochester, MN 55905.

8. Doctor, ¿qué hago para esta tos? El doctor Vélez le da los siguientes consejos.

POR EJEMPLO: Si la tos es persistente, (chupar) pastillas para la tos.
Si la tos es persistente, chupe pastillas para la tos.

1. Si la tos le altera el sueño, (levantar) un poco la cabeza con una almohada grande.
2. Para evitar la tos seca, (beber) mucha agua y (usar) un vaporizador.
3. Si tiene goteo posnasal y alergias que le irritan la garganta, (tomar) antihistamínicos.
4. Si toma antihistamínicos, (tener) cuidado con las dosis altas porque dan sueño.
5. El medio ambiente puede ser el causante de su tos. (Ser) cuidadoso y (evitar) el uso de aerosoles, lugares muy fríos o muy calientes y el exceso de polvo.
6. Ante todo, no (fumar) ya que la nicotina paraliza las funciones de los bronquios.
7. Si no está mejor en tres semanas, (volver) a verme.

9. Relaje su cuello. Su compañero(a) sufre de dolor de cuello con frecuencia. Déle instrucciones de cómo relajarlo. Mientras Ud. usa el imperativo familiar, la otra persona debe hacer los ejercicios.

✔ (Iniciar) la rutina cuando el dolor se haya calmado.
✔ No (hacerlo) si el dolor vuelve o se empeora (se pone peor) con el ejercicio.
✔ (Ponerse) de espaldas en el suelo; (usar) una almohada para apoyar la cabeza. O, (ponerse) de pie.
✔ Suavemente, (rotar) el cuello hacia un lado tanto como pueda cómodamente. (Mantenerse)[2] así por 5 segundos. Gradualmente, (ir) aumentando el tiempo hasta 10 segundos. (Repetir) tres veces para cada lado.
✔ (Inclinar) la oreja hacia el hombro. (Mantenerse) así por 5 segundos. Gradualmente, (aumentar) hasta 10 segundos. (Repetir) tres veces cada lado.
✔ (Llevar) el mentón hacia el hombro. (Mantenerlo) por 5 segundos. (Aumentar) a 10. (Repetir) tres veces hacia cada hombro.

Tomado de *Nueva*, Periódicos Asociados, Colombia, 14 de enero, 1995, pág. 6.

---

[2]**Mantenerse** is like **tener**.

10. No me siento bien, ¿qué hago? Ud. no se siente bien. Descríbale sus síntomas a un(a) compañero(a) para que le ayude a decidir qué hacer y qué no hacer.

POR EJEMPLO: ¿Irse a clase o quedarse en cama?
ESTUDIANTE A: Tengo fiebre y dolor de cabeza, ¿me voy a clase o me quedo en cama?
ESTUDIANTE B: No vayas a clase, quédate en cama y trata de dormir.

1. ¿Tomar un supresor de la tos o beber té con limón y miel?
2. ¿Hacer una cita con el médico o tratar de mejorarse tomando remedios caseros?
3. ¿Ir al quiropráctico o al fisioterapeuta?
4. ¿Aplicar una crema con cortisona o una loción de sávila (aloe vera) en el área afectada?
5. ¿Ponerse hielo y acostarse o ponerse una venda?
6. ¿Preparar y tomar una infusión de manzanilla° o tomar pastillas para el insomnio? *camomille*
7. ¿Hacer ejercicio antes de acostarse o relajarse mirando la televisión?
8. ¿Pedirle al médico pastillas para la depresión, no hablar con nadie y dormir mucho o tomarse unas vacaciones?

11. Cómo lucir bien en la playa. En grupos de tres, una persona explica su problema y los otros le dan un consejo.

POR EJEMPLO: seguir una dieta rígida y sentirse débil
—He seguido una dieta rígida por varias semanas, pero me siento débil.
—No sigas una dieta tan rígida.
—Come de todo, pero poco.

1. después, empezar a engordar otra vez
2. no gustar las verduras y encantar los postres
3. después de hacer ejercicio dolerme las rodillas
4. odiar la gimnasia activa
5. no tener tiempo para ir al gimnasio
6. hacer dieta pero todavía tener celulitis

12. Te lo dije. Nos gusta mucho recordarle a la gente que ahora se siente mal porque no siguió nuestro consejo. Siga el ejemplo y dése el gusto.

POR EJEMPLO: Me engordé demasiado; ahora peso 180 libras.
Te lo dije. No consumas tantas grasas y azúcares. / No comas...

1. Me engordé demasiado.
2. Tengo el colesterol muy alto.
3. Tengo una alergia tremenda.
4. Me comí una pizza entera y tengo acidez.
5. Me caí de la bicicleta.
6. Me doblé el tobillo en los patines.
7. Me quebré un dedo con la tabla.
8. Tomé demasiada cafeína y ahora me desvelé.

13. Un plato hipocalórico. Explíqueles a dos estudiantes cómo preparar una receta baja en calorías, deliciosa y saludable. Luego, ellos harán lo mismo. Después, escriban la mejor receta y compártanla con la clase.

Verduras salteadas para 6 compañeros (20 minutos)

Ingredientes: 2 cucharadas° de aceite de oliva ; 2 dientes de ajo machacado ; 2 cebollas rojas en rodajas ; 2 berenjenas° en rodajas ; 6 calabacines en rodajas ; 1 pimentón verde pelado y en rodajas ; 1 1/2 libras de tomates pelados y en rodajas; 2 cucharadas de pasta de tomate; sal y pimienta al gusto; un ramo de laurel° , tomillo° , romero° , albahaca° y estragón°.

cucharadas / *egg plant* / *bay leaf* / *thyme / rosemary / basil / tarragon*

Preparación: Caliente el aceite en una sartén pesada. Ponga el ajo y la cebolla y saltéelos por unos minutos. Añada° los calabacines, las berenjenas, el pimentón y los tomates. Agregue° la pasta de tomate, el *bouquet garni*, sal y pimienta. Cocínelo por 10 minutos y ¡buen provecho!

add / add

14. ¡Cuiden su salud, como Dios manda! Cambie los papeles y dígales a sus padres que deben hacer ejercicio y comer sanamente para que se mantengan jóvenes y fuertes.

POR EJEMPLO: (Diseñar) un plan completo de ejercicios.
Diseñen un plan completo de ejercicios.

1. (Sudar). No es necesario que sea la gota gorda°, pero (moverse). *sweat profusely*
2. (Transformar) la grasa en músculo ya que el tejido muscular quema calorías.
3. (Hacer) abdominales para fortalecer el estómago y proteger la espalda.
4. (Salir) a caminar y (respirar) aire puro al menos tres veces a la semana.
5. Con los años, el cuerpo pierde elasticidad. Para ser más flexibles y activar la circulación, (estirarse) con cuidado todas las mañanas.
6. (Incluir) alimentos naturales en su dieta.
7. (Reducir) el consumo de carnes rojas, grasas, dulces, sal y cafeína.
8. (Tomar) 10 vasos de agua diarios.
9. (Mantener) el mismo peso sin cambios bruscos.

Fíjese bien

❖ La *a* personal

1. Direct objects that refer to specific persons, domestic animals, or personified things are usually preceded by the preposition **a** in Spanish.

Quiero mucho **a** mis padres y por eso me preocupo por su salud.
Buscamos **a** Gómez, el nutricionista, para que nos dé la dieta de los carbohidratos.

Gladys ama mucho **a** sus caballos; por eso les proporciona ejercicio y una dieta nutritiva.
Casi todo el mundo ama **a** su patria° y está dispuesto a defenderla.

°*nación*

2. When used as direct objects, **alguien** (*someone*) and **nadie** (*no one*) are preceded by the preposition **a**.

—¿Conoces **a** alguien en esta residencia que sea vegetariano?
—No conozco **a** nadie aquí, pero tengo dos hermanos y un tío vegetarianos.

3. When used as direct objects and when they refer to people, **todo**, **alguno**, and **ninguno** must be preceded by the preposition **a**.

Queríamos invitar **a** todo el mundo a participar en el maratón, pero no pudimos encontrar **a** algunos de ellos en el centro.

4. **A** is not used when the direct object is an indefinite or nonspecific person.

Se busca **profesor de gimnasia aeróbica**.
¿Tienes **amigos** en América del Sur?
Quiero encontrar **un nutricionista** que me ayude a diseñar una dieta buena para mí.

❖ A practicar

15. A ver, a ver. Complete las oraciones con la preposición **a** cuando sea necesaria.

1. No conozco _____ nadie que tenga un cuerpo perfecto y pueda comer de todo.
2. Si te sientes con sueño _____ todo el tiempo, ¿por qué no buscas _____ un médico que te ayude?
3. Me gustaría encontrar _____ alguien que se interese en los deportes como yo.
4. Francisco no quiere escuchar _____ sus amigos que le dicen que debe bajar de peso.
5. Margarita está muy triste porque perdió _____ su perro en un accidente.
6. Vamos a comprar _____ espinacas, cebolla y champiñones para hacer una ensalada deliciosa.
7. Se necesitan _____ enfermeras con experiencia en el cuidado de ancianos.
8. No me gusta _____ ningún vegetal pero me dicen que debo comerlos porque tienen muchas vitaminas.
9. Debiera ver _____ Omar, el profesor de yoga, para que me enseñe a relajarme y evitar tanto estrés.
10. Claro, voy a presentarte _____ algunas de mis amigas que hacen yoga tres veces por semana.

16. ¡Se necesita ayuda! Con alguien de la clase, lean los anuncios y decidan cuándo es necesario, posible o aconsejable visitar las personas o lugares que se mencionan. No es necesario usar la **a** personal en todos los casos.

COLOMBIANA DE HIPNOSIS CLINICA Y REGRESION

Enfermedades psicosomáticas: Drogadicción, epilepsia, fobias, depresión, terapia de dolor para: cáncer, artritis, S.I.D.A., terapia de duelo, trauma por secuestro, pacientes terminales, insomnio. **Dra. Esperanza Atahualpa Polanco, sicóloga especialista, hipnoterapeuta clínica,** Av. (Cra.) 15 No. 118-41, Cons. 403, Unidad Médica Guadalimar, ☎ 6128321, 6128056. A.A. 100485, Santa Fe de Bogotá. SEMINARIOS - CURSOS.

FELIPE ESCALLON BUENDIA, M.D.

Oftalmología pediátrica y estrabismo.
NUEVA DIRECCION
CALLE 120 No. 8-62, ☎ 6191750.

NARIZ

Diagnóstico y tratamiento diversas causas obstrucción nasal (nariz tensa - colapso válvulas - ballooning - saddlenose - rinitis - defectos postquirúrgicos - postraumáticos). Proyección permanente punta nasal.
DR. **L. ARANGO** R.M. 10650
CENTRO MEDICO LA SABANA, ☎ 6122017, 6122448, 2156327.

Clínica de Metabolismo y Medicina Estética

Salud, belleza y tranquilidad

MESOTERAPIA

Usted puede reducir el sobrepeso, grasa localizada, celulitis y lucir como desea, sin alterar su buena salud. Conozca los últimos avances científicos en medicina estética.
Calle 102 Nº 14-64 Tels: 2571527 6223424 - 6223419
Fax: 6223426

Artritis Reumatoidea - Lupus Eritematoso Sistémico

Tratamiento y control sin cortisona. **OSTEOPOROSIS,** con tratamiento eficaz del dolor, con rayos láser.
DR. LUIS ROMULO GUARIN. CITA PREVIA ☎ 6203520.
Registro Médico Distrital 024.

CENTRO MEDICO NATURISTA

M EL MANANTIAL DE LA SALUD LTDA.

HAGALE EL MEJOR REGALO A PAPA "LA SALUD"

AHORA TAMBIEN EN EL 20 DE JULIO

Nuestros científicos, con postgrado en el exterior en medicinas alternativas.
Les garantizan un tratamiento adecuado y eficáz para combatir cualquier tipo de enfermedad tales como:
Afecciones al corazón , pulmonares, Hepáticas, Presión Alta, Artritis, Asma, Ulcera, Riñones, Impotencia Sexual, Frigidez o cualquier tipo de enfermedad, con el más sofisticado Laboratorio Clínico, Odontologico y Campos Magnéticos para brindar a todos nuestros pacientes Salud y Comodidad.
SEDE 1 CARRERA 76 No. 33A - 38 SUR 2do. Piso ☎ 4517663 - 4516499
Ciudad KENNEDY a media cuadra del LEY
SEDE 2 CALLE 27sur No. 6 - 48 ☎ 2785923 - 2394771

POR EJEMPLO: Es aconsejable visitar **al** doctor Escallón Buendía si un niño tiene problemas en los ojos.

FINALMENTE

Para escuchar activamente
(▶▶ Student tape, **Parte III**)

❖ Hay que prepararse

Cuando escuchamos un programa de aerobismo o gimnasia, nos podemos formar una buena idea si le ponemos atención a dos cosas:

- qué tipo de ejercicio enseñan
- cuál es la secuencia de los ejercicios

1. Según las descripciones de distintos tipos de ejercicios que vimos en este capítulo, piense y escriba al menos cinco imperativos que se usan comúnmente en una clase de aerobismo o gimnasia. Luego, escriba una lista de las partes del cuerpo que se usan al hacer aerobismo

POR EJEMPLO: Atención, (levantar / doblar / rotar) los brazos y... → Levanten / Doblen los brazos y...
Levanten (los brazos / la rodilla / ...)... Roten el cuello (la mano / ...).

2. Para hacer gimnasia, hay ciertas cosas que se hacen primero y otras que se hacen después. Ordene estos imperativos en la secuencia que sea más común, según Ud.

descanse	baje	suba	rote	levántese
siéntese	acuéstese	mire	ponga atención	doble
levante	salte			

❖ Buen entendedor

Ahora escuche la **Parte III** de su cinta cuatro veces.

▶▶ 1. Fórmese una idea general.
▶▶ 2. Anote cinco imperativos u órdenes que da el profesor de gimnasia.
▶▶ 3. Anote la secuencia en que se hacen los ejercicios.
▶▶ 4. Agregue otros detalles.

Para escribir mejor

❖ Un pequeño accidente

Imagínese que Ud. está en el extranjero y que tiene que describir un accidente que tuvo en el pasado.

1. Escriba dos o tres frases introductorias en el imperfecto que puedan captar el interés de la persona que lee o escucha su narración.

POR EJEMPLO: Yo tenía sólo doce años y hacía tres meses que vivía en / con...

2. Escriba al menos tres frases sobre sus actividades rutinarias en esa época. Use los verbos aprendidos en este capítulo en el imperfecto.

POR EJEMPLO: En ese tiempo, a mí me gustaba patinar (jugar... / esquiar) con mi hermano(a) (papá / mis amigos(as)). Todos los veranos / inviernos íbamos a... (salíamos a... / nos reuníamos en...). El grupo era muy unido (simpático / ...) y siempre metíamos mucho ruido.

3. Describa qué pasó aquella vez cuando Ud. se accidentó, usando el vocabulario y expresiones aprendidos en este capítulo y también el pretérito. Use expresiones de secuencia para indicar en qué orden sucedieron (pasaron) las cosas.

POR EJEMPLO: Un día, fui a... (salí a... / volví de... / me puse los patines / los esquíes)... pero... Salté (Me pegué / Me doblé / Me quebré / Me desgarré) el tobillo (la pierna / el brazo / el cuello / la mano / los dedos)... Me caí (Me pegué muy fuerte / Me dolió muchísimo) y ese día (esa noche) no pude comer (dormir / caminar / moverme)...

4. Ahora describa qué consejos le dio la gente para su problema. Use más expresiones idiomáticas y el imperativo aprendidos en este capítulo.

POR EJEMPLO: El médico (Mi tío / La profesora / El enfermero de la ambulancia) me dijo: Levante la cabeza (la pierna / la mano) con cuidado. Doble (Suba / Tome / No coma)... Cuando el dolor sea muy grande, (no) tome / (no) coma / (no) respire muy fuerte / (no) camine. Pero mi amigo Tom me aconsejó: Toma una caja de helados (come una tremenda hamburguesa / ...) y te sentirás mejor...

5. ⏩ Grabe su historia en audio o videocinta y compártala con sus compañeros(as). Puede agregarle efectos visuales, musicales o de sonido; también puede agregarle un segmento de una conversación entre Ud. y el / la médico, el / la enfermero(a) o un(a) amigo(a).

Glosario

Sustantivos

agua *(f.)* **pura** drinking water
automovilismo *m.* motoring, car racing
batido *(m.)* **de coco / de guayaba / de mango / de papaya / de piña** coconut / guayaba / mango / papaya / pineapple shake
carne *f.* meat
bebida *(f.)* **gaseosa / alcohólica** soda, alcoholic beverage
caja *(f.)* **de helados** carton of ice cream
dieta *(f.)* **equilibrada / líquida** balanced / liquid diet
fritura *f.* fried food
fruta *f.* fruit
granos *m.* cereals
hepatitis *f.* hepatitis
influenza *f.* flu
legumbre *f.* vegetable, legume
meningitis *f.* meningitis
motociclismo *m.* motorcycling
verdura *f.* vegetable

Adjetivos

alto(a) en colesterol / grasas high in cholesterol / fat
bajo(a) en aceites / grasas / calorías low in oils / fat / calories
desnatado(a) skimmed; **la leche**~skim milk
equilibrado(a) balanced
gordo(a) / gordito(a) fat, plumpy, obese
líquido(a) liquid

peligroso(a) dangerous
sano(a) healthy
tremendo(a) huge

Verbos de la nutrición

aconsejar to advise
bajar de peso to lose weight
controlar la dieta to control one's diet
cuidarse mucho to take good care of oneself
engordar(se) to put on weight
escoger to select, choose
evitar to avoid
hacer dieta to be on a diet
mantenerse en forma to keep in shape
quemar las grasas to burn fat / calories
seguir un régimen to be on a diet
tomarse las vitaminas to take vitamins
vigilar lo que come to monitor what one eats

Verbos generales

andar con hambre to be hungry
beber agua to drink water
comerse una tremenda pizza to eat (up) a big pizza
correr to jog: **correr tabla** to surf
doblar to bend
doler(le) to hurt
dormir como lirón to sleep well
entrenarse to train (for a sport)
escuchar música to listen to music
esquiar to ski
fumar to smoke
hacer aerobismo / deporte / ejercicio / gimnasia to do aerobics / to participate in sports / to exercise / to do gymnastics
hacer esquí acuático / vela / montañismo to water ski / to sail / to hike (climb)
ir al gimnasio to go to the gym
jugar básquetbol / ráquetbol / tenis / vóleibol to play basketball / racquetball / tennis / volleyball
jugar en (con) la computadora to play on (with) the computer
levantar pesas to lift weights, weightlifting
montar en bicicleta to ride a bike, go biking
nadar to swim, go swimming
navegar por la Internet to surf the Net
pasar el tiempo + -ando / -iendo to spend time + *-ing*
patinar to (roller)skate
tomar to have; to drink; to eat; **tomar desayuno / helados / sopa** to have breakfast / ice cream / soup
transpirar to perspire, sweat
trasnochar to stay up till the wee hours
vacunarse to get vaccinated

Accidentes

caerse to fall down
desgarrarse un músculo to tear a muscle
doblarse un tobillo to twist / sprain an ankle
pegarse en la cabeza to hit one's head
quebrarse una pierna / un brazo to break a leg / an arm

Otras expresiones

¿De veras? ¡Pero qué bien! Really? That's great!
¡Imposible! ¡Qué estupendo! Really! How wonderful!
Lo verde es para las vacas. green stuff is for cows
¡Me muero de rabia! I'm dying of anger!
no..., ni aunque me paguen no, not even if they pay me
No es para tanto. It's not as bad as it seems.
No hay caso contigo. I always come out a loser with you.
No puede ser; no te lo creo. It can't be; I don't believe you.
¡Qué tentación! How tempting!
¿Sabías que (yo) ya no...? did you hear that I already (don't) ...?
Siempre te sales con la tuya. You always get your way.
¿Tú? No te creo. You? I don't believe you.

Autoprueba

Repase este capítulo y después haga esta prueba para ver qué más necesita estudiar.

I. Cultura hispana

A. Complete las siguientes frases según lo que estudió en este capítulo.

1. Además de usar remedios que da el médico, los hispanos...

2. Para pasarlo bien, los jóvenes hispanos...
3. Parece que algunos de los alimentos preferidos de los hispanos son...
4. Cuando a alguien no le gustan las verduras, se dice...
5. Cuando alguien no quiere hacer dieta por nada, se dice "no quiero hacer dieta..."
6. Para los hispanos, conversar mucho es una manera de... . Además, ...
7. En lo que a la salud se refiere, da lo mismo un médico naturista que un médico...

❖ II. Vocabulario y lectura

B. Complete esta ficha personal con todos sus datos de salud.

Ficha de salud

Información confidencial

Nombre completo: ______________________________ Edad: ______________

Peso: _____ Kg _____ gr Estatura: _____ m. _____ cm.

Vacunas: tétano (sí/no) hepatitis (sí/no) difteria (sí/no)

influenza (sí/no) sarampión (sí/no) polio (sí/no) *measles*

Hace ejercicio periódicamente (sí/no) 0/1/2/3/4 veces a la semana

Deportes que hace: 1. __________ 3. __________

2. __________ 4. __________

Fuma (sí/no) Bebe más de 2 bebidas alcohólicas al día (sí/no)

¿Es vegetariano (a)? Consume alimentos fritos (sí/no)

Accidentes: fracturas (sí/no) ligamentos dañados (sí/no)

¿Toma vitaminas? ____ nunca ____ ocasionalmente ___ regularmente

¿Bebe leche entera/desnatada? ____ nunca ____ ocasionalmente ___ regularmente

¿Come frutas y verduras? ____ nunca ____ ocasionalmente ___ regularmente

¿Qué aceite consume? ______________ ¿Qué legumbres consume? ________

¿Qué frutas prefiere?______________ ¿Cuántas come al día? _______

En los dos últimos años: ha estado a dieta (sí/no) ¿Cuándo? _____

ha tenido algún accidente (sí/no) ¿Cuándo? _____

¿Cómo es Ud.? tranquilo(a)/nervioso(a)/inquieto(a)/estresado(a)/sano(a)/...

____

¿Cómo es Ud.? me mantengo en forma/tengo que bajar de peso/tengo que subir de peso/tengo que...

____

¿Cómo se siente hoy? bien/mal/más o menos/bien, pero.../mal, pero...

____

C. Dé una palabra en español, que esté asociada en este capítulo a cada una de las siguientes. Pueden ser sustantivos, adjetivos, verbos o expresiones.

1. engordarse	5. hacer deporte	9. agua	13. dieta
2. colesterol	6. caja de helados	10. caerse	14. evitar
3. sano(a)	7. grasas	11. batido	15. bebidas
4. andar con hambre	8. remedios	12. calorías	16. vacuna

D. Lea lo siguiente y conteste las preguntas. Use el vocabulario que aprendió y los cognados que pueda reconocer.

¿También el vinagre?

Además del aceite de oliva, el pan o las tortillas, el queso, el ajo°, las legumbres y distintas bebidas, los hispanos también consumen mucho vinagre, un derivado del vino que sirve para las ensaladas, ciertos platos favoritos como el escabeche y miles de otras cosas. En lo que a la salud se refiere, se considera que el vinagre también tiene poderes medicinales. Por ejemplo, el vinagre tiene poderes detergentes y muchos piensan que ayuda a emulsionar las grasas y a bajar el colesterol. Por esto mismo, se usa para limpiar muchas cosas en la casa, desde los pisos hasta los cristales. De hecho, si Ud. quiere, puede usarlo para darle brillo° al pelo, para calmar los dolores de las piernas de los atletas y las ronchas° causadas por los mosquitos en el verano.

garlic
shine
rash

Recientemente, en los Estados Unidos se ha estudiado mucho la dieta mediterránea, porque la gente que la consume vive muchos años, tiene muy buena salud y no la atacan tanto los clásicos problemas del colesterol alto y la pérdida de la energía. Parece ser que el aceite y el vinagre, además del pan y la pasta, las verduras, frutas y legumbres, y un poco de carne y pescado son los ingredientes que hacen de la dieta mediterránea una dieta para vivir sano.

1. ¿Qué alimentos son muy usados en las casas hispanas?
2. ¿En qué platos se usa el aceite de oliva? ¿Y el vinagre?
3. Además de servir de alimento, ¿qué otros poderes o usos tiene el vinagre?
4. ¿Cuáles son los principales alimentos que se consumen en la dieta mediterránea?
5. ¿Qué come Ud. para vivir sano?

❖ III. Gramática

E. Escriba los imperativos de **tú** y **Ud.** de los siguientes verbos.

decir	ser	estar	hacer	conocer	pensar	pedir
jugar	volver	tener	conseguir	ir	salir	venir

F. Use los elementos dados para escribir frases imperativas dirigidas a uno(a) o varios(a) amigos(as). Use la forma correcta de los imperativos y el pronombre correspondiente al sustantivo dado. No se olvide de colocar los acentos necesarios cuando use pronombres.

1. llevar / las verduras
2. hacer / más ejercicio
3. devolver / a mí / el libro
4. tomar / los quemagrasas
5. comer más / frutas
6. evitar / las grasas
7. traerme / aceite de oliva
8. preferir / remedios naturales
9. conseguir / antioxidantes
10. irse a / clase de aerobismo
11. pedir / leche desnatada
12. beber / jugos sin azúcar
13. reducir / las horas sentados
14. tener cuidado / las frituras
15. quemar / más grasas
16. ponerte / la vacuna

G. Complete lo siguiente con formas apropiadas del imperativo con sus pronombres necesarios, según el tono formal o informal del contexto.

No hemos hablado del pan todavía, pero ____________ (esperar) un segundo y ya verás. ____________ (preguntarle) a un hispano qué extraña más de su país y te dirá el pan o las tortillas recién hechas. Para probar un buen pan, ____________ (montar) tu bicicleta, ____________ (ir) a la tienda cubana que está cerca y ____________ (pedirle) a Don Salvador que te aconseje qué pan llevar para la cena. Y entonces, ____________ (apreciar) la diferencia. ¿Qué te dijo don Salvador?

DON S.: "____________ (mirar) Ud., joven. Debe probar el pan cubano para la cena; ____________ (tomarlo), está fresco; ____________ (llevarlo) para que pueda apreciar lo rico que es. ¡Ah!, no hay comparación. ____________(irse) rápido para que esté caliente para la comida. Buenas tardes, joven, y ____________ (volver) mañana a la misma hora".

H. Escriba una receta fácil para sus amigos. No se olvide de usar formas del imperativo. Por ejemplo, Ud. puede escribir una receta para hacer un batido de frutas.

❖ IV. Redacción

I. Describa una dieta fácil de seguir o describa qué hace una persona que Ud. conoce para cuidarse y mantenerse en forma.

1. Describa algunos de los beneficios de hacer la dieta que Ud. propone / que hace su amigo(a).
2. Luego, describa los alimentos principales que se pueden consumir y las actividades que conviene hacer.
3. Aconséjele a la gente sobre las conductas que es necesario modificar al seguir su dieta o sobre las cosas que no se pueden consumir o no se pueden hacer cuando se hace esta dieta.
4. Finalmente, explique cómo se va a sentir la persona después de hacer esta dieta por dos semanas.

❖ V. Destreza oral

J. Con un(a) compañero(a), prepárense para conversar sobre un problema de salud. Su instructor(a) les asignará el papel de médico naturalista o de enfermo. Preparen preguntas, respuestas y consejos de salud. El / La paciente tiene dolor de estómago e indigestión (o cualquier otro problema) y lo describe y el médico / la médica le aconseja que descanse, tome té de hierbas y coma arroz sin sal solamente. El / La paciente se resiste y quiere una solución más rápida a su problema, pero el médico / la médica debe mantenerse firme y recomendar un régimen más natural. Usen el vocabulario y expresiones idiomáticas aprendidas en este capítulo y también los imperativos con pronombres para dar consejos.

POR EJEMPLO: Si quiere dormir como un lirón, prepárese un té de manzanilla y tómeselo poco a poco.

Capítulo 6

La fértil pampa cerealera argentina.

El mundo que nos rodea

Objetivos: En este capítulo, va a aprender a describir el ambiente urbano y rural, a hablar de distintos paisajes y a conversar con sus compañeros(as) sobre la defensa y conservación del medio ambiente.

Tema: La naturaleza y la conservación del ambiente. Polémicas.

Gramática: Usos obligados del subjuntivo. Verbos con cambios ortográficos. Repaso del indicativo y el subjuntivo.

Cultura: Un lugar privilegiado para el ecoturismo. Paisajes del alma.

PARA COMENZAR

Y Ud., ¿qué dice? (Student tape, **Parte I**)

Un grupo de amigos habla de lo que van a hacer en las vacaciones.

MAGALY: ¿Qué planes tienen para el verano? Carola quiere que vayamos a Costa Rica. Le dijeron que allá las playas son hermosísimas y muy limpias y que el agua es tibia y cristalina.

ELENA: Yo no sé que va ser de mi vida. A menos que alguien me ofrezca algo, es muy probable que haga lo de siempre: trabajar por las mañanas, irme a nadar al lago por la tarde y ayudar con la limpieza de la playa. Por la noche, salir a dar una vuelta después de la cena. ¿Y tú?

CARLOS: Quizás trabaje con un grupo de ecoturismo. Es posible que la agencia me mande a la parte amazónica del Perú o quizás me manden con otro grupo que va a esquiar a Chile.

TOMÁS: No sé nada de ecoturismo, ¿qué es eso? Por si les interesa, yo voy a tener que pasar el verano estudiando cálculo y lavando platos en la cafetería. La verdad es que los planes de ustedes dos, ¡me enferman! Las únicas personas normales aquí somos Elena y yo.

MAGALY: ¡Ay, Tomacho, cálmate, hombre!

El ecoturismo

El ecoturismo es viajar, de manera responsable, a áreas naturales no contaminadas. El ecoturista se compromete a no ensuciar un ambiente natural virgen ni contaminarlo ni alimentar a los animales que se puedan encontrar allí. Además, el ecoturismo se preocupa de que la gente que vive en la reserva o santuario natural tenga una mejor vida, gracias al uso de parte de las ganancias producidas por el ecoturismo. Un buen ejemplo es Monteverde, en Costa Rica. Monteverde es una cima° bucólica y neblinosa de la cordillera que separa las dos vertientes —la oriental y la occidental— del país. Esta reserva fue descubierta en 1953 por doce familias de cuáqueros estadounidenses que establecieron allí una granja lechera para evitar el pago de impuestos en los Estados Unidos. Como Costa Rica no tiene fuerzas armadas y es un país neutral, estaba en completo acuerdo con sus creencias religiosas.

summit

Cuando los cuáqueros llegaron a Monteverde, la destrucción del bosque ya había comenzado, pero su ejemplo de una actividad menos destructiva y económicamente más atractiva hizo que muchos agricultores costarricenses también adoptaran la producción de leche y quesos de calidad. Esto detuvo la destrucción de Monteverde y así toda esta tierra pasó a formar la reserva del bosque húmedo de Monteverde. Por iniciativa de los cuáqueros, la reserva está a cargo del Centro de Ciencias Tropicales de San José.

La reserva comenzó con sólo 405 hectáreas pero hoy día tiene 119.425 hectáreas y alberga, protege y propaga 490 especies de **mariposas**°, 100 de

butterflies

mamíferos, 2.500 plantas y más de 400 aves°, inclusive el magnífico quetzal verde esmeralda, rojo y azul turquesa. Con el surgimiento del ecoturismo, las visitas a Monteverde aumentaron en forma alarmante. Por eso ahora, las visitas se limitan a 150 visitantes diarios, con guías muy bien preparados y por senderos° perfectamente delimitados. El sector abierto a los turistas no excede el 2% de la superficie total de Monteverde.

birds

caminos

Tomado de "El precio del ecoturismo", *Américas*, Vol. 46, Nº 6, 1994, págs. 40–47.

La cima majestuosa del cerro Paine Grande, que está en el extremo sur de Chile, no puede ser verde por la latitud y la altura.

❖ Ahora es su turno

1. Comprensión. Vuelva a leer el diálogo y el artículo sobre el ecoturismo y, con un(a) compañero(a), escriba las respuestas a las siguientes preguntas.

1. ¿Por qué piensan ir a Costa Rica?
2. ¿Qué planes tiene Elena?
3. ¿Sabe exactamente adónde va a ir Carlos?
4. ¿Quiénes enferman a Tomás? ¿Por qué lo enferman?
5. ¿Qué es el ecoturismo?
6. ¿Dónde cree Ud. que se debe crear otro Monteverde?

2. Aplicación. Con un(a) compañero(a), escriban una conversación similar entre chicos de su universidad. Si quieren, pueden grabar su conversación o actuarla para todo el grupo.

Noticiero cultural

¿Un reducto de la era jurásica? No, unas iguanas de las Islas Galápagos de Ecuador.

❖ Un lugar privilegiado para el ecoturismo

Las Islas Galápagos del Ecuador y la reserva del bosque húmedo de Monteverde de Costa Rica son dos de los más antiguos centros ecoturísticos de la América Hispana. Ambos son ejemplos para el mundo por sus acertadas estrategias de conservación y turismo y ambos tienen la "suerte" de ser relativamente inaccesibles a las masas turísticas. Además, los dos centros están sometidos a la vigilancia de los hombres de ciencia, de guías muy bien preparados y de comunidades que viven allí. Sin embargo, la presión del ecoturismo de los últimos diez años ha dado señales de los efectos que el ecoturismo masivo puede tener en Monteverde y las Galápagos. No es que se dude de la capacidad de los científicos y de los administradores de recursos naturales. La duda es si los visitantes son debidamente preparados por los promotores comerciales de las expediciones para entender el significado concreto de "no dañar los siempre delicados y débiles equilibrios ecológicos".

Las Galápagos son unas setenta islas volcánicas que están a 960 kilómetros de la costa del Ecuador. Son uno de los ecosistemas más importantes del mundo y uno de los más frágiles también. A menudo se considera que en las Galápagos se originó el ecoturismo, pues sólo allí pueden los ecoturistas observar los leones marinos, las iguanas, las tortugas gigantes y los pájaros raros como el alcatraz de patas azules, el cormorán corredor y el albatros ondeado que estudiara Darwin.

Antes de que Darwin las hiciera famosas, sin embargo, las islas ya habían comenzado a sufrir el impacto negativo del ser humano. Los barcos traían al archipiélago ratas, gatos, cerdos, cabras y otros animales destructores o alteradores del ecosistema autóctono y los desperdicios de los barcos y de las comunidades se lanzaban a las aguas del mar.

Sólo en 1959 se tomaron medidas para proteger y conservar el archipiélago. Ese año, el Ecuador declaró parque nacional el 97% del territorio de las islas y restringió los asentamientos° humanos al 3% restante, donde ya existían. Al mismo tiempo, y con el auspicio de la UNESCO (Organización de las Naciones Unidas para la Educación, la Ciencia y la Cultura) y de la Unión Internacional de Conservación se creó la Fundación Charles Darwin para la Investigación. En 1979, la UNESCO designó las islas **patrimonio de la humanidad**, y en 1986, se declaró reserva marina los 50.000 kilómetros cuadrados de océano que rodean a las islas.

settlements

Tomado de "El precio del ecoturismo", *Américas*, Vol. 46, Nº 6, 1994, págs. 40–47

¿Qué opina Ud.?

Con la ayuda de uno(a) o dos compañeros(as), complete las siguientes frases.

1. Ojalá que la experiencia de las Islas ______________ y de Monteverde sea usada en otras ______________ para que muchas otras más se conviertan en ______________ de la humanidad.
2. Llevar animales como los ______________ a una reserva natural produce un efecto muy negativo, porque rompen o ______________ el equilibrio de las especies naturales. Lo mismo ocurre con los ______________ que el hombre tira a los ríos, lagos y ______________.
3. Cuando tenga un poco de plata ahorrada, quiero ir a las Galápagos, porque sólo allí puedo ver los pájaros raros que me interesan, como el ______________ y el ______________. También son muy fascinantes las ______________ y las ______________. Menos mal que el gobierno ecuatoriano ______________ bien el archipiélago.

Vocabulario

❖ A. Para hablar de nuestro ambiente

¿En qué se puede colaborar?

Para que aportes tu granito de arena...
...limpia la entrada de tu edificio / tu casa.
...tira la basura.
...recicla el vidrio y las latas.

¿Qué hago para mejorar el ambiente?	Para que participes... ...no quemes hojas en el otoño. ...no tires botellas en el estacionamiento. ...no pongas papel en la basura. ...no enciendas el aire acondicionado. ...no desperdicies el agua.
¿Y para combatir el ruido?	Para que disminuyamos el ruido... ...baja el volumen. ...repara el escape del auto. ...apaga ese ventilador.
¿Qué produce contaminación?	El humo de las fábricas. Los carros, buses y camiones. Los desechos industriales. Los pesticidas y fertilizantes químicos. La basura y los desperdicios.
¿Qué se puede reciclar?	El papel y el cartón. El vidrio y el plástico. El aluminio y el cobre. Las aguas servidas.

❖ B. Mi secreto

Más expresiones para charlar con amigos(as), diciendo toda la verdad.

Puede que el reciclaje sea necesario, pero...	no siempre me acuerdo. toma demasiado tiempo. los depósitos están demasiado llenos.
Aunque el supervisor quiere que los mesones estén limpios,... los platos estén lavados,... el piso esté seco,...	a mí siempre se me olvida. a mí no me gusta hacerlo. a mí me carga limpiar pisos.

❖ A practicar

3. Buzón electrónico. Use palabras del vocabulario para crear su dirección electrónica. Siga los modelos.

POR EJEMPLO: todolimpio@sinhumo.amb siempreviva@sierraverde.amb
apagotodo@verde.amb desechos@mecarga.ver

4. Reporteros científicos. Con un(a) compañero(a), preparen cuatro preguntas para hacérselas a un(a) profesor(a) de ecología que viene llegando de una excursión a las Islas Galápagos. Pueden usar el siguiente vocabulario: **medidas de protección**; **contaminación**; **santuario o reserva**; **patrimonio**...

1. Profesor, ¿qué nos puede decir de...?
2. Y en cuanto a..., ¿qué...?
3. Con respecto a..., ¿dónde...?
4. Por último, ¿qué nos dice de...?

❖ C. Más sobre nuestro ambiente

Las siguientes frases interrogativas y sus respuestas le servirán para hacer buenas preguntas y para escribir bien.

¿Dónde vives?	En las afueras de la ciudad; hay mucho aire puro. Casi en el campo; hay mucha vegetación natural. En pleno centro; hay mucho ruido de tráfico.
¿Cómo es tu ciudad?	No muy grande; típica ciudad del... ...centro del país. ...norte / sur / este / oeste. ...noreste / sureste / noroeste / suroeste. Hay un par de rascacielos, tres torres y varias industrias. Es grande; tenemos metro y mucha locomoción pública. Bella, llena de avenidas con árboles y flores. Feísima. No creo que a nadie le guste una selva de cemento.

❖ A practicar

5. ¿Qué hay allí? Indique qué se puede encontrar en los siguientes lugares.

POR EJEMPLO: en un colegio secundario → Hay mucho ruido y muchos desechos de papel y...

1. en pleno centro
2. en una fábrica
3. en un estadio
4. en las afueras de la ciudad
5. en mi universidad
6. en el campo
7. en un centro comercial
8. en una planta química
9. en una planta de reciclaje

6. Es indispensable. Indique si el siguiente equipo puede apagarse para ahorrar electricidad o no. Agregue dos cosas en el número 10.

POR EJEMPLO: las luces del arbolito de Navidad →
Deben estar apagadas; se pueden encender sólo en la noche.

1. las luces del hospital
2. las luces de los salones de clase
3. los refrigeradores de las cafeterías
4. un respirador artificial
5. una incubadora de bebé
6. el aire acondicionado
7. la música ambiental
8. los filtros de aire
9. la televisión
10. ¿ ?

7. Conserve lo natural. Observe y lea el siguiente anuncio y además haga una lista de todas las expresiones que se refieren a la naturaleza y el medio ambiente. Luego, con un(a) compañero(a) discutan el mensaje del anuncio; usen las preguntas como guía de la discusión. Finalmente, diseñen un anuncio similar.

¿A quién se dirige este anuncio? ¿Tiene sentido el anuncio? ¿Qué quiere "Holasa" que todos conservemos? ¿Por qué? ¿Es posible que lo hagamos? ¿Cómo?

8. Inspirados. Lea el poema sobre la conservación otra vez y escriba uno similar. Dé muchas razones (porque...) para conservar un lugar o un animal / una planta específicos.

9. Un futuro científico. Con un(a) compañero(a), escriba un diálogo en que una persona viene llegando de una excursión de ecoturismo. Ayúdense con la conversación entre Magaly, Elena, Carlos y Tomás de la página 179 y con la entrevista de los Reporteros científicos.

ESTUDIANTE A:
ESTUDIANTE B:
ESTUDIANTE A:
ESTUDIANTE B:
ESTUDIANTE A:

10. Hay que ser objetivo. Descríbales a sus compañeros(as) el pueblo o ciudad donde vive ahora o donde vivió antes. Use uno de los modelos para prepararse.

POR EJEMPLO: Mi ciudad / pueblo se llama... y está en... Tiene... y también hay mucho(as)... Hay problemas de... porque hay mucho(a) / muchos(as)... Pero la gente se organizó para... y para... Me enferma el... de esta ciudad.

Viví... años en..., que está en... Este pueblo / ciudad se caracteriza por... y por... También tiene... Los problemas de... son más o menos graves porque hay... La comunidad se organizó para... y para... No me gusta el / la... de esta ciudad porque...

11. Mi opinión es muy clara. Elija dos de los siguientes problemas y exprese su reacción oralmente o por escrito en al menos dos frases. Siga el ejemplo.

POR EJEMPLO: *Para que el ecoturismo dé los resultados esperados, es necesario que se protejan bien las reservas naturales.* Sí, yo estoy de acuerdo porque sin protección el ecoturismo es sólo turismo. Una manera de reducir los problemas es reducir el área que se puede visitar.

1. Los que producen más contaminantes en las ciudades son los automóviles.
2. Para mejorar el medio ambiente es necesario controlar también el ruido y los olores.
3. El progreso y la preservación del medio ambiente siempre estarán en conflicto.
4. Los grupos como Acción Verde están compuestos de gente extremista que no duda en usar métodos violentos para defender sus puntos de vista.
5. Para que el ecoturismo dé los resultados esperados, es necesario que se protejan bien las reservas naturales.
6. Una excelente alternativa para quienes están cansados de las vacaciones convencionales es una aventura en territorios vírgenes.
7. Aún el ecoturismo mejor supervisado puede causar daños incalculables a los ecosistemas.
8. Se debe crear una conciencia ecológica, no por romanticismo sino para salvar al mundo.

Noticiero cultural

Paisajes del alma

Si tiene un(a) amigo(a) o profesor(a) hispano(a), pregúntele cómo es el paisaje que echa de menos. Muchos le describirán su barrio y la animación de la calle o la plaza y los festivales en distintas épocas del año. Otros le hablarán de viñedos°, parras o parrones°, olivares°, huertos frutales°, palmares°, platanales°, cafetales°, cordilleras o sierras, playas, lagos y ríos. El paisaje en que crecimos es una parte muy importante de nuestra identidad. ¿Cómo es su propio paisaje?

vineyards / grapevine arbors / olive tree orchards / fruit tree orchards / palm groves / banana plantations / coffee plantations

12. Paisajes del alma. Gabriela Mistral, escritora chilena (1889–1957), Premio Nobel 1945, dijo una vez: "Para vivir dichosamente yo necesito cielo y árboles, mucho cielo y muchos árboles". Y Ud. ¿Qué necesita para vivir feliz? En un párrafo, describa su paisaje del alma. Ayúdese con el vocabulario de este capítulo y con el del poema "Te quiero conservar" que está en la página 185. Luego, compare su paisaje con el de otro(a) compañero(a).

13. Especulando. Escuche la conversación entre Magaly, Elena, Carlos y Tomás que aparece en la página 179. En seguida, complete el siguiente párrafo de modo que tenga sentido completo. Use palabras y frases de la sección de vocabulario.

MAGALY: Aunque ella misma lo dijo, no creo que Elena se pase todo el verano trabajando por las mañanas. Yo le dije, «mira, para que no te arruines todo el ____________, es mejor que ____________ ____________». Entonces ella me contestó «mira, para que te enteres, yo no pienso ____________. ¿Sabes, Carlos?, yo no soy como tú, que prefieres irte a ____________».

SIGAMOS ADELANTE

Para leer mejor

1. ¿Qué función tienen para usted las vacaciones? Apruebe o desapruebe las siguientes afirmaciones y explique por qué las acepta (**A**) o rechaza (**R**).

1. ______ Las vacaciones son para pasarlo bien en casa, con la familia y amigos(as), y hacer todas las cosas para las cuales no tengo tiempo durante el año.
2. ______ Para mí las vacaciones son sinónimo de aventura y viajes. Me encanta irme a un lugar desconocido.
3. ______ En mi familia, nos gusta volver al mismo lugar todos los años para las vacaciones.
4. ______ En los Estados Unidos, parece que sólo tenemos dos costas, la atlántica y la del Pacífico. Casi siempre nos olvidamos de la costa del Caribe.
5. ______ No hay necesidad de ir a Europa cuando uno puede ir a Quebéc y sentirse en Francia. Está mucho más cerca y tiene sabor norteamericano.

2. Buen lector. Ahora mire la lectura en silencio y trate de adivinar las ideas en general; no traduzca palabra por palabra. Las siguientes estrategias le pueden ayudar.

Formato. Mire el artículo y vea qué estructura tiene: narración de un evento, entrevista, descripción. Muchas veces, la estructura es evidente porque hay varios subtítulos. En este caso, hay que mirar un poco más para ver que, en realidad, los subtítulos están al comienzo de los párrafos. Complete Ud. la lista:

1. La Colombia caribeña
2. Dos lugares populares
3. ____________________

4. ______________________
5. ______________________
6. ______________________
7. El desarrollo constante

Palabras derivadas. Tiene que tratar de comprender las palabras derivadas de otras. Pueden ser derivadas de una palabra que Ud. ya conoce en español o en inglés. En general, los derivados tienen significados relacionados a los que Ud. ya conoce. A menudo, sin embargo, la ortografía° es diferente; tome nota. Aquí tiene algunos ejemplos.

° *spelling*

fuerte	La energía solar ***fortalece*** la industria nacional.	→ *strengthens*
magic	La ***magia*** del Caribe.	→ *magic (attraction)*
Caribe	La Colombia ***caribeña*** son 1600 kilómetros de litoral.	→ *Caribbean*
sueño	No consideramos la imagen ***ensoñadora*** de la Colombia caribeña.	→ *dream-evoking*
verano	Un millón doscientos mil turistas vinieron a ***veranear***.	→ *to summer*
relic	Cartagena de Indias es una ***reliquia*** colonial.	→ *very old city*
colonial	La ciudad vieja tiene una imponente arquitectura **colonial**.	→ *from the Spanish era*
calories	Vinieron a gozar de las limpias y ***cálidas arenas*** de las playas.	→ *warm sands*

Uso de un diccionario. Si le interesa alguna palabra en especial, Ud. puede usar el diccionario. Recuerde que debe leer todos los significados que aparezcan y elegir el que mejor se adapte al contexto. Hay algunas palabras de la lectura que tienen el significado en el margen en inglés o en español.

Uso de un mapa. Para comprender mejor este artículo, consulte un mapa de Colombia y ubique las ciudades nombradas en el artículo.

En la calle de Santo Domingo de Cartagena de Indias se detuvo el tiempo hace siglos.

Si Ud. ama y respeta la naturaleza, debe visitar el Parque Tayrona en la costa caribeña de Colombia.

La magia del Caribe

Al leer el título, casi no se puede adivinar que este artículo trata de una riquísima zona turística colombiana. En realidad, cuando pensamos en Colombia, casi siempre imaginamos a la Colombia que mira al Pacífico o a la de los majestuosos Andes que se abren en tres cordilleras° en el centro del país. Desgraciadamente, a menudo pasamos por alto° la imagen ensoñadora de la Colombia caribeña.

sierras
no consideramos

La Colombia caribeña son 1.600 kilómetros de litoral°, archipiélagos e islas con una increíble belleza de playas blancas y mar verde-azul. De hecho°, los aeropuertos de las ciudades de Cartagena, Santa Marta, San Andrés y Barranquilla, recibieron un millón doscientos mil turistas que vinieron a veranear en 1994. La ola turística, compuesta de venezolanos, ecuatorianos, estadounidenses, canadienses, alemanes y españoles, llegó a gozar del sol, del aire puro de un cielo siempre azul, de las limpias y cálidas arenas de las playas y del mar tibio y acogedor. Cuando se fueron, dejaron en las arcas° de las aerolíneas, los hoteles, restaurantes y lugares de diversión cerca de $1.000 millones de pesos colombianos°, más o menos $800.000.000 de dólares estadounidenses.

costa
in fact
las cajas
one billion

Si bien° es cierto que todo el litoral caribeño de Colombia embruja° a los turistas, no es menos cierto que dos son los lugares que más los atraen. Uno es Cartagena de Indias, reliquia colonial, y el otro es la isla de San Andrés, con su mar de siete colores. Les siguen Santa Marta, cuna° de civilizaciones prehispánicas, y Barranquilla, un puerto fluvial-marítimo que gusta no sólo por el embrujo misterioso de los puertos sino también por el variado comercio detallista° de productos de todo el mundo.

even though / les encanta
centro
retail

Cartagena de Indias, declarada Patrimonio de la Humanidad por la UNESCO, ofrece al turista paseos en coche° por la ciudad vieja, de imponente arquitectura colonial, excursiones a las islas del Rosario y visitas a los castillos de San Felipe y San Fernando y a las fortalezas militares españolas de la época colonial.

buggy rides

Por su parte°, el Paraíso de Siete Colores que forman la isla de San Andrés y su bello mar, ofrece todo tipo de deportes acuáticos, playas, bahías, cayos y, como siempre, la tradicional música reggae.

in turn

Santa Marta tiene mucho que mostrar también; por ejemplo, si Ud. se queda por unos cuatro días, ojalá que lo lleven al parque Tayrona, al centro turístico El Rodadero, al sector de Pozos Colorados (donde están los modernísimos hoteles Santamar e Irotama), y al espectacular Morro°, en la bahía de la ciudad.

rock

Por último, tenemos Barranquilla, con su famoso carnaval folclórico. Barranquilla debe considerarse más bien para el turismo comercial, no vacacional, puesto que posee un puerto fluvial (de río) y marítimo que mira al Atlántico y que se está convirtiendo en el principal centro de compras de toda Colombia.

En esta vasta región turística existe una relación de dependencia positiva entre la constante preservación e incremento de las áreas naturales y el constante aumento y desarrollo de un turismo consciente de su dependencia de la naturaleza. Por eso, la Colombia caribeña es un modelo del concepto de desarrollo constante en que se armonizan los intereses del ambiente, de los habitantes locales, de los turistas y de la economía nacional.

Tomado de "La magia del Caribe", *Semana*, Nº 673, marzo 28 a abril 4 de 1995, págs. 146–150.

---

3. ¿Qué piensa Ud.? Complete lo siguiente después de leer el artículo.

1. De los lugares mencionados en el artículo, el que más me gusta para las vacaciones es __________. Allí, no sólo es / hay __________ sino también es / hay __________. Además, también puedo __________.
2. Como me gustan los siguientes deportes __________, voy a irme de vacaciones a __________. De hecho, también quizás pase un par de días en __________ para __________.
3. ¡Ah, Colombia! Dicen que la Colombia caribeña es __________, que sus playas son __________ y sus arenas son __________. Por su parte, las ciudades viejas tienen __________ y también __________. El aire siempre azul es __________ y el puerto de Barranquilla es __________.
4. Como a mí me gusta el turismo comercial, ojalá que me lleven a __________.
5. Si bien es cierto que el turismo deja mucho dinero en las arcas colombianas, no es menos cierto que __________.
6. Sólo cuando se armonizan los intereses del ambiente, de los habitantes locales, de los turistas y de la economía nacional se puede hablar de __________.

4. Ahora sí que le toca a usted. Piense cómo elige Ud. el lugar de sus vacaciones. Conteste las siguientes preguntas y después comparta sus ideas con otro(a) compañero(a). En casa, use las respuestas de las actividades 3 y 4 para desarrollar un párrafo largo sobre sus vacaciones de ensueño.

1. ¿Es Ud. (o su familia) un(a) turista convencional o un(a) viajero(a) aventurero(a)?
2. ¿Prefiere visitar grandes ciudades, monumentos y museos y cenar en restaurantes de primera clase o le atrae más ir a una playa famosa?
3. ¿Está Ud. interesado(a) en una aventura en la selva amazónica? ¿Por qué?
4. ¿Cuándo se opone Ud. a que se construyan más hoteles en lugares hermosos pero vírgenes? ¿Cuando el lugar está en su país / región o cuando está en otra parte del mundo?

5. Justo lo que yo pienso. Elija la frase que mejor exprese sus opiniones y explique por qué lo / la representa bien.

1. Es necesario que todos defendamos los parques nacionales ya que son un verdadero patrimonio de la humanidad.
2. Las ganancias generadas por el ecoturismo deben usarse para mejorar y proteger los recursos naturales.
3. Para los países o las regiones que necesitan más desarrollo económico es muy importante explotar las minas, aunque esto aumente el deterioro ambiental.

6. **Esta es mi perlita.** Prepare un anuncio sobre su ciudad o región, usando la misma idea del artículo. Destaque alguna característica extraordinaria o poco conocida del lugar. Complete el modelo que sigue.

Venga a...

Al leer este anuncio, casi no se puede adivinar que trata de una riquísima zona / ciudad / reserva natural de... En realidad, cuando pensamos en..., casi siempre imaginamos a la... que mira al Pacífico / Atlántico / Canadá / Caribe o a la de los majestuosos ríos / lagos / picos que... en el centro / norte / sur del país. Desgraciadamente, a menudo pasamos por alto la imagen ensoñadora de la...

Perlitas (⏩ Student tape, **Parte II**)

❖ España se prepara para el irresistible ascenso de las energías alternativas

Las energías alternativas proceden del sol, del viento, del agua, de los ríos, del mar, del subsuelo° y de algunos residuos. La ventaja es que no se agotan° y se obtienen de forma ilimitada y periódica, no producen lluvia ácida ni contribuyen al efecto de invernadero, no dejan residuos importantes, acercan las fuentes de producción al consumidor porque ahorran miles de kilovatios en transporte, fortalecen la independencia energética y la industria nacional y, además, favorecen la creación de empleos.

subsoil / get exhausted

España, firmante del Convenio de Cambio Climático (que obliga a limitar las emisiones de CO^2 en el año 2000 a los niveles que había en 1990) se ha comprometido a hacer todo lo posible por lograr que en el año 2010 el 15% del total de la energía venga de fuentes renovables. Actualmente, este porcentaje se encuentra en algo más de un 5% y es posible que para fines del siglo esté en un 7 u 8%. Del total de nuevas instalaciones de energía que se construyan, el 25% procederá de fuentes renovables. Para conseguirlo, se hará una inversión de 334.000 millones de pesetas.

Tomado de "Biósfera" en Suplemento semanal de *Diario16*, jueves 31 de marzo de 1994, Nº 59, págs. 1–2.

7. **¿Cómo se dice?** Busque en la columna de la derecha cómo se dicen en inglés las frases usadas en esta perlita.

energías alternativas	*job creation*
lluvia ácida	*renewable sources of energy*
efecto de invernadero	*domestic industry*
independencia energética	*CO^2 emissions*
industria nacional	*sources of production*
creación de empleos	*alternate energy sources*
emisión de CO^2	*end of the century*
fuentes renovables	*greenhouse effect*
fines de siglo	*acid rain*
fuentes de producción	*energy self-sufficiency*

8. En resumen. Complete el siguiente resumen de la principal información de esta perlita.

1. Además de los combustibles fósiles, también se puede obtener energía del...
2. Entre las ventajas de las energías renovables tenemos que no...
3. Otras ventajas son que las energías de fuentes renovables...
4. Para 1999, en España es posible que el porcentaje de la energía de fuentes renovables...

❖ Lo asqueroso es hermoso°

°*Yucky can be beautiful*

Según las más recientes estadísticas, la Ciudad de México produce diariamente 11.000 toneladas de desechos sólidos. La ciudad misma tiene más de 8.000.000 de habitantes, en tanto que la zona metropolitana pasa de los 20.000.000 de habitantes. Un interesante estudio del prestigioso World Watch Institute de Washington recomienda que debe iniciarse ya una política de reciclaje global. De seguirse fielmente las recomendaciones del Instituto, las 3.916.000 toneladas anuales del México metropolitano tendrían un buen uso si se usaran para la creación de productos reciclados. Se estima que si se recupera el 60% de los desechos reutilizables, en un año se ahorraría el equivalente a 350.000.000 de barriles de petróleo a escala global. Del mismo modo, la selección y el reciclaje de una tonelada de basura crearía 1.600 nuevos empleos en México.

Por otra parte, el Instituto de Tecnología de la Moda de Nueva York muestra otra faceta (aspecto) del reciclaje al exhibir cables telefónicos convertidos en gargantillas (*chokers*), botellas de plástico recicladas como ropa interior térmica, bolsas de basura transformadas en vestidos, etc. Hasta la moda francesa se ha comprometido con el esfuerzo de mantener limpio el planeta y la firma textil Charles Dubourg ya ofrece un suéter o un jersey fabricado con 27 botellas de agua mineral.

Datos de México tomados de "Volver a empezar" por Delfín García. *Muy interesante*, Año XII, Nº 7, págs. 64–70, 72.

9. Me parece que... Complete el siguiente párrafo con alguna de estas palabras: **ahorramos**, **ahorrar**, **aumentemos**, **crear**, **disminuyamos**, **pensar**, **producimos**, **reciclamos**, **reciclar**, **reciclemos**, **recuperar**, **seleccionamos**, **seleccionar**, **transformemos**, **viajamos**, **viajemos**, **usar**.

Para evitar que los gases de la combustión de los automóviles contribuyan al efecto de invernadero o recalentamiento de la atmósfera, yo propongo que ______________ y que también ______________. En los Estados Unidos, se ha comprobado que si en cada auto viajaran dos personas al trabajo, se ahorrarían 2.700.000 litros de gasolina (o sea, unos 720.000 galones) y no se expulsarían a la atmósfera 6.000.000 de kilos de gases productores del efecto de invernadero cada día. Por esta razón, yo pienso que debemos ______________. Cuando salimos a dar una vuelta en auto, nosotros siempre conducimos a 65 mph porque no queremos ______________. Esta es tan sólo una de las formas en que contribuímos a la conservación del ambiente. Por supuesto, también ______________ el papel y las botellas de refrescos.

Continuemos

Estructuras indispensables

❖ Usos obligados del subjuntivo

1. Always use the subjunctive when the dependent clause begins with any of the following connective expressions and there is a change of subject.

a fin de que (*so that*)
a menos que (*unless*)
antes (de) que (*before*)
con tal (de) que (*provided [that]*)
en caso (de) que (*in case*)
para que (*so that*)
sin que (*without*)

Es mejor reducir el ruido, **antes que *llamen*** a la policía.
Hay que prohibir el uso de este insecticida, **para que** no ***se mueran*** los pájaros.
Vamos a invertir más que el año pasado, **con tal de que *reduzcamos*** las emisiones de CO^2.

2. Always use the subjunctive after impersonal expressions that introduce subjective comments or imply emotion.

es bueno / mejor que
es dudoso que
es fantástico que
es indispensable que
es lógico que
es malo que
es necesario que
es normal que
es posible que
es preciso que
es tradicional que
no es seguro que

Es preciso que la industria nacional ***reduzca*** los flúidos ácidos.
Es indispensable que *reciclemos* más papel o terminaremos sin árboles.
Es fantástico que *podamos* visitar la reserva de Monteverde.

3. The subjunctive must also be used in sentences beginning with **tal vez**, **quizás**, and **ojalá** (*May Allah grant it* in Arabic, nowadays meaning *I hope*).

Tal vez *se pueda* reducir la cantidad de desperdicios que se dejan en la Antártica.
Quizás *entiendan* que los sulfuros de la planta contaminan el aire.
Ojalá que no ***aumenten*** las emisiones de flúor otra vez.

4. Always use the subjunctive in set expressions, such as **¡(Que) viva el Rey!** (*Long live the king!*), **¡(Que) muera el tirano!** (*Death to the tyrant!*), or in expressions of desire or hope.

¡Que lo pases / pasen bien! *(May you) have a good time!*
¡Que te / les vaya bien! *May everything go well!*
¡Que te diviertas / se diviertan! *(May you) have fun!*
¡Que seas / sean felices! *I hope you are happy.*
¡Que salgas / salgan bien en el examen! *I hope you do well!*
¡Que te mejores / se mejoren! *(I hope you) get better!*

—Mañana nos vamos a la reserva forestal.
—**Que les vaya bien y que saquen** muchas fotos buenas... y **que puedan** dormir aunque haga frío.

❖ Verbos con cambios ortográficos

Some spelling changes are necessary in the subjunctive in order to better represent the pronunciation of some verbs. In most cases, the consonant at the beginning of the last syllable of the infinitive changes as shown below.

-car: c → qu	sacar	que **saque**, **saques**, **saque**...	atacar, buscar, tocar
-zar: z → c	empezar	que **empiece**, **empieces**, **empiece**...	alcanzar, organizar
-uir: i → y	disminuir	que **disminuya**, **disminuyas**, **disminuya**...	contribuir, destruir
-gar: g → gu	llegar	que **llegue**, **llegues**, **llegue**...	(a)pagar, investigar, jugar
-ger / -gir: g → j	proteger	que **proteja**, **protejas**, **proteja**...	corregir, elegir, exigir
-guar: u → ü	averiguar	que **averigüe**, **averigües**, **averigüe**...	apaciguar, atestiguar

Señora, si su niño pasa mucho tiempo al aire libre, es aconsejable **que no se saque** el sombrero y **que Ud. le elija** una loción **que proteja** contra los rayos ultravioleta y **disminuya** las probabilidades del cáncer a la piel. **Averigüe** en la farmacia.

❖ A practicar

1. Buenos deseos. Con otro(a) compañero(a), tomen turnos para decir lo que van a hacer y desear lo mejor en cada caso.

POR EJEMPLO: Mañana me voy en el crucero por el archipiélago.
(ir bien) → Que te vaya bien.

1. Me voy a acostar; me muero de sueño. (que / dormir bien)
2. Tengo todo listo(a) para irme a esquiar a Bariloche. (que / pasarlo bien)
3. Ya nos vamos a la fiesta del Grupo Verde. (que / divertirse mucho)
4. ¿Sabes que mis primos se casan el sábado? (que / ser muy felices)
5. ¡Qué suerte! Se van de luna de miel a las Cataratas del Iguazú. (ojalá que / gozar mucho)
6. Pienso irme a estudiar español en Guatemala. (ojalá que / aprender mucho)
7. Mi grupo va a hacer una excursión por la selva amazónica. (ojalá que / disfrutar de una gran aventura)
8. También queremos vivir con una familia colombiana este verano. (ojalá que / practicar mucho español)

2. Rueda de prensa. Ud. asistió a la rueda de prensa de la ministra del Medio Ambiente, pero su compañero(a) no pudo asistir. Escriba 6 oraciones para que él (ella) sepa qué puntos se enfatizaron.

POR EJEMPLO: ***Es necesario que*** el ministerio **controle** el número de vehículos que circulan en la ciudad.

Es indispensable que los ciudadanos...
Es importante que todos nosotros...
Es preciso que el ministerio...
Es lógico que el gobierno...
Es fantástico que la industria...
Es necesario que los turistas...
Es posible que los agricultores...
Es dudoso que los políticos...
Es vital que las universidades...
Es probable que los guardaparques...

controlar el número de vehículos
crear instituciones para la protección del medio ambiente
resolver el problema de los desechos tóxicos
mantener los camiones y autobuses en condición óptima
colaborar en la protección del medio ambiente
preocuparse por proteger el hábitat de los animales salvajes
reciclar plástico, vidrio y papel
abusar de los insecticidas
no contaminar los ríos y las playas
evitar los incendios forestales
ofrecer cursos de ecología
disminuir las emisiones de gases

3. Hay que hacerle caso a la ministra. En grupos de tres, escojan dos de los puntos tratados por la Ministra en la actividad anterior y discútanlos explicando por qué piensan que son importantes, vitales o indispensables para proteger la naturaleza. Usen el subjuntivo tanto como sea posible.

POR EJEMPLO: Creo que ***es vital que*** los colegios **ofrezcan** cursos de ecología para que los niños **entiendan** la importancia del medio ambiente.

4. ✉ Estimada ministra. . . Una de las cosas que la ministra les pidió a los jóvenes en su rueda de prensa fue su opinión y sugerencias para la conservación del medio ambiente. Escoja el punto que Ud. considere más importante y, en una carta corta, ofrézcale a la Ministra sugerencias de cómo llevarlo a cabo. Siga el modelo.

Estimada señora Ministra:

Me dirijo a Ud. porque pienso que **es vital que el ministerio**... También creo que **es muy importante que el gobierno**... Me parece que la solución más viable es (reciclar, limpiar, organizar a los ciudadanos, prohibir la entrada a, prohibir el uso de, no quemar, no tirar, disminuir, aumentar). También podemos... Además, **es preciso que nosotros los estudiantes universitarios** también...

Si desea comunicarse conmigo o con mi grupo, mi ✉ buzón electrónico es: todo.verde @sierralimpia.edu. ¡Yo también puedo aportar mi granito de arena!

Atte.°

Angela Rodríguez

atentamente: *cordially*

5. Protejamos nuestro futuro. Con un(a) compañero(a), diseñen un eslogan publicitario para promover la conservación del medio ambiente. Sigan el modelo.

6. Acción Verde. Use **ojalá** para expresar los deseos de los miembros del grupo Acción Verde. Añada también sus propios deseos. Siga el modelo.

POR EJEMPLO: exigir que todo el mundo recicle
Ojalá que **exijan** que todo el mundo recicle. Es bueno que la gente **se acostumbre** ya.

1. buscar una solución para evitar la contaminación que producen las fábricas
2. llegar a un acuerdo sobre la tala° de los bosques *razing*
3. proteger las especies de animales en peligro de extinción
4. atestiguar en la corte contra los que cazan° en áreas prohibidas *hunt*

La reserva de Monteverde de Costa Rica evoca un mundo bello y puro.

5. organizar un grupo voluntario para ayudar a los habitantes de la Sierra Nevada de Santa Marta
6. pagar por la destrucción que han causado en la selva tropical
7. rechazar frutas y verduras cultivadas con productos químicos

7. De excursión a Monteverde. Ud. forma parte de un grupo de estudiantes que va a visitar el bosque húmedo de Monteverde en Costa Rica, donde van a aprender sobre la flora y la fauna del lugar. En grupos de tres, túrnense para decir lo que esperan en este viaje. Usen expresiones tales como: **Esperamos que...**, **(No) queremos que...**, **Es vital que...**, **Es importante que...**, **Ojalá que...**

POR EJEMPLO: poder ver el quetzal verde, rojo y azul
Ojalá que **podamos** ver el magnífico quetzal verde, rojo y azul porque hemos leído mucho sobre esta ave.

1. observar muchas variedades de aves
2. encontrar mamíferos raros
3. estar cerca de cientos de mariposas
4. reconocer varias plantas tropicales
5. ayudar a los habitantes de la región
6. aprender mucho sobre los bosques húmedos
7. comer muchas frutas tropicales
8. conocer biólogos de otros países
9. atacarnos animales peligrosos
10. averiguar cómo viven los campesinos de la región
11. alcanzarnos el dinero
12. enfermarse

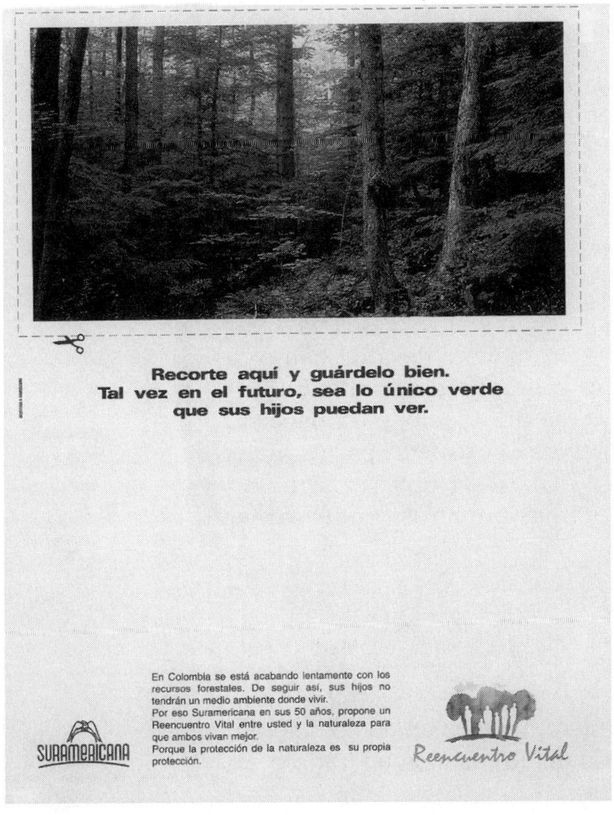

8. Reencuentro vital. Complete y comparta con otro(a) estudiante lo que Ud. planea hacer para que Ud. y la naturaleza vivan mejor.

POR EJEMPLO: Voy a ducharme... para que...
Voy a ducharme rápidamente todos los días **para que no falte** el agua en el verano.

1. Tomaré un curso de ecología... con tal que...
2. Quiero trabajar de voluntario en... a menos que...
3. Voy a hacer una donación a la Sociedad Protectora de Animales para que...
4. Voy a reciclar las botellas de... y las latas de... antes que...
5. Firmaré la petición de... para que... las industrias que están en las listas roja y amarilla.
6. Siempre voy a llevar mi taza para el café ... en caso de que ...
7. Voy a tomar medidas para evitar... sin que ...
8. Empezaré a recoger... antes que ...
9. Voy a denunciar a quienes... para que ...
10. Pienso cambiarle el aceite a mi coche... a menos que ...

9. Un compañero incorregible. A un(a) compañero(a) de residencia lo(la) tiene sin cuidado el medio ambiente. Sugiérale tres cosas que debe hacer para empezar a corregir sus malos hábitos. Puede usar algunos verbos y conjunciones de la lista: **aconsejar**, **sugerir**, **rogar**, **recomendar**, **pedir**, **para que**, **antes de que**, **con tal que**, **a menos que**, etc.

POR EJEMPLO: Te recomiendo que **apagues** las luces y la televisión cuando no **estés** en el cuarto. Además, te sugiero que...

10. La poesía. "El fugitivo" es un poema de Pablo Neruda, escritor chileno (1904–1973), Premio Nobel 1971. Para leer esta comparación entre los granos de maíz y las palabras o ideas del poeta, complete el siguiente fragmento con el presente de subjuntivo de los verbos dados.

Arena americana, solemne
plantación, roja cordillera,
hijos, hermanos desgranados
por las viejas tormentas,
juntemos todo el grano vivo
antes de que (volver) a la tierra,
y antes que el nuevo maíz que nace
(haber) escuchado tus palabras
...y antes que las palabras (repetirse)...
...y (propagarse) por la tierra,
y (hacerse), de pronto, silencio,
(hundirse) debajo de las piedras,
(encontrar) las puertas nocturnas,
y otra vez (salir) a nacer,
a repartirse, a conducirse
como el pan, como la esperanza,
como el aire de los navíos.
El maíz te lleva mi canto,
salido desde las raíces
de mi pueblo, para nacer,
para construir, para cantar,
y para ser otra vez semilla
más numerosa en la tormenta.

Tomado de "El fugitivo", Canto XIII, Pablo Neruda, *Canto general*, 2ª ed. Madrid: Ediciones Cátedra, 1992, pág. 483.

11. Nuestro lugar ideal. Con un(a) compañero(a) discutan cómo quieren que sea el lugar donde quieren vivir. Luego, cada uno(a) escriba un párrafo describiendo ese lugar ideal para vivir.

POR EJEMPLO: Queremos un lugar donde **haya** muchos árboles y... que **sea** tranquilo y no **tenga** contaminación... un lugar donde la gente **respete**... los niños **cuiden**... **hayan** encontrado la cura para...

12. El fin sí justifica los medios. Si la gente sigue comportándose como hasta ahora, va a ser imposible encontrar "un lugar ideal" para vivir. Con un(a) compañero(a), escriban cinco reglas que todos en la clase puedan seguir y que ayuden a edificar ese lugar ideal. Luego, compartan sus reglas con los otros alumnos.

❖ Repaso del indicativo y el subjuntivo

As you learned in chapter 4, in Spanish, the indicative mood is used to talk about an event perceived by the speaker as true to objective reality. Verbal forms used in the indicative *indicate*, describe, or express what the state of affairs is.

In contrast, the subjunctive mood is used to talk about the hypothetical or the unknown that is outside the speaker's experience and not part of objective reality. With the exception of instances 3 and 4 introduced in the previous section (see page 193), subjunctive forms are used *only* in dependent clauses functioning as nouns (noun clauses), as adjectives (adjective clauses), or as adverbs (adverbial clauses).

Noun clause:

Main: Espero que...

Dependent: **...los ecólogos y los agricultores *lleguen* a un acuerdo sobre la conservación del medio ambiente.** (*It describes what they might do.*)

Adjective clause:

Main:	Quieren...
Dependent:	...**un presidente que *tenga* una buena política para controlar la contaminación.** (*It gives feature of the subject.*)

Adverbial clause:

Main:	Van a mudarse al campo...
Dependent:	...**tan pronto como sus hijos *terminen* sus estudios.** (*It expresses when, how, where, why, what for something is done.*).

Always use the subjunctive in the dependent clause when the subject of the main clause . . .

- attempts to influence someone else's behavior

  Prefiero que no ***uses*** platos de papel porque se acumula mucha basura.
  Les aconsejo que acampen en uno de los parques nacionales.
  Los ecólogos ***nos dicen que*** no ***desperdiciemos*** el agua.

- expresses doubt, uncertainty, or denial

  Dudo que haya un lugar perfecto para vivir.
  No creo que a los narcotraficantes les ***importe*** la salud de los niños.
  No hay nadie aquí que ***viva*** en un ambiente totalmente natural.

- expresses a value judgment or an emotional reaction

  Me alegro que todos los hermanos de la fraternidad ***estén*** reciclando todo el vidrio.
  Es una lástima que en el oeste ***sigan*** cortando tantos árboles autóctonos.

- wants to describe something wanted or needed but that may not exist at all

  Busco una lavadora de ropa que ***ahorre*** agua y energía.

- wants to speculate or talk about something that has not taken place yet

  No ***voy a*** usar pañales desechables cuando ***tenga*** un bebé.
  Aunque ***sean*** más caros, ***compraré*** cosméticos naturales.

Use the indicative . . .

- if the verb in the main clause simply transmits information

  Los ecólogos **dicen** que en Europa ***se desperdicia*** mucho papel.

- after expressions of certainty and belief

  Es verdad que la Unión Europea (UE) ***ha firmado*** acuerdos para la protección del medio ambiente.
  Pienso que, si se controla bien, el ecoturismo ***puede*** convertirse en una industria lucrativa.

- when the dependent clause gives features that are specific or known to the speaker

  Cuando era chico, vivía en una ciudad que no ***estaba*** contaminada.
  Busco la revista *Mercado Ambiental* ***que anuncia*** productos relacionados con el sector medioambiental.

- to describe or talk about an action or event that happens regularly or has already happened

  Paseé por la montaña de Montjuic **cuando *fui*** a Barcelona el año pasado.
  Siempre apago la televisión **tan pronto como** ***acaba*** el noticiero de las siete.

❖ A practicar

13. La Asociación Ecologista. Ud. y dos compañeros(as) son miembros de la Asociación Ecologista universitaria. En grupos de tres, expresen sus opiniones acerca de lo que está sucediendo en la universidad. Usen el indicativo o el subjuntivo según corresponda con expresiones como **saber que**, **alegrarse de que**, **sorprenderse de que**, **gustar que**, **molestar que**, **frustrar que**, **sentir que**, **temer que**, **es cierto que**, **es una lástima que**, **es dudoso que**, etc.

POR EJEMPLO: Algunos estudiantes tiran papeles en los salones de clase.
Nos molesta mucho que algunos estudiantes **tiren** papeles en los salones de clase.
Es cierto que algunos estudiantes **tiran** papeles en los salones de clase.

1. Permiten fumar en los edificios de la universidad.
2. Hay depósitos de basura especiales para separar lo que se puede reciclar.
3. Distribuyen demasiados catálogos y publicidad innecesaria en el correo todos los días.
4. Mucha gente deja correr el agua mientras se lavan los dientes.
5. Para el Día del Árbol se plantaron cien árboles en el campus.
6. Muchos estudiantes mantienen encendido el televisor toda la noche.
7. Las cafeterías también ofrecen un menú vegetariano.
8. La mayoría de los alumnos vienen a pie a sus clases.
9. Usan demasiados platos y vasos de papel y plástico en la cafetería.
10. Se ofrecen clases de ecología y recursos naturales.

14. Prohibiciones y más prohibiciones. Observe la tira cómica (p. 196), piense en lo que se prohíbe con el propósito de proteger el medio ambiente y luego haga una lista de cinco prohibiciones.

15. ¿Adónde vamos a parar? En parejas, túrnense para reaccionar a las siguientes afirmaciones. Usen expresiones como **(no) creer**, **(no) dudar**, **(no) estar seguro**, **(no) negar**, **(no) ser verdad** y el indicativo o subjuntivo, según corresponda.

POR EJEMPLO: Los mares se están recalentando y su nivel crece.
No dudo que los mares **se están** recalentando y que su nivel **crece**.

1. El calentamiento del planeta tendrá terribles consecuencias para todos los seres vivos.
2. Un grado menos en la temperatura de una casa reduce significativamente el consumo de combustible.
3. La agricultura y el medio ambiente deben ser compatibles; hay que evitar la erosión y la contaminación del suelo.
4. En la última década, han desaparecido cuatro millones de hectáreas de bosques autóctonos en España.
5. Para evitar el aumento del efecto de invernadero, es preciso usar menos el coche y más el transporte público y la bicicleta.
6. Colombia es el país más rico del mundo en flora y fauna.
7. Una de la mejores soluciones al problema ambiental en América del Sur es declarar reservas naturales más grandes.
8. Los principales culpables de la deforestación son los colonos°. *settlers*

16. No todo es verdad. Con su pareja, escojan cuatro afirmaciones que consideren verdaderas en el ejercicio anterior y digan cómo saben que son ciertas.

17. Conciencia ambiental. Con otro(a) compañero(a), piensen en las características de las cosas que Ud. y su familia tienen, quieren o necesitan. Según sus respuestas, decidan si sus gustos demuestran una conciencia ambiental. Usen el indicativo o el subjuntivo según corresponda a transmisión de información solamente o expresión de opinión o actitud.

POR EJEMPLO: un coche → ***Tengo*** un coche **que gasta** poca gasolina.
Ojalá que encuentre un coche **que gaste** poca gasolina.

1. un calentador de agua
2. una lavadora de ropa
3. cubos de basura
4. una lámpara
5. un desodorante
6. un refrigerador
7. fertilizantes para las verduras de la huerta
8. un auto
9. servilletas, platos y vasos
10. un panel solar

18. Se necesita ayuda. Con un(a) compañero(a), lean el anuncio del Ministerio de Agricultura, Pesca y Alimentación. En seguida, hagan una lista de los verbos en subjuntivo e indiquen por qué están en subjuntivo. Luego, hagan otra lista de las personas a quienes se les pide ayuda. Finalmente digan qué tipo de ayuda se les pide.

19. Mercadería verde. Ud. y su compañero(a) son vendedores de un gran almacén que sólo vende productos que dicen ser ecológicos. Como el concepto es nuevo, Uds. deben convencer a los clientes sobre la calidad y ventajas de lo que se vende allí. Diseñen un anuncio y preparen una presentación sobre un producto. Recuerden lo aprendido sobre el uso del indicativo y el subjuntivo. Escojan uno de los productos de la lista o cualquier otro que quieran.

champú de papaya
limpiavidrios de vinagre
lavaplatos natural
jabón de avena°
toallas de papel
alfombras de yute°
loción de limón
abrigo de lana
nevera (refrigerador, frigorífico)
desodorante de barra (no de espray)
camiseta de algodón sin blanquear
detergente para la ropa sin nitratos

jute
oats

POR EJEMPLO: acondicionador de sávila (áloe)
¿**Busca** Ud. un acondicionador que le **deje** el cabello limpio, manejable y...? Este acondicionador de sávila es la respuesta **con tal que lo use** al menos dos veces a la

semana. Porque **es sabido** que la sávila **es** rica en suavizantes naturales y, por eso, este acondicionador **es** un excelente lubricante y emoliente. Además, **en cuanto empiece** a usarlo notará que también reduce la estática y... **Estamos seguros** de que le **encantará**, pero **en caso de que no le guste**, puede devolverlo. Y además está en oferta esta semana. ¡Llévelo ya!

20. Experto en remedios naturales... Imagínese que Ud. trabaja para una revista de vida natural y que tiene que ofrecerle soluciones a los problemas de los lectores. Siga el ejemplo y dé buenos consejos.

PROBLEMA: Tengo las manos secas y me molestan mucho.
RESPUESTA: Es posible que sea falta de humedad. Es mejor que...
PROBLEMA: Tengo el pelo muy seco y sin brillo.
RESPUESTA: Tal vez ...
PROBLEMA: ¿Cuántas veces se puede reciclar una botella de vidrio?
RESPUESTA: Dudo que...
PROBLEMA: ¿Es verdad que quemar o incinerar desechos es peligroso?
RESPUESTA: Sí, es verdad que...
PROBLEMA: Voy a comprar un acuario y quiero saber cómo calcular el número de peces que puedo tener.
RESPUESTA: Bueno, no tengo idea pero creo que...

Idea tomada de *Natura*, Nº 149, Madrid, agosto de 1995, págs. 39 y 62.

21. La selva a vuelo de pájaro. Para repasar lo aprendido complete el párrafo con la forma correcta del indicativo o subjuntivo de los verbos, según el contexto.

Viajar a conocer la selva costarricense (haberse) convertido hoy en una estupenda aventura en el cielo. En octubre de 1994, se inauguró un "tranvía aéreo" diseñado por el biólogo Donald Perry, para que los turistas (poder) apreciar la selva desde otra perspectiva, por encima de las copas° de los árboles. *tops*

El tranvía está compuesto de carritos de acero que (tener) capacidad para seis personas y que (desplazarse) suspendidos de un cable. En un recorrido de 90 minutos a través de 434 hectáreas de la reserva selvática que (bordear) el Parque Nacional Braulio Carrillo, es posible que los turistas (tener) la oportunidad de apreciar la belleza del paisaje y una gran variedad de especies animales. Hay guías que (encargarse) de dar las explicaciones y orientaciones necesarias.

Pero además del recorrido aéreo, la reserva cuenta con senderos adecuados en caso de que algunos turistas (querer) dar caminatas. También hay un restaurante y un centro para visitantes para que la gente (comer) y (descansar) a su gusto. La reserva está ubicada a sólo 50 minutos de San José y en varios hoteles hay buses disponibles que (hacer) el recorrido dos veces al día cuando (haber) turistas que necesitan el servicio.

Tomado de "Lo que no dicen las guías turísticas", *El mundo al vuelo*, Nº 191, diciembre de 1994, pág. 136.

22. El dilema del progreso. Los ecólogos, los políticos y los industriales no han podido lograr el equilibrio° entre el desarrollo económico y la preservación del medio ambiente. Formen grupos y discutan si es más importante proteger la naturaleza o progresar económicamente. Analicen los efectos positivos y negativos de ambos. No olviden los usos del subjuntivo y el indicativo cuando den sus opiniones.

balance

Fíjese bien

❖ *Ir* y *venir*

Ir means *to come* if you are going towards the person you are speaking to. **Venir** also means *to come*. The point of reference for these verbs is different in Spanish and English. In Spanish the point of reference is the speaker, not the listener, as it is in English.

—Paulina, es para ti. Es Miguel. —Ya **voy**. Dile que espere un momento.	*—Paulina, it's for you. It's Miguel.* *—I'm* ***coming****. Tell him to wait a minute.*
—¿Puedo **ir** con un amigo a la recolección de latas? —Sí, por supuesto. Si quieren, **vengan** a mi casa primero y de aquí **nos vamos** juntos.	*—May I* ***come*** *to the can collection with a friend?* *—Yes, of course. If you want,* ***come*** *to my house first and we'll* ***go*** *together.*

❖ Los verbos *llevar, tomar, traer*

The English verb *to take* can be expressed in Spanish with **llevar** or **tomar**.

1. **Llevar** means *to carry* or *to take* someone or something somewhere.

Nos **llevaron** al parque nacional en un campero porque la carretera es muy mala.	*They* ***took*** *us to the national park in a jeep because the road is very bad.*
No olvides **llevar** un sombrero para que te protejas la cara del sol.	*Don't forget* ***to take*** *a hat to protect your face from the sun.*
Si tú **llevas** este maletín, yo **llevo** la filmadora y los binoculares.	*If you* ***carry*** *this overnight bag, I'll* ***carry*** *the camcorder and the binoculars.*

Llevar also means *to wear*.

Los indios otavalos de Ecuador siempre **llevan** su ropa tradicional.	*The Otavalo Indians of Ecuador always* ***wear*** *their traditional clothing.*

2. **Tomar** means *to grab* or *to get hold of*. It also means *to drink, to eat, to take* a means of transportation and *to make* a decision.

Toma estas fotos de los tucanes de Iguazú; las saqué para ti.	***Here you have*** *these pictures of the Iguazú toucans; I took them for you.*
¿Quieres **tomar** el desayuno antes de salir a caminar?	*Do you want* ***to eat*** *breakfast before going for a walk?*
No, sólo quiero **tomarme** un café ahora.	*No, I only want [**to drink**] a cup of coffee now.*
Es mejor **tomar** el metro. Se siente menos la contaminación que yendo en autobús.	*It's better* ***to take*** *the subway. Pollution is worse if you go by bus.*
Es mejor que **tomes la decisión** hoy mismo.	*You better* ***make a decision*** *today.*

3. There are other expressions with *to take* in English that have different equivalents in Spanish. The following are the most common.

dar por seguro	*to take for granted*	**hacer un viaje**	*to take a trip*
dar un paseo	*to take a walk*	**llevar (mucho) tiempo**	*to take a long time*
echar una mirada	*to take a look*	**sacar fotos**	*to take photographs*
echarse una siesta	*to take a nap*	**tener lugar**	*to take place*

¿Cuánto tiempo **lleva hacer el viaje** por el río Amazonas?	*How long* ***will it take*** *us* ***to take the trip*** *on the Amazon River?*

4. **Traer** means *to bring* but is used in contrast with **llevar** (when **llevar** means *to bring*). As with **ir** and **venir**, the point of reference is the speaker, not the person spoken to.

Traje más depósitos grandes para reciclarlo todo.	***I brought*** *more big bins to recycle everything.*
Mañana nos vamos de excursión pero no sé qué **llevar**.	*We're going hiking tomorrow but I don't know what* ***to bring****.*

❖ A practicar

23. Las vacaciones de ayer y de hoy. En parejas, contesten las siguientes preguntas.

1. ¿Qué viajes hacías con tu familia cuando eras chico(a)? ¿Adónde iban? Para ir a estos lugares, ¿tomaban un avión, un tren o iban en auto? ¿Llevaban una máquina fotográfica o una filmadora? ¿Sacaban fotografías o tomaban películas? ¿De qué? ¿Qué otras cosas llevaban? ¿Te permitían tus padres llevar un amigo o amiga al viaje? ¿A quién llevabas?
2. Hoy, cuando haces un viaje de vacaciones, ¿vas con tu familia o con tus amigos? ¿En qué época viajas, en verano o en invierno? ¿Adónde vas? ¿Tomas un avión o vas en carro? ¿Cuántas maletas llevas? ¿Qué llevas en tus maletas? Durante las vacaciones, ¿haces excursiones? ¿Das un paseo por las tardes? ¿Tomas cerveza, sacas fotos, te echas unas siestas? ¿Qué más haces?

24. ¿Qué hacer? Escoja el verbo que complete correctamente la oración; recuerde que la persona que habla es el punto de referencia.

1. —Margarita, ya me llegó la información sobre el Parque Nacional de los Picos de Europa. ¿Quieres que (venga / vaya) a tu casa y la (lleve / traiga)?
2. —Para la excursión a las Cataratas de Iguazú es necesario que (tomemos / llevemos) una chaqueta impermeable porque vamos a (tomar / llevar / traer) una embarcación que se acerca mucho a la Garganta del Diablo.
3. —No puedo (tomarte / llevarte) al aeropuerto; es mejor que (tomes / lleves) el metro. Es cómodo y no (tomar / llevar) mucho tiempo en llegar allá.
4. —Voy a (tomar / dar) un paseo por el Jardín Botánico con Luis y Carlos. ¿Quieres (ir / venir) con nosotros?

25. Lo natural, ¿moda o necesidad? Con un(a) compañero(a) completen los diálogos con la forma correcta del verbo apropiado: **ir**, **venir**, **llevar (mucho / poco tiempo)**, **traer**, **tomar**, **hacer**.

1. —¿Por qué ____________ tantas cosas en la mano?
   —Es que no acepto bolsas de plástico en el mercado si puedo ____________ en la mano lo que compro.
   —Pero, es muy incómodo ____________ el autobús con tantas cosas en la mano.
2. —____________ a mi cuarto para mostrarte los cosméticos naturales que compré.
   —____________ en seguida. Pero, ¿por qué compras cosméticos naturales si son más caros?
   —Porque tienen poco alcohol y los laboratorios no experimentan con animales. ____________, prueba este bálsamo para los labios, tiene sabor de frambuesa.
3. —¿ ____________ al picnic del sábado?
   —Claro que sí. ¿Que puedo ____________?
   —Va a ser un picnic natural porque todos creemos en la agricultura ecológica. Puedes ____________ una ensalada de vegetales cultivados sin fertilizantes químicos ni insecticidas.
   —Está bien; cerca de mi casa hay un mercado biológico. Y para ____________ ¿qué ____________, agua mineral, refrescos o jugo?
   —____________ naranjas, bananos y una piña y haremos jugos naturales.
   —Ah, y no te olvides ____________ también tu plato, vaso y cubiertos porque no usamos nada plástico.

FINALMENTE

Para escuchar activamente

(⏩ Student tape, **Part III**)

Hay que prepararse

Cuando escuchamos un anuncio comercial sobre vacaciones o viajes nos podemos formar una idea del lugar que describe cuando ponemos atención a dos cosas:

- las frases introductorias del anuncio
- los nombres de algunos lugares o puntos que conviene visitar

1. Piense y escriba dos frases típicas de un anuncio sobre viajes.

2. Piense y escriba dos nombres de lugares o países que se pueden visitar en los siguientes casos.

playas tropicales	mar bellísimo	cordillera imponente
reservas naturales	ciudad enorme	río enorme
animales exóticos	reliquia colonial	

Buen entendedor

Ahora escuche la **Parte III** de su cinta tres veces.

⏩ 1. Fórmese una idea general.
⏩ 2. Anote el nombre del lugar que están describiendo.
⏩ 3. Anote tres visitas o excursiones que se pueden hacer y dé el nombre de los lugares.

Arriba, en las alturas de la ciudad inca de Machu Picchu, se puede comprender el orden y la estructura de las cosas.

Para escribir mejor

❖ Buen promotor

Prepare un anuncio que tenga gran poder de persuasión para atraer al público. Puede ser: (a) una invitación para que otros estudiantes se unan a su grupo ecologista / de acción comunitaria / de acción familiar que tiene un aspecto diferente a otro grupos universitarios, o (b) un anuncio comercial sobre una reserva natural / lugar / ciudad que ofrece un aspecto diferente que la gente pasa por alto a menudo.

1. Escriba dos o tres frases introductorias que puedan captar el interés de la persona que lee o escucha el anuncio. Elija la mejor frase.

POR EJEMPLO: ¿Cansado de / curioso por...? ¡Venga a / visite / vea el...!, donde nada es común... (*o*) ¡Aporte su granito de arena a su comunidad!

2. Describa al menos tres características o tres lugares, usando el vocabulario, adjetivos y expresiones aprendidas en este capítulo. (Por ejemplo: Al hablar de... a menudo pasamos por alto...)

3. Cierre con una frase superatractiva que refuerce el interés creado por el anuncio. (...lo espera con su gente / paisaje / ambiente / naturaleza diferente...)

4. ⏩ Grabe su anuncio en audio o videocinta y compártalo con sus compañeros(as). Recuerde que le puede agregar efectos visuales, musicales o de sonido.

Glosario

Sustantivos

aire *m.* air
afueras *f.* outskirts
(medio) ambiente *m.* environment, nature
árbol *m.* tree
(auto)bús *m.* bus
camión *m.* truck, bus (Mex.)
ciudad *f.* city
fábrica *f.* factory
locomoción colectiva *f.* public transportation
metro *m.* subway, tube
rascacielos *m.* skyscraper
torre *f.* tower
paisaje *m.* landscape
los Andes *m.* Andes Mountains
archipiélago *m.* archipelago
bosque *m.* woods, forest
clima *m.* climate
cordillera *m.* steep, high mountain range; sierra
costa (el litoral) *f.* coast, shore
isla *f.* island
lago *m.* lake
mar *m.* / *f.* sea
norte (noreste, noroeste) *m.* north (northeast, northwest)
río *m.* river
selva *f.* forest, jungle; **selva húmeda / de cemento** rain forest / urban jungle
sierra *f.* sierra, mountain range
subsuelo *m.* subsoil
suelo *m.* ground, soil
sur (sureste, suroeste) *m.* south (southeast, southwest)
reciclaje *m.* recycling
aguas servidas *f.* sewage
aluminio *m.* aluminum
botella *f.* bottle
cartón *m.* carton, corrugated material
cobre *m.* copper
depósito *(m.)* **certificado de depósito** certificate of deposit (CD)
hoja *f.* leaf
lata *f.* tin can; a bore
papel *m.* paper
plástico *m.* plastic
vidrio *m.* glass
contaminación *f.* pollution
basura *f.* trash
desecho *m.* refuse
desperdicio *m.* waste, refuse
escape del auto *m.* car exhaust
fertilizante químico *m.* chemical fertilizer
humo *m.* smoke

insecticida *m.* insecticide
pesticida *m.* pesticide
plato de papel *m.* paper plate
ruido *m.* noise

Adjetivos

bello(a) beautiful
caribeño(a) Caribbean
ensoñador(a) dreamlike
feísimo(a) extremely ugly
húmedo(a) humid, wet, damp
lavado *m.* wash
limpio(a) clean
lleno(a) full
pleno (centro) right downtown
puro(a) pure, clean
reciclable recyclable
reciclado(a) recycled
seco(a) dry
típico(a) typical

Adverbios

casi almost
demasiado too much

Conectivos

a fin de que so that
a menos que unless
antes (de) que before + *ing*
aunque although
con tal (de) que as long as, provided that
de hecho in fact
en caso (de) que in case
para que so that
por su parte in turn
por último lastly
sin que without

Verbos

acordarse to remember
apagar el ventilador to turn off the fan
aportar tu granito de arena to do one's part
averiguar to find out
bajar el volumen to lower the volume
cargarle a uno to dislike something
colaborar to collaborate, help
desperdiciar to waste; to dilapidate
disminuir el ruido to reduce the noise
encender el aire acondicionado to turn on the air conditioning
gustarle a uno to like something; to enjoy; to be pleased
limpiar to clean
llevar to carry, take; **llevar mucho / demasiado tiempo** to take too long
olvidarse to forget
participar to participate
proteger to protect
quemar hojas to burn leaves
reciclar to recycle
reparar (el escape) to repair (the exhaust)
sacar fotos to take photos, pictures
tirar la basura to throw out the trash
traer to bring

Conceptos del ambiente

combustibles fósiles *m.* non-renewable energy
desarrollo constante *m.* sustainable development
ecosustentabilidad *f.* sustainable development
efecto de invernadero *m.* greenhouse effect
emisión *(f.)* **de CO^2** CO^2 emission
energías alternativas *f. pl.* alternate energy sources
especies en extinción *f. pl.* species in extinction
fuentes renovables de energía *f. pl.* (renewable) sources of energy
lluvia ácida *f.* acid rain

Expresiones impersonales

es bueno (malo / mejor) que it is good (bad / better) that
es cierto que it is true that
es dudoso que it is doubtful that
es fantástico que it is fantastic that
es indispensable que it is absolutely necessary that
es lógico que it is logical that
es necesario que it is necessary that
es normal que it is normal that
es posible que it is possible that
es preciso que it is absolutely necessary that
(no) es seguro que it is (not) certain that
es tradicional que it is traditional that
es una lástima que it is a pity that

Expresiones de buenos deseos

¡que te diviertas (se diviertan)! have a good time!
¡que te mejores (se mejoren)! get well!
ojalá que I / you wish that
¡que lo pases (pasen) bien! have a good time!
quizás perhaps
¡que salgas (salgan) bien en el examen! may you do well on the test!
¡que seas (sean) felices! may you be happy!
tal vez maybe, perhaps
¡que te (les) vaya bien! good luck, may you do well!

Vocabulario adicional

albatros *m.* albatross
alcatraz *m.* gannet, pelican
atmósfera *f.* atmosphere
avenida *f.* avenue
cabra *f.* goat
campo *m.* country, field
cerdo *m.* pork
cormorán *m.* cormorant
flor *f.* flower
gato *m.* cat
guardaparques *m.* park ranger
guardabosques *m.* forest ranger
iguana *f.* iguana
león marino *m.* sea lion
mesón *m.* counter
pájaro *m.* bird
peligro *m.* danger
piso *m.* floor
rata *f.* rat
tortuga *f.* turtle

Autoprueba

Repase este capítulo y después haga esta prueba para ver qué más necesita estudiar.

❖ I. Cultura hispana

A. Complete las siguientes frases según lo que estudió en este capítulo.

1. Los países hispanos tratan de conservar en estado virgen algunas partes de su territorio. Por ejemplo, ...
2. La Ciudad de México es enorme. Allí es muy difícil controlar...
3. El ecoturismo nació en las Galápagos. Éste es un tipo de turismo especial en que los turistas...
4. A menudo se pasa por alto la Colombia caribeña, donde...
5. España firmó un acuerdo de mejoramiento de la calidad del aire. Por eso, en España...

❖ II. Vocabulario y lectura

B. Complete esta ficha personal con todos sus datos personales. Luego, complétela con los datos de un(a) compañero(a) de la clase de español.

Ficha turística

Nombre completo: ______________________ Edad: ______________

Ocupación: ______________ ¿Qué carrera sigue? ______________________

Vacunas: tétano (sí/no) hepatitis (sí/no) influenza (sí/no)

malaria (sí/no) ? (sí/no)

¿Quiere hacer ejercicio durante las vacaciones? (sí/no) (1/2/3/4 veces a la semana)

Deportes que quiere hacer: 1. ________ 3. ________

(en orden de preferencia) 2. ________ 4. ________

¿Desea dar paseos por la ciudad? (sí/no) ¿Desea dar paseos en coche por la ciudad vieja? (sí/no)

¿Desea visitar las fortalezas y castillos antiguos? (sí/no) ¿Desea conocer las islas? (sí/no)

¿Desea visitar el barrio comercial y financiero? (sí/no) ¿Desea subir a la cordillera? (sí/no)

¿Desea menú vegetariano? (sí/no) ¿Consume mariscos y pescados? (sí/no)

¿Consume carne de cerdo (puerco)? (sí/no) ¿Desea probar la comida típica? (sí/no)

Para asignarle un (a) compañero (a) de habitación:

¿Ud. fuma? (sí/no) Aunque esté cansado (a), ¿Ud. sale por la noche? (sí/no)

¿Cóme es Ud.? tranquilo(a)/nervioso(a)/inquieto(a)/estresado(a)/sano(a)/aventurero(a)/soñador(a)...

¿Cómo es Ud.? me levanto temprano/tarde; me acuesto temprano/tarde; me molesta mucho el ruido

Para elegir el mejor lugar para Ud.:

¿Le gusta el clima seco o húmedo? ¿Le gusta la costa o la sierra?

¿Qué paisaje prefiere? flores y avenidas árboles y campo costa y mar azul

cordillera y frío puerto marino o fluvial aire puro o atmósfera de ciudad

lago o río el ruido o el silencio desierto o valle verde

C. Dé dos palabras en español, que estén asociadas en este capítulo a cada una de las siguientes. Pueden ser sustantivos, adjetivos, verbos o expresiones.

1. Colombia caribeña
2. ruido de ciudad
3. reserva natural
4. botella
5. disminuir
6. humo
7. aire puro
8. feísimo
9. aportar
10. vidrio
11. fábrica
12. ojalá
13. reciclaje
14. es dudoso
15. sacar

D. Lea lo siguiente y conteste las preguntas. Use lo que sabe de temas del ambiente y del paisaje, el vocabulario que aprendió y las palabras derivadas y cognadas que pueda reconocer.

Su casa puede ser una fuente de contaminación

En realidad, cuando pensamos en nuestra casa o apartamento, casi siempre decimos que éste es el lugar más seguro de todos. Desgraciadamente, a menudo pasamos por alto el hecho de que en nuestro hogar (casa) también hay muchos peligros. Por ejemplo, la televisión nos informa de múltiples robos todos los días. Por eso, en muchísimas casas se instalan puertas de metal, luces activadas por el movimiento o por la emisión de calor de los cuerpos y sirenas de alarma que anuncian algo anormal cuando se apaga el circuito eléctrico que controlan.

Puede que nuestro hogar también sea fuente de productos tóxicos. Por ejemplo, en zonas húmedas por cercanía al mar, un lago o una bahía, la cantidad de humedad en el interior de casas y apartamentos es signicativamente alta y puede producir no sólo el deterioro de baños, muebles y ropas, sino que también puede afectar a las personas con problemas respiratorios. Entonces se usan deshumidificadores para que disminuya la humedad. Desgraciadamente, éstos siempre son una fuente de producción y absorción de bacterias, mohos, virus, a menos que Ud. se preocupe de limpiarlo frecuentemente.

Otra fuente de contaminación impensada por nosotros es producida por la ropa que traemos de la tintorería. La ropa "limpia" emite vapores de los productos químicos que se usaron para lavarla o limpiarla al seco. En los edificios, también hay frecuentes escapes de gases provenientes de las fibras de los pisos de asbestos o cerámica y de los materiales aislantes.

Por su parte, los barnices y pinturas que guardamos en los sótanos o que usamos en nuestros pasatiempos para pintar o barnizar aviones o barcos en miniatura, también son una fuente productora de gases, igual que los insecticidas y pesticidas que usamos periódicamente en los jardines.

Por último, es una tremenda lástima que nuestros pasatiempos favoritos, como las miniaturas y el cultivo de plantas y flores ornamentales, puedan causarnos problemas de salud. Lo mismo pasa con los gases del automóvil, del cual prácticamente dependemos para la vida diaria y para llegar hasta nuestro lugar de trabajo. Por eso es que deseamos que pronto la ciencia, en conjunto con la tecnología, sean capaces de reemplazar los productos y artefactos tóxicos por otros no dañinos.

Información tomada de "Su casa puede ser una fuente de contaminación", *Buenhogar*, año 29, Nº 8, 19 de abril de 1994, pág. 84.

1. Adivine el significado de 12 de estas expresiones, usando el contexto en que aparecen.

robo	vapores	avión en miniatura
movimiento	limpiar al seco	plantas ornamentales
emisión de calor	materiales aislantes	vida diaria
anormal	pasatiempos	en conjunto con
deshumidificadores	barnizar	no dañinos
impensada	lugar de trabajo	reemplazar

2. ¿Qué productos tóxicos son comunes en las casas o apartamentos?
3. Explique qué problemas produce la ropa "limpia".
4. ¿Qué puede pasar cuando el escape del auto no funciona bien?
5. Se dice que los deshumidificadores son fuente de contaminación. ¿Qué otros aparatos o artefactos de la casa pueden producir contaminación también?

❖ III. Gramática

E. Escriba al menos una forma de subjuntivo con cambio ortográfico de los siguientes verbos.

empezar	averiguar	organizar	disminuir	elegir	sacar
apagar	tocar	llegar	proteger	buscar	exigir

F. Use los elementos dados para escribir preguntas y posibles respuestas para conversar con sus compañeros(as). Use palabras interrogativas apropiadas y la forma correcta de los verbos en subjuntivo cuando sea necesario.

1. ¿Adónde / ir /este verano?	A... con tal de que...
2. ¿Averiguar / quién / ir a... / para las vacaciones?	Es dudoso que...
3. ¿Saber / ya / dónde / trabajar / en julio?	Ojalá que...
4. ¿Es posible que / la universidad / organizar / grupo verde?	No es seguro que...
5. ¿Qué / querer / tus padres / que tú / estudiar?	Prefieren que...
6. ¿Qué / creer / tú / es conveniente / que la comunidad / disminuir?	Pienso que es conveniente que...
7. ¿Qué / creer / tú / es indispensable / que la comunidad / no desperdiciar?	Es indispensable que todos no...
8. ¿Qué / creer / tú / es lógico / que la comunidad / reciclar más?	Es lógico que nosotros...

G. Escriba tres consejos para sus amigos. No se olvide de usar formas del subjuntivo de los verbos aprendidos en este capítulo. Por ejemplo, Ud. puede darles tres reglas fáciles para vivir feliz en la residencia o tres reglas para mantener limpio el apartamento o el cuarto.

POR EJEMPLO: Si no quieren tener conflictos serios, **es mejor que apaguen** la luz **antes de que sea** la una de la mañana.

❖ IV. Redacción

H. En la reserva forestal. Escriba lo que les dice el guardaparques a los visitantes de la Reserva de Monteverde.

1. El guardaparques explica qué cosas no se pueden hacer en Monteverde. (Señores y señoras, en este lugar, está prohibido que los turistas... / no queremos que los visitantes... / no está permitido que... / lástima que no...)
2. Luego, él dice lo que sí se puede hacer en la reserva. (Está permitido que... / Es importante que... / Ojalá que... / Quizás...)
3. En seguida, los ecoturistas le preguntan si pueden hacer ciertas cosas. (¿Está permitido que / Es posible que (nosotros) sacar fotos / observar a los animales / alimentar a los animales...?)
4. Finalmente, explique la importancia de proteger esta reserva como patrimonio de toda la humanidad. (Es vital que... / Es absolutamente necesario que... / La Organización... sugiere que... / Yo también quiero aportar mi granito de arena, por eso sugiero que...)

❖ V. Destreza oral

I. Prepare una conversación entre dos estudiantes universitarios y una autoridad de la ciudad o de la universidad. Hay un problema de contaminación ambiental en unos edificios por falta de mantención adecuada y los estudiantes se quejan y piden una solución. Preparen preguntas y respuestas posibles para las tres personas que se van a reunir. Usen el vocabulario, las expresiones y el subjuntivo aprendidos en este capítulo. Su instructor(a) les asignará un papel a cada uno(a), cuando se presenten a la prueba oral.

Capítulo 7

Pablo Picasso (1881–1973), el gran pintor español, pintó este cuadro a principios de siglo, pero como esta mujer es tan moderna, si viviera todavía la podría pintar otra vez, ¿verdad?

Artes y letras

Objetivos: En este capítulo, va a aprender a describir algunas cosas que podría hacer o que podrían ocurrir, a hablar de distintos tipos de arte y a conversar con sus compañeros(as) sobre películas, libros y otras obras de arte.

Tema: Las letras y las artes escénicas y plásticas hispanas. Tendencias actuales.

Gramática: El pasado imperfecto del subjuntivo. El condicional.

Cultura: El hemisferio proyecta una nueva imagen. El realismo mágico en García Márquez.

PARA COMENZAR

Y Ud., ¿qué dice? (Student tape, **Parte I**)

ELENA: Como nadie me ofreció nada interesante para el verano, pensé, ¿qué tal si empezara a leer alguna novela o unos cuentos, si por fin fuera a los museos para saber más de pintura y escultura? Y eso fue lo que hice; ahora, por lo menos, sé algo.

CARLOS: ¡Qué bien, Elenita! Hay que combinar el ejercicio físico con el ejercicio espiritual. Por lo menos, así dice mi papá. ¿Y saben qué?, que ahora que he estado en Iquitos y en la Amazonía, y luego en Machu Picchu, en lo alto de los Andes peruanos, puedo entender mejor al profesor de literatura latinoamericana cuando nos explicaba lo real maravilloso. La vida es casi irreal en esa parte del mundo.

TOMÁS: Ya pues, te pusiste difícil. ¿Por qué no haces el favor de explicar? ¿Qué es eso de lo real maravilloso?

MAGALY: Sí, sí, por favor.

CARLOS: Si no es nada del otro mundo; si es la técnica que usó García Márquez en *Cien años de soledad*... Miren, hasta donde yo sé, consiste en describir la naturaleza y la gente de un modo exaltado, exagerado, que va más allá de lo real, pero que todavía se puede creer. El escritor inventa un mundo maravilloso, pero no imposible. Las cosas y la gente están como suspendidas en su propio tiempo y en su propio mundo y...

TOMÁS: ¡Anda! Bueno, pero y... Éste, bueno; yo no entendí nada. ¿Y tú, Magaly?

MAGALY: ¡Mejor le pregunto al profesor!

❖ Agua, chocolate y un amor difícil

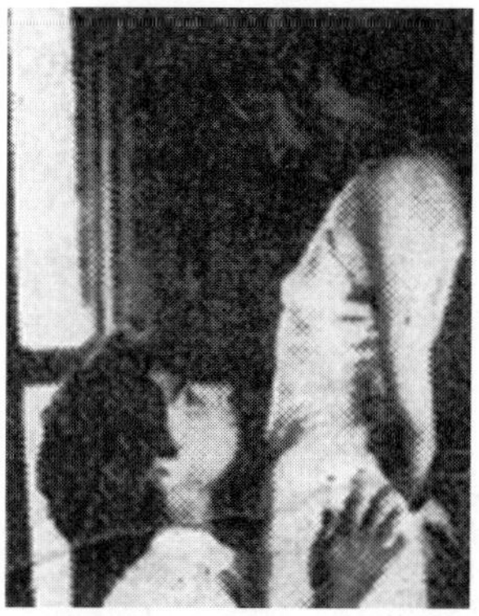

Entre sabrosos caldos de colitas de res, exquisitas torrejas de nata y unos chiles en nogada para chuparse los dedos, pasa la vida de Tita, la **protagonista** de *Como agua para chocolate*, una de las películas mexicanas más exitosas de la historia. A caballo entre dos siglos y teniendo como escenario Texas y Coahuila durante la época revolucionaria, Tita es obligada a renunciar al amor de su vida, Pedro, para cuidar a su tirana madre, Elena. Pedro se casaría con la hermana mayor de la **heroína** para estar cerca de Tita, y ésta dedicaría toda su pasión a la cocina.

Como agua para chocolate, el sexto **largometraje**° de Alfonso Arau, costó sólo un millón de dólares, ganó el doble en México y compitió el año pasado por el Oscar. Premiada con diez Arieles (el Oscar mexicano) y con reconocimientos internacionales, *Como agua para chocolate* fue rechazada por la crítica, que de cocina y cine sabe, por lo visto, poco. Pero conquistó al público estadounidense que la siguió fielmente durante cuatro meses de exhibición cinematográfica, antes de comenzar a circular en video.

°*película*

En los **papeles principales**° aparecieron Marco Leonardi, Lumi Cavazos y Regina Torné y la fotografía es de Emmanuel Lubezki y Steve Bernstein, quienes lograron producir el **realismo mágico** que deseaba el director para ligar° su película con la literatura latinoamericana.

main roles / *relacionar*

El **argumento**° se basa en la primera novela de la esposa del director, Laura Esquivel, la que ha sido traducida a quince idiomas en veinticinco países. Laura Esquivel, quien también escribió el **guión**° de la película, es una educadora especializada en teatro infantil. Ella concibió este libro como "una novela rosa de entregas mensuales, con recetas, amores y remedios caseros". Todos los capítulos empiezan con una fórmula gastronómica.

la historia / *el diálogo*

Tomado de "Agua, chocolate y un amor difícil" por Luis Tapia, *Más*, marzo de 1993, pág. 59.

❖ Ahora es su turno

1. Comprensión. Vuelva a leer la conversación y la reseña de una película muy popular y, con un(a) compañero(a), escriban las respuestas a las siguientes preguntas.

1. ¿Qué se le ocurrió hacer a Elena en el verano? ¿Por qué se dedicó a estas cosas?
2. ¿Qué puede entender mejor Carlos después de su viaje? ¿Por qué lo entiende mejor?
3. ¿Qué es el realismo mágico, según la explicación de Carlos?
4. ¿Les interesa el cine como arte o como entretención? ¿Por qué?
5. ¿Qué películas basadas en novelas han visto? ¿Han leído también las novelas? ¿Qué les gustó más, la película o el libro? ¿Por qué?
6. ¿Por qué dice el autor del artículo que los críticos no saben nada ni de cine ni de cocina?
7. Den por lo menos dos razones del éxito de la película *Como agua para chocolate*.
8. ¿Han visto alguna película española o hispanoamericana? ¿Conocen a algunos actores o actrices hispanos?

2. Aplicación. Con un(a) compañero(a) escriban dos párrafos sobre una película basada en una novela. Cuenten un poco del argumento y describan lo más importante acerca de los protagonistas.

Noticiero cultural

❖ El hemisferio proyecta una nueva imagen

El Cuarto Festival Cinematográfico de las Américas refleja un cambio de rumbo° en la historia del cine de América Latina. Si bien° persisten los temas de la represión política y la intolerancia, los directores contemporáneos se enfrentan a nuevos temas relacionados con la creciente libertad en países que hasta hace poco tenían dictaduras militares.

dirección / aunque

Las películas exhibidas fueron tan diversas como los productores que las hicieron y como los países donde fueron rodadas°. Mostraron a **personajes**° en lucha por la independencia y también en el doloroso proceso de análisis del difícil pasado latinoamericano. Una de las películas más populares del festival, *La luna en el espejo*, explora las incertidumbres° que plantea la reciente recuperación de las libertades en América Latina. En esta película, el director chileno Silvio Caiozzi se pregunta si es posible que la gente reconstruya su espíritu después de muchos años de opresión. Para Caiozzi, *La luna en el espejo* representa una fase de transición. "Estamos empezando a producir películas que tienen un buen valor social pero que carecen del° sombrío contenido político de tantas **obras** (películas, libros, obras de arte) de los decenios anteriores", dice.

filmadas
characters
uncertainties
no tienen

Otro tema que cobra impulso en el cine latinoamericano es el análisis del papel de la mujer en la sociedad. La directora argentina María Luisa Bemberg relata en *Yo, la peor de todas* la vida de la famosa poetisa del siglo XVII Sor Juana Inés de la Cruz, quien a los 20 años entró en un convento como única forma de canalizar su espíritu creativo. En *A flor de piel*, de Marcos Zurinaga, una próspera mujer puertorriqueña abandona una vida llena de comodidades para dedicarse a ayudar a mujeres violadas y maltratadas.

Si el éxito del festival anuncia en alguna medida el futuro del cine latinoamericano, el mundo puede esperar una gran cantidad de obras de poderosas imágenes.

Tomado de "El hemisferio proyecta una nueva imagen" por Marcela Kogan, *Américas*, Vol. 42, Nº 5, 1990, págs. 56–57.

¿Qué opina Ud.?

Con la ayuda de uno(a) o dos compañeros(as), complete el siguiente párrafo sobre el nuevo cine latinoamericano.

No, no es que los temas sobre la ____________ y la intolerancia no ____________ importantes para un cortometraje o un ____________; sí lo son. Lo importante es que hoy en día los ____________ de películas introduzcan temas más positivos, gracias a la mayor ____________ y a la creciente prosperidad económica de que están gozando los ____________ latinoamericanos. Esto no sólo es ____________ para la imagen que proyecten estos países, sino que también abre las puertas a una mayor variedad de ____________, de argumentos y de papeles para los ____________ hispanoamericanos.

Frida Kahlo, pintora mexicana, posa aquí con su rebozo cuando era joven. Después de muerta, fue descubierta por los coleccionistas, quienes pagan ahora millones de dólares por sus autorretratos. Frida era la mujer de Diego Rivera, el famoso muralista.

Plácido Domingo, tenor español, es famoso por su hermosa voz y su profesionalismo. No hay duda de que la televisión y la incomparable calidad de los modernos equipos de música y de los discos compactos y de láser han contribuido mucho a su popularidad.

Vocabulario

❖ A. Para hablar de cine y televisión, pintura, libros y arte

Por lo general, los artistas no ganan mucho dinero, pero...

- el escritor García Márquez es de nivel mundial.
- el cineasta Robert Rodríguez es famoso.
- la diseñadora Carolina Herrera sí gana muchísimo.
- la cantante Gloria Estefan sí que es millonaria.
- la pintora Frida Kahlo está de moda ahora.
- el bailarín Maximiliano Guerra tiene mucho éxito.
- la actriz Conchita Ferrer es célebre en Broadway.
- el actor Raúl Juliá era muy querido.
- el cantante Plácido Domingo es millonario.
- el muralista Diego Rivera es muy conocido.

¿Vamos al museo?	Hay una exposición de... ...cuadros impresionistas (cubistas / modernistas). ...fotografías en blanco y negro. ...diseños de muebles modernos. ...obras barrocas. ...cerámicas mexicanas. ...esculturas nuevas. ...antigüedades. Hay una función de... ...cine argentino (español / mexicano). ...música cubana (venezolana / colombiana). ...ballet clásico (folclórico / moderno).
¿Qué película están dando en el Cinema 12?	Hay varias. ¿Te gustaría... ...una de terror o un drama? ...una de guerra o una policial? ...una de amor o una musical? ...una del oeste o una histórica? ...una de aventuras o una comedia? ...una del espacio o una documental?
¿Quiénes son tus artistas preferidos?	El rompecorazones Andy García. ¡Es tan guapo! Me encanta Jodi Foster. También es directora. Tom Hanks; hizo muy bien el papel de Forrest Gump. Steve Martin, ¡qué risa! Winona Ryder y la española, Victoria Abril.

❖ B. Mi secreto

Más expresiones para charlar con amigos(as), diciendo toda la verdad.

¿Te gusta la poesía?	Claro, los poemas de amor de Neruda. ¿Estás loco? Eso es para la gente romántica. Ni hablar. Yo no sé nada de poesía. Prefiero leer cuentos o novelas.
¿Tienes alguna inclinación artística?	Colecciono discos de jazz (música popular / rock). Toco la guitarra (la flauta / el violín / el piano). ¡Claro! Toco el timbre de tu puerta, ja, ja... Mi pasión es la pintura (la escultura / la cerámica). Ni modo; soy negado(a) para el arte.
¿Viste alguna película buena este verano?	No, no vi ninguno de los estrenos. No, voy a esperar los videos. No, sólo vi videos viejos.

❖ A practicar

3. Ni modo. Complete las siguientes frases con el nombre de un artista, según el contexto.

POR EJEMPLO: No me interesan ni las telas ni los colores ni la moda, así es que no puedo ser **diseñador**.

1. No creo que yo pueda ser ____________ porque no sé pintar.
2. No tengo inclinación por el cine, entonces no puedo ser ____________.
3. Pero, para ser justos, me encanta el ballet y podría ser ____________.
4. También podría ser ____________ porque me encanta cantar y tengo buena voz.
5. Como me gusta leer y escribir creo que además podría ser ____________. Podría escribir guiones de películas.

4. ¿En qué películas trabajaron? Diga en qué películas actuaron los siguientes artistas de cine. Indique también qué tipo de película es.

POR EJEMPLO: Victoria Abril trabajó en *Mujeres al borde de un ataque de nervios*; era una comedia / estupenda.

Antonio Banderas	*El fugitivo*
Tom Hanks	*El padrino*
Meryl Streep	*Desperado*
Wynona Ryder	*El color del dinero*
Demi Moore	*Mujercitas*
Steve Martin	*Filadelfia*
Al Pacino	*La casa de los espíritus*
Tom Cruise	*El padre de la novia*
Harrison Ford	*Una proposición indecente*

5. Cartelera semestral. A nadie le gusta ver una película difícil en época de exámenes finales, ¿verdad? Entonces, diga qué tipo de películas o funciones prefiere en las siguientes oportunidades.

POR EJEMPLO: Por lo general, los jueves por la noche vemos una película romántica (musical / policial).
Cuando tenemos un proyecto difícil, prefiero una función de música folclórica (de jazz).

1. a principios de semestre / trimestre
2. cuando hay muchas tareas
3. los viernes por la noche
4. antes de una prueba
5. después de las pruebas
6. antes de los exámenes
7. entre un examen y otro
8. después de los exámenes
9. los sábados
10. los domingos
11. a finales de trimestre
12. un día feriado

6. ¿Qué viste este fin de semana? Prepare tres preguntas para un(a) compañero(a) sobre las películas, videos o exposiciones que ha visto recientemente. En seguida, entreviste a su compañero(a) y cuéntele a la clase qué dijo. Siga el modelo.

POR EJEMPLO: ¿Qué viste / hiciste este fin de semana? ¿En qué cine están dando...? ¿Con quién fuiste?
Vi un estreno / una película vieja / una exposición... en el teatro... Fui con mis amigas y...

7. Soy negado(a) para el arte. Piense en una persona conocida o en su propio caso y explique en un párrafo por qué no tiene inclinaciones artísticas y qué otra cosa prefiere hacer. Siga el modelo.

POR EJEMPLO: Por lo general, a mí no me / a Marta no le interesa ni la música clásica ni... Por el contrario, me / le gustan más los deportes / las aventuras y también los... Por supuesto, aunque no tenga inclinaciones artísticas, me / le gusta ir al cine y también ver...

❖ C. Más sobre cine y televisión, pintura, libros y arte

Las siguientes frases interrogativas y sus respuestas le servirán para hacer buenas preguntas y también para escribir bien.

¿Qué lees?	Revistas y novelas. Ciencia ficción y ¡manuales de computadoras! Novelas rosas y policiales solamente. Novelas de terror. ¡Me encanta King! No leo nada; apenas tengo tiempo para estudiar y trabajar.
¿Te gustaría ir al cine conmigo esta noche?	Claro que iría, pero ¿a qué hora? Sí, claro. ¿Qué están dando? ¡Ay, no puedo! Tengo que leer. Mejor el sábado. Hoy, no; hay una conferencia sobre Frida Kahlo.

❖ A practicar

8. Para saber invitar. Con un(a) compañero(a), clasifiquen las frases del vocabulario y de **¿Y Ud. qué dice?** (página 219) como invitaciones, excusas o confirmaciones para salir.

POR EJEMPLO: *Invitaciones:* ¿Por qué no vamos a...? Hay una...
Excusas: ¡Ay!, fíjate que tengo que... Hoy no puedo, ¿podríamos ir el...?
Confirmaciones: Pero, claro que sí. Sí, claro, ¿qué exposición hay?

9. ¿Por qué no salimos esta noche? Usando las frases que clasificaron en la actividad anterior, con un compañero(a), escriban una conversación entre tres amigos(as) que quieren salir juntos. Sigan el ejemplo.

POR EJEMPLO: JIM: Oigan, chicos. ¿Por qué no vamos a... ?
JON: Claro que sí. ¿A qué hora...?
ANN: ¡Ay!, fíjate que... . ¿Podríamos ir el...?

10. Por si acaso. Imagínese que lo(la) van a entrevistar para un trabajo y que Ud. quiere hacer un buen papel. Prepare una breve descripción de lo que le gusta hacer en su tiempo libre; recuerde que tiene que impresionar bien al entrevistador. Siga el ejemplo.

POR EJEMPLO: Mi pasión es la arquitectura (la pintura impresionista / la literatura moderna), por eso me encanta ir a las exposiciones (conferencias / reuniones) que hay en la universidad (el teatro / el museo) a veces. Mi diseñador(a) (pintor(a) / escritor(a)/ director(a)...) preferido es... Sus obras más importantes son...

11. Inspector cultural. Escriba un breve informe de las preferencias literarias de sus amigos. Mire en sus habitaciones y fíjese qué material de lectura puede verse ahí. Clasifique el material en grupos y luego escriba un resumen. Siga el modelo.

POR EJEMPLO: Me parece que, por lo general, mis amigos leen mucho / poco, porque vi alrededor de 5 (15 / 25) libros y revistas en cada habitación. Predominan las revistas de deportes (gente famosa / TV y telenovelas / la casa y decoración / la salud y dietas...). En cuanto a libros, muchos chicos leen... y las chicas prefieren... Yo mismo, a veces leo... y también... Por supuesto, todos tenemos que leer los libros y manuales obligatorios para nuestras clases, pero eso no es entretención.

Noticiero cultural

El realismo mágico en García Márquez

Sin lugar a dudas, *Cien años de soledad*, que apareciera en 1967, es una de las novelas cumbres° de la literatura universal y un ejemplar magnífico de las técnicas del realismo mágico. García Márquez crea en este libro un mundo imaginario muy cercano al mundo real, pero borra con gran maestría la frontera entre los dos. Por supuesto, el lugar donde transcurre la historia es el imaginario pueblo de Macondo y parece que en Macondo pudiera ocurrir cualquier cosa: prodigios y milagros, nacimientos y muertes, ascensiones al cielo y apariciones y, por eso, el mundo es el pueblo y todo lo que pasa fuera de él pierde consistencia. El **narrador** es siempre una voz sin compromisos, creíble y amistosa, que nunca se sorprende cuando, por ejemplo, los fantasmas duermen como los vivos o los vivos levantan el vuelo° como si fueran fantasmas o los humanos tienen características de animales.

cumbres: más importantes

levantan el vuelo: take off

"Una tía de Ursula, casada con un tío de José Arcadio Buendía, tuvo un hijo que pasó toda la vida con unos pantalones englobados y flojos, y que murió desangrado después de haber vivido cuarenta y dos años en el más puro estado de virginidad, porque nació y creció con una cola cartilaginosa en forma de tirabuzón y con una escobilla de pelos en la punta." (pág. 25)

Gabriel García Márquez, *Cien años de soledad*, 32ª ed., Buenos Aires: Editorial Sudamericana, 1972.

SIGAMOS ADELANTE

Para leer mejor

1. ¿Qué importancia tienen para usted el cine y los medios de comunicación? Apruebe o desapruebe las siguientes afirmaciones y explique por qué las acepta (**A**) o las rechaza (**R**).

1. _____ El cine debe ser motivo de diversión y no de depresión.
2. _____ El cine nacional representa muy bien la cultura de un país.
3. _____ Las películas extranjeras tienden a representar estereotipos culturales.
4. _____ Las mejores películas son las que tratan temas universales, no locales.
5. _____ El papel de la mujer en la sociedad está bien analizado en el cine actual.
6. _____ La mujer no es tan explotada como la presentan el cine y la televisión de hoy en día.
7. _____ Los medios de comunicación° son culpables, en parte, de los estereotipos culturales. *the media*
8. _____ El cine y la televisión sólo muestran la violencia de la sociedad; no creo que contribuyan a aumentarla.
9. _____ El cine, la televisión y otros medios de comunicación presentan una imagen distorsionada de la realidad.

2. Buen lector. Ahora mire el cuento en silencio y trate de adivinar la idea principal de la narración; no traduzca palabra por palabra. Las siguientes técnicas le pueden ayudar.

Formato. Mire el cuento y vea qué estructura tiene: narración de un evento y sus consecuencias, descripción de un personaje, descripción de los sentimientos de un personaje.

Uso de un diccionario. Si le interesa alguna palabra en especial, Ud. puede usar el diccionario. Recuerde que debe leer todos los significados que aparezcan y elegir el que mejor se adapte al contexto. Hay algunas palabras del cuento que tienen el significado en el margen en inglés o en español.

Palabras asociadas. Tiene que tratar de comprender las series de palabras asociadas que ayudan a completar una descripción. Por lo general, estos términos asociados vienen de una misma palabra o están muy relacionados con ella; tome nota. Mire el cuento y complete las siguientes series.

1. Para confirmar que don Pepe estaba **muerto**:

   murió → había muerto → cadáver → ______________ → no se estaba haciendo el ______________ → entierro → hubiera muerto

2. Para describir a **don Pepe antes** del funeral:

   muy bien afeitado → vestido de ______________ → ______________ → tenía un buen semblante → nunca pareció tan ______________ → era el mismo → oyendo misa de ocho → tenía un ______________

3. Para describir la **reacción de la gente**:

   todo el mundo se sintió vengado → varias horas para que ______________ → muchos lo seguían ______________ → fue preciso que ______________ → el pueblo ______________ → increíble que hubiera ______________ → todo el mundo esperaba que ______________ → sólo asistieron ______________ → no se recibieron coronas (de flores), sólo de ______________ → los hijos no prometían regresar

4. Para describir la **reacción de la viuda**:

   no se sintió vengada → estaba segura de verlo ______________ → pero se equivocó → esperaba que todo el pueblo ______________ → que la casa fuera ______________ → conoció por primera vez el sabor de un ______________

5. Para establecer **el contraste** entre lo esperado y lo que sucedió (términos negativos):

   menos la viuda → pero → nunca pareció ______________ → sólo que → menos ______________ → mientras → apenas en unos detalles → pero → ______________ → más coronas que → ninguno ______________ → no quiero saber nada más de este mundo

Gabriel García Márquez (1928–). Este famoso cuentista y novelista colombiano, nació en Aracataca, un pequeño pueblo de la costa del Caribe, y vivió allí con sus abuelos maternos hasta los ocho años. Con sus recuerdos y las anécdotas de la gente del pueblo, creó más tarde el mítico pueblo de Macondo y la famosa familia Buendía. Su monumental novela, *Cien años de soledad*, relata la historia de esta familia imaginaria. García Márquez ganó el Premio Nóbel en 1982 por una obra conocida y admirada en todo el mundo. "La viuda de Montiel" es uno de los cuentos de su colección *Los funerales de la Mamá Grande*, publicada en 1962. Le presentamos un fragmento de este cuento.

La gente lo conoce como don Gabo o como García Márquez, el escritor colombiano. Sea como sea, sus páginas son monumentos en la literatura hispana.

La viuda° de Montiel

widow

Cuando murió don José Montiel, todo el mundo se sintió vengado, menos su viuda; pero se necesitaron varias horas para que todo el mundo creyera que en verdad había muerto. Muchos lo seguían poniendo en duda después de ver el cadáver en cámara ardiente, embutido con almohadas y sábanas de lino dentro de una caja amarilla y abombada como un melón. Estaba muy bien afeitado, vestido de blanco y con botas de charol, y tenía un buen semblante que nunca pareció tan vivo como entonces. Era el mismo don Chepe Montiel de los domingos, oyendo misa de ocho, sólo que en lugar de la fusta° tenía un crucifijo entre las manos. Fue preciso que atornillaran la tapa del ataúd° y que lo emparedaran en el aparatoso mausoleo familiar, para que el pueblo entero se convenciera de que no se estaba haciendo° el muerto.

whip
casket
faking

Después del entierro, lo único que a todos pareció increíble, menos a su viuda, fue que José Montiel hubiera muerto de muerte natural. Mientras° todo el mundo esperaba que lo acribillaran por la espalda en una emboscada, su viuda estaba segura de verlo morir de viejo en su cama, confesado y sin agonía, como un santo moderno. Se equivocó apenas en algunos detalles. José Montiel murió en su hamaca, un miércoles a las dos de la tarde, a consecuencia de la rabieta° que el médico le había prohibido. Pero su esposa esperaba también que todo el pueblo asistiera al entierro y que la casa fuera pequeña para recibir tantas flores. Sin embargo, sólo asistieron sus copartidarios y las congregaciones religiosas, y no se recibieron más coronas° que las de la administración municipal. Su hijo —desde su puesto consular de Alemania— y sus dos hijas desde París, mandaron telegramas de tres páginas. Se veía que los habían redactado de pie, con la tinta multitudinaria de la oficina de correos, y que habían roto muchos formularios antes de encontrar 20 dólares de palabras. Ninguno prometía regresar. Aquella noche, a los 62 años, mientra lloraba contra la almohada en que recostó la cabeza el hombre que la había hecho feliz, la viuda de Montiel conoció por primera vez el sabor de un resentimiento. "Me encerraré para siempre", pensaba. "Para mí, es como si me hubieran metido en el mismo cajón° de José Montiel. No quiero saber nada más de este mundo." Era sincera.

aunque
fit, tantrum
wreaths
ataúd

Gabriel García Márquez, "La viuda de Montiel" (fragmento) *Los funerales de la Mamá Grande*, Barcelona: Bruguera, Libro amigo, 1974, págs. 77–86.

---

3. ¿Cómo lo dijo? Con otro(a) compañero(a), busquen en el cuento cómo expresó García Márquez las siguientes cosas.

1. todo el mundo se sintió feliz, bien recompensado
2. muchos no lo creían aunque vieron el cadáver
3. parecía que estaba vivo, no tenía cara de muerto
4. tuvieron que cerrar la tapa del ataúd para confirmar su muerte
5. tuvieron que ponerlo en su tumba, en el mausoleo de la familia, para que creyeran que estaba muerto
6. todo el mundo esperaba que lo mataran por la espalda, que lo asesinaran
7. la predicción de la viuda estaba mal en algunos detalles
8. el hijo era cónsul de Colombia en Alemania
9. los hijos habían escrito los telegramas para su madre de pie en la oficina de correos
10. la señora de Montiel había sido muy feliz en su matrimonio

4. El día del funeral. Conteste las siguientes preguntas, después de leer el fragmento otra vez.

1. ¿Por qué nadie creía en la muerte de don Chepe Montiel?
2. ¿Cómo se convencieron de que realmente estaba muerto?
3. ¿Qué pensaba la gente de don José? ¿Cómo sabe?

5. ¿Qué piensa Ud.?

1. Parece que a don Chepe nadie lo quería porque...
2. Parece que este señor era muy poderoso porque...
3. Parece que don José mantenía las costumbres tradicionales porque...
4. Parece que la viuda pensaba que su marido era un hombre bueno porque...
5. Parece que la viuda sólo vivía para su marido porque...

6. Deseos no cumplidos. En este cuento se describe un gran contraste entre lo que la gente esperaba y lo que realmente sucedió. Con dos compañeros(as), escriban dos frases para completar cada una de las siguientes.

1. La gente esperaba que don Chepe muriera asesinado. Sin embargo, ...
2. Todos pensaban que don José se vería muy mal en su ataúd, antes del funeral. Sin embargo, ...
3. Aunque la viuda esperaba que en el funeral hubiera muchísima gente y que la casa estuviera llena de flores...
4. La viuda creía que, porque su marido había colocado tan bien a sus hijos en Alemania y en Francia, los hijos regresarían a Colombia agradecidos. A pesar de eso, los hijos...
5. Todo el mundo sabía que don José Montiel era un hombre cruel y poderoso, excepto su mujer, quien creía que...

7. Ahora le toca a usted. Invente el final del cuento.

Perlitas (Student tape, **Parte II**)

❖ Nueve escritores hispanos han ganado el Nóbel de literatura

Hasta ahora, cinco son los escritores hispanoamericanos que han ganado el codiciado Premio Nóbel de literatura. En el año 1945, fue otorgado por primera vez a un hispano de las Américas y la merecida distinción la obtuvo una mujer, la poeta chilena **Gabriela Mistral**. En 1967, es el novelista guatemalteco **Miguel Ángel Asturias** quien recibe tan alto honor. Luego, en 1971, otro chileno, el poeta **Pablo Neruda** es el laureado. En 1982, el magnífico novelista colombiano **Gabriel García Márquez** es premiado por una obra realmente magistral. Por último, en 1990 el ensayista y poeta mexicano **Octavio Paz** es el más reciente de los hispanoamericanos distinguido por la excepcional calidad de su obra poética.

En España, el primer galardoneado fue **José Echegaray** en 1904, distinguido por su obra dramática. Luego, en 1922 **Jacinto Benavente** ganó el premio por su extensa producción novelística. Lo siguió el gran poeta **Vicente Aleixandre** en 1977 y, recientemente en 1994, **Camilo José Cela**, el creador de tantas novelas inolvidables.

8. En resumen. Con un(a) compañero(a) ordenen cronológicamente los premios Nóbel, completen el resumen y luego practiquen leyéndolo en voz alta.

Un español, José Echegaray, fue el primero en recibir el Premio Nóbel en __________. __________ años después, en __________, don Jacinto Benavente fue el ganador. Luego, el premio pasó al otro lado del Atlántico en __________, cuando lo recibió la única mujer hispana, Gabriela Mistral, y se quedó en el Nuevo Mundo para en __________ distinguir a Miguel Ángel Asturias, guatemalteco, y a otro chileno, Pablo Neruda, en __________. Después de Neruda, el premio volvió a España en __________ y galardoneó al poeta Vicente Aleixandre, pero luego, para las décadas de los 80 y los 90, Hispanoamérica recibió dos distinciones en __________ y __________, las que fueron para García Márquez y __________, respectivamente. Por último, en __________, el premio fue para el español Camilo José Cela, novelista y ensayista.

❖ En el Multiplex Oviedo

En el Multiplex Oviedo siempre hay algo para todos los gustos y todas las edades. Las entradas valen $27 para los mayores y sólo $15 para los menores de 21 años. Esta semana, los niños pueden disfrutar en la Sala 3 con la maravillosa película *Toy Story*, que se da a las 2:15, las 4:15 y las 6:30 de la tarde. Para los mayores de 12 años, la Sala Ejecutiva les ofrece *Los puentes de Madison*, en tres funciones a las 4 y 7 de la tarde y las 9:30 de la noche. Para todo espectador, el Cine y Bar está dando *El cartero* a las 4:15, 7 y 9:30. Para mayor comodidad, reserve su entrada llamando al 311 72 52, el 311 61 03 o el 268 88 71. ¡Sana entretención para toda la familia en el Multiplex Oviedo!

9. Me parece que... Complete el siguiente párrafo con alguna de estas palabras: **películas**, **espectadores**, **funciones**, **exposiciones**, **entretención**, **2:15**, **4/4:15**, **6:30**, **7**, **9:30**.

Me parece muy interesante que sólo haya ______________ para niños a las 2 de la tarde. Los adultos y los niños más grandes pueden ir al cine un poco más tarde, a las ______________ o a las ______________ o, si prefieren, pueden ir al cine a las ______________, después de cenar. En el Multiplex hay sana ______________ para gente de todas las edades.

CONTINUEMOS

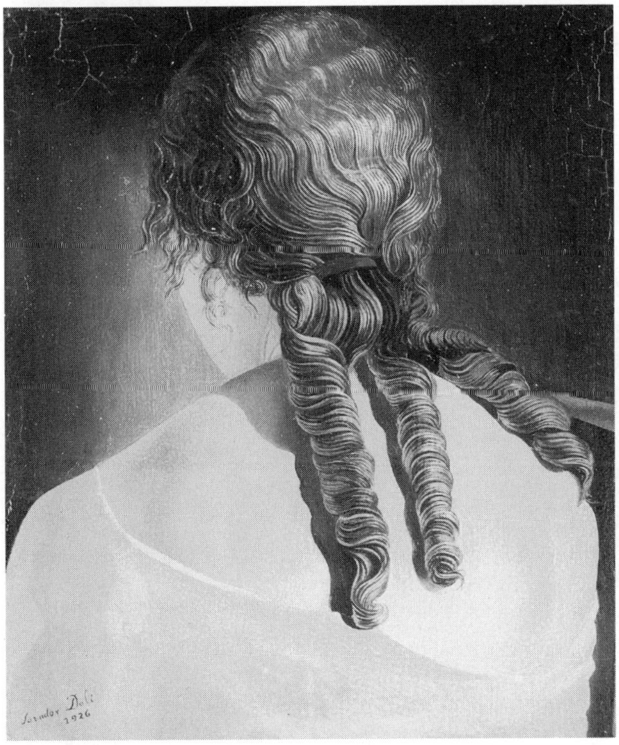

¿Querías ver un cuadro que no fuera tan moderno? Aquí tienes uno extraordinariamente clásico de Salvador Dalí, español, maestro del surrealismo. Da la idea que ésta fuera la viuda de Montiel.

¡Qué contraste entre Dalí y el inconfundible estilo de Diego Rivera (1886–1957), el maestro mexicano! "La vendedora de flores" emociona por su pureza.

Estructuras indispensables

❖ El pasado imperfecto del subjuntivo

You have learned how and when to use the present subjunctive in chapters 4 and 6. The rules you learned there also apply to the use of the past subjunctive when the situation referred to took place in the past or when the situation is hypothetical and will never occur. Study the following pairs of examples.

Present subjunctive	*Imperfect subjunctive*
La viuda **espera** que todo el pueblo **asista** al entierro.	La viuda de Montiel **esperaba** que todo el pueblo **asistiera** al entierro.
Me **han recomendado** que **vea** la película cubana, *Fresa y chocolate*.	**Me recomendaron** que **viera** la película cubana, *Fresa y chocolate*.
Me **sorprende** que no **te gusten** las pinturas de Fernando Botero.	Me **sorprendió** que no te **gustaran** las pinturas de Fernando Botero.
Quiero ver una película que **sea** divertida.	**Quería** ver una película que **fuera** divertida.
Vamos a leer los poemas de Neruda, con tal que el libro **esté** en reserva.	**Íbamos a leer** los poemas de Neruda, con tal que el libro **estuviera** en reserva.

The imperfect subjunctive is also used . . .

- with the verbs **deber**, **poder**, and **querer** to soften a request or to give advice in a very polite manner. The conditional can also be used to this end (see the next section, page 236).

  Ud. **no debiera** leer toda la novela la noche antes del examen.
  ¿**Quisieras** ir conmigo al recital en el auditorio esta noche?

- in hypothetical or contrary-to-fact situations expressed in *if* clauses. The conditional (see page 236) is used in the resultant clause.

  Si **fuera** millonaria, **compraría** un cuadro de Picasso.
  Me **especializaría** en música, si t**uviera** buen oído.

Subjunctive after *como si*

- after **como si** (*as if*) because it refers to a contrary-to-fact situation. Notice that the verb in the main clause may be in the past, present, or future indicative.

  Tengo un compañero que discute **como si lo supiera** todo.
  Me siento **como si estuviera** en el mismo ataúd de José Montiel.
  Nos explicó el argumento tan claramente, **como si fuera** el profesor.

The imperfect subjunctive of all verbs is formed by dropping the **-on** ending of the third person plural (**ellos / ellas / Uds.**) of the preterite and adding **-a**, **-as**, **-a**, **amos**, **ais**, **an**. Notice that the ***nosotros*** form always has a written accent.

pintar →	pintar**on**	pintar**a**, pintar**as**, pintar**a**, pintár**amos**, pintar**ais**, pintar**an**
ver →	vier**on**	vier**a**, vier**as**, vier**a**, viér**amos**, vier**ais**, vier**an**
exhibir →	exhibier**on**	exhibier**a**, exhibier**as**, exhibier**a**, exhibiér**amos**, exhibier**ais**, exhibier**an**
estar →	estuvier**on**	estuvier**a**, estuvier**as**, estuvier**a**, estuviér**amos**, estuvier**ais**, estuvier**an**

hacer →	hicier**on**	hicier**a**, hicier**as**, hicier**a**, hiciér**amos**, hicier**ais**, hicier**an**
decir →	dijer**on**	dijer**a**, dijer**as**, dijer**a**, dijér**amos**, dijer**ais**, dijer**an**
dar →	dier**on**	dier**a**, dier**as**, dier**a**, diér**amos**, dier**ais**, dier**an**
poner →	pusier**on**	pusier**a**, pusier**as**, pusier**a**, pusiér**amos**, pusier**ais**, pusier**an**
ir / ser →	fuer**on**	fuer**a**, fuer**as**, fuer**a**, fuér**amos**, fuer**ais**, fuer**an**

A practicar

1. La viuda y el subjuntivo. Identifique todos los verbos en imperfecto de subjuntivo que aparecen en el cuento, "La viuda de Montiel".

POR EJEMPLO: ...esperaba que todo el pueblo **asistiera** al entierro.

2. Si tuvieras talento... Entreviste a tres compañeros(as) y pregúnteles a qué pintor(a), actor / actriz, músico, cantante o escritor(a) imitarían si tuvieran talento y por qué.

POR EJEMPLO: —¿A qué artista imitarías si **pudieras** (**tuvieras** talento)?
—Si **supiera** cantar bien, me gustaría ser como Gloria Estefan, porque canta en español y en inglés y es muy popular.

Sugerencias: Andy García, Emilio Estévez, Linda Ronstadt, Gloria Estefan, Jon Secada, Juan Luis Guerra, Victoria Abril, Antonio Banderas, Edward James Olmos, etc.

3. Todo cojo culpa al empedrado. Diga por qué no puede hacer bien las siguientes cosas. Dé buenas excusas como en el ejemplo.

POR EJEMPLO: Yo podría sacar buenas fotos si tuviera buen equipo (tomara un buen curso / pudiera viajar más / tuviera más tiempo / mi instructor fuera mejor / mi máquina fuera más cara...)

1. Yo podría sacar mejores notas si...
2. Nosotros sabríamos más de arte si...
3. Yo vería más videos en español si...
4. Podríamos ver películas hispanas si...
5. Iría a todos los conciertos si...
6. Actuaría en la comedia del club hispano si...

4. Un consejo, por favor. Lea cada problema y sugiera al menos una solución. Siga el modelo.

POR EJEMPLO: "Para mí es imposible entender a Picasso, Dalí o Miró."
Debieras comprar un libro que explique algunas de sus pinturas.
Si **miraras** un video sobre sus pinturas, es posible que **entendieras** algo.
Sería conveniente que **visitaras** un museo o una exposición de estos pintores.
Ojalá que **tomaras** el curso de apreciación artística que ofrece el Prof. Bardavid.

1. "No entiendo nada del arte abstracto."
2. "No sé qué es el realismo mágico."
3. "Me gusta el baile flamenco pero no sé por qué."
4. "¿Dónde puedo leer algo sobre cine?"
5. "¿Quién podrá explicarme este cuadro de Botero?"
6. "No entiendo por qué Dalí es tan exagerado."

5. Es, pero no es. En grupos de tres completen el comentario sobre cada persona.

POR EJEMPLO: La viuda ***estaba*** triste y resentida y no quería vivir sola. Ella actuaba como si... **estuviera** en el mismo ataúd de José Montiel.

1. A veces Federico ***escribía*** como Octavio Paz (escritor mexicano). A veces me parecía como si realmente...
2. A veces creo que ***conozco*** bien el pueblo de Macondo porque puedo imaginarme todo como si lo...
3. Carlos Fuentes no ***es*** americano pero habla inglés perfectamente. Es mexicano pero habla como si...
4. Gabriela Mistral (poeta chilena) nunca ***tuvo*** hijos, pero en sus poemas los describía como si los...
5. Elena Poniatowska (escritora mexicana) ***es*** de una clase social más alta, pero defiende a los pobres como si...
6. El cuadro ***Guernica*** de Picasso (pintor español) nos hace ***sentir*** el horror de la guerra. Es como si...

6. Retrato de cuerpo entero. En parejas, desarrollen una entrevista con un artista célebre. Elijan un artista y preparen bien las preguntas y las respuestas. La próxima clase, uno de Uds. hace el papel de entrevistador(a) y la otra persona hace el papel del famoso(a) y contesta las preguntas adecuadamente.
Sugerencias de artistas célebres: Frida Kahlo, Diego Rivera, Pablo Picasso, Fernando Botero, Federico García Lorca, Gabriel García Márquez, Pablo Neruda, Luis Miguel, Julio Iglesias, Gloria Estefan, Antonio Banderas, Edward James Olmos, Juan Luis Guerra, etc.
Posibles preguntas y respuestas: ¿Dónde nació? ¿Cuándo empezó a pintar (cantar / actuar / escribir)? ¿Qué esperaba cuando empezó a...? [Que mis cuadros / libros se vendieran bien...] ¿Creía que era fácil triunfar? [No creía que fuera fácil porque...] ¿Estaba seguro(a) de que... / dudaba de que...? [Dudaba de que la gente me entendiera...] ¿Quién le sugirió que escribiera (pintara, cantara...)? Si pudiera empezar su vida otra vez, ¿qué haría diferente? [Si pudiera empezar otra vez, escribiría...] ¿Qué consejo le daría Ud. al que quisiera empezar a pintar (escribir novelas, cantar profesionalmente)?

❖ El condicional

In Spanish, the conditional is used . . .

- to express events that are posterior to the past point of reference. It usually corresponds to *would* + *verb* in English.

A mediodía, pensamos que **terminaríamos** el trabajo de filosofía temprano y que así **podríamos** ir a la inauguración de la exposición de Frida Kahlo por la noche. Pero no lo terminamos hasta muy tarde esa noche.

Cuando visité Colombia el año pasado, pensé que **podría** conocer a artistas famosos como Fernando Botero y Rafael Obregón y que **sería** fácil visitar el pueblo de Macondo de García Márquez. Después resultó que Botero andaba en Europa y que Macondo en realidad no existe.

- to soften requests or commands

¿**Podrías** ayudarme con este poema que tengo que leer para mi clase de literatura?

¿**Sería** Ud. tan amable de explicarme este cuadro de Miró?

- to express probability or speculation about conditions in the past

¿Cómo **se sentiría** Gabriela Mistral cuando recibió la noticia de su Premio Nóbel?

- in *if* clauses, in combination with the past subjunctive (introduced in the previous section), it indicates improbable or contrary-to-fact situations. Use the conditional to say what you would do in a hypothetical situation and the past subjunctive to introduce the unlikely situation.

Si tuviera dinero, **iría** a Barcelona en el verano para visitar los museos de Picasso y Miró y estudiar la arquitectura de Gaudí.

Si viviéramos en España, **podríamos** tomar clases de baile flamenco con una bailarina famosa.

Si fuera mexicana, los murales de Diego Rivera **tendrían** un significado más personal para mí.

The conditional is formed by adding the appropriate endings to the infinitive of the verb, as shown in the chart. There is only one set of endings for the three conjugations.

Conditional of regular verbs

actuar	*promover*	*escribir*
actuar**ía**	promover**ía**	escribir**ía**
actuar**ías**	promover**ías**	escribir**ías**
actuar**ía**	promover**ía**	escribir**ía**
actuar**íamos**	promover**íamos**	escribir**íamos**
actuar**íais**	promover**íais**	escribir**íais**
actuar**ían**	promover**ían**	escribir**ían**

Verbos con cambios

The same verbs that have irregular stems in the future also have them in the conditional. The endings, however, are regular.

haber (also **caber**, **poder**, **saber**): **habr**ía, **habr**ías, **habr**ía, **habr**íamos, **habr**íais, **habr**ían

poner (also **tener**, **valer**, **salir**, **venir**): **pondr**ía, **pondr**ías, **pondr**ía, **pondr**íamos, **pondr**íais, **pondr**ían
decir: **dir**ía, **dir**ías, **dir**ía, **dir**íamos, **dir**íais, **dir**ían
hacer: **har**ía, **har**ías, **har**ía, **har**íamos, **har**íais, **har**ían
querer: **querr**ía, **querr**ías, **querr**ía, **querr**íamos, **querr**íais, **querr**ían

❖ A practicar

7. Buenos propósitos de Año Nuevo. Ud. acaba de encontrar su lista de promesas del año pasado y se da cuenta que las ha olvidado. Repita lo que prometió para que lo recuerde. Siga el modelo.

POR EJEMPLO: Estudiaré todos los días para no atrasarme°.
Prometí que... **estudiaría** todos los días para no atrasarme.

° *get behind schedule*

Prometí que...

1. En vez de ver una película de guerra, alquilaré la película *El cartero*.
2. Pondré los videos de mi amiga en su lugar cuando termine de verlos.
3. Iré al festival de cine latinoamericano tres veces al mes.
4. Me haré tiempo para leer las novelas de García Márquez.
5. Le diré a mi tío viejo que me cuente la historia de la familia.
6. Como García Márquez, escribiré un cuento en base a la historia de mi tío.
7. Haré lo posible por visitar la exposición de artistas latinoamericanos.
8. No miraré tanta televisión sino que iré al cine a ver películas en español.

8. ¿Qué harías tú? Diga qué haría Ud. en los siguientes casos.

POR EJEMPLO: Un alumno no leyó un poema de Neruda. Le dijo al profesor que **iba a leerlo**.
Le dijo al profesor que **lo leería** para la otra clase.

1. En el cine, una amiga me preguntó qué dijo Antonio Banderas. Le dije que iba a poner atención.
2. Los artículos que estaban en la biblioteca desaparecieron. Le dijo que iba a decírselo al profesor.
3. Mi amiga perdió la antología que necesita en la clase de literatura. Le dije que iba a prestarle la mía.
4. Su computadora tiene un virus y no puede terminar su informe. Le dije que iba a usar la mía.
5. Llegó tarde al teatro y perdió el primer acto de *Bodas de sangre*. Le dijo que iba a verla otra vez.
6. Alguien olvidó en casa los libros de Goya y Velázquez. Le dije que yo iba a devolverlos mañana.
7. Como si fuera estudiante, el profesor de arte se durmió para el examen final. Nos dijo que iba a ponernos una A a todos.

El conjunto monumental de Teotihuacán, con su enorme pirámide del Sol, se eleva ante nuestros ojos como si quisiera recordarnos del arte y de la ingeniería de la magnífica civilización azteca.

9. Para pedir ayuda. Ud. acaba de llegar a la Ciudad de México y no conoce la ciudad, pero quiere hacer muchas cosas. ¿Cómo pediría ayuda? Con otro(a) compañero(a), inventen preguntas más corteses que las preguntas directas. Sigan el modelo.

POR EJEMPLO: ¿Cómo llego al Zócalo?
¿**Podría / Sería tan amable de** decirme (indicarme / mostrarme...) cómo llego al Zócalo?

1. ¿Dónde está el Palacio de Bellas Artes?
2. ¿A qué horas abre el Museo de Antropología?
3. ¿En qué librería venden obras de Elena Poniatowska?
4. ¿A qué distancia están las Pirámides de Teotihuacán?
5. ¿Dónde compro boletos para el Ballet Folclórico?
6. ¿Dónde puedo ver murales de Diego Rivera?
7. ¿Cómo llego a la Plaza de las Tres Culturas?
8. ¿Hay un museo que tenga las obras de Frida Kahlo?

10. ¿Por qué no querrían a don Chepe? Con un(a) compañero(a), recuerden el cuento "La viuda de Montiel" y completen las siguientes frases con formas condicionales de los siguientes verbos, según el contexto: **acabar**, **acribillar**, **asistir**, **decir**, **mandar**, **morir**, **querer**, **sentirse**, **volver**

1. Todo el mundo creía que un asesino... a don Chepe por la espalda.
2. La viuda pensaba que todo el mundo... al entierro.
3. La viuda creía que todo el mundo... flores a la casa.
4. La viuda pensaba que sus hijos... muy tristes con la noticia.
5. Ella creía que en los telegramas le... que iban a regresar de inmediato.
6. Todo el mundo se preguntaba por qué no... los hijos al entierro.
7. La viuda creía que ella... sin su marido.
8. La viuda sentía que ya no... saber nada más de este mundo.

En cartelera

11. ¿Qué película ver y por qué? (a) Trabaje con un(a) compañero(a) para decidir qué película de la cartelera les gustaría ver. Luego, (b) Investiguen sobre la película y en la próxima clase presenten un informe. Expliquen el argumento, digan quiénes hicieron los papeles protagónicos, qué premios ganó la película, etc. También pueden trabajar con cualquier otra película hispana o de tema hispano.

POR EJEMPLO: Nos gustaría ver *El mariachi* de Robert Rodríguez. Sería interesante ver por qué una película con un presupuesto tan pequeño y dirigida por un estudiante de sólo 24 años logró tener tanto éxito.

Jorge Luis Borges (1899–1986). Este ensayista, cuentista y poeta argentino revolucionó la narrativa y alcanzó renombre internacional. En sus cuentos, juega con el tiempo y el espacio y el mundo de los sueños. Sus ideas filosóficas y su inquietud metafísica se observan tanto en su obra en prosa como en su poesía. *Inquisiciones, Ficciones, El aleph, Antología personal, El informe de Brodie* y *El libro de arena* figuran entre sus colecciones más destacadas. En "Instantes", un poema de su *Nueva antología personal,* Borges dice lo que haría, si viviera otra vez.

Otro pilar de la literatura hispana, Jorge Luis Borges, célebre escritor y poeta argentino, sonríe como si pudiera verte, pero era ciego.

12. Mis propios instantes. Como Borges, a veces pensamos qué haríamos diferente si pudiéramos vivir el pasado otra vez. Lea el poema e identifique los verbos en condicional y en imperfecto de subjuntivo. Piense por qué escribió Borges este poema. Luego, léalo otra vez y escriba su propio poema o un párrafo, diciendo qué le gustaría hacer si pudiera cambiar el pasado.

Instantes

Si pudiera vivir nuevamente mi vida,
en la próxima trataría de cometer más errores;
No intentaría ser tan perfecto,
me relajaría más.

Sería más tonto de lo que he sido.
De hecho, tomaría muy pocas cosas con seriedad.
Sería menos higiénico.
Correría más riesgos, haría más viajes
y contemplaría más atardeceres.
Subiría más montañas, nadaría más ríos,
iría a más lugares a donde nunca he ido,

comería más helados y menos habas;
Tendría más problemas reales y menos imaginarios.

Tomado de Jorge Luís Borges, *Nueva antología personal*, 3era ed., Barcelona: Bruguera, 1985.

Mis propios instantes

Si pudiera vivir nuevamente mi juventud...
trataría de...
y también...
me...

Sería más...

Fíjese bien

❖ Las preposiciones *por* y *para*

The prepositions **por** and **para** have several equivalents in English. Although both may mean *for*, they cannot be used interchangeably.

Por is used in numerous idiomatic expressions. Some of them are:

agradecer por... (*to thank for . . .*)
gracias por... (*thank you for . . .*)
por ahora (*for the time being*)
por casualidad (*by accident*)
por consiguiente (*therefore*)
¡por Dios! (*for heaven's sake!*)
por ejemplo (*for example*)
por escrito (*in writing*)
por eso (*for that reason*)
por favor (*please*)
por fin (*finally*)
por lo general (*as a general rule*)
por lo menos (*at least*)
por lo tanto (*consequently*)
por lo visto (*apparently*)
por ningún motivo (*under no circumstances*)
por otra parte (*on the other hand*)
¿por qué? (*why?*)
por suerte (*luckily*)
por supuesto (*of course*)
por último (*lastly*)

Por is also used . . .

1. to indicate the cause or reason of an action (*because of*).

   Las alumnas lloraron **por** la mala suerte de la protagonista de *La casa de los espíritus*.
   Por el idioma, no entendió bien la novela.

2. to indicate motion *along* a path or *through* a place.

   A Borges le encantaba pasearse **por** las calles del viejo Buenos Aires.
   Al pasar **por** la plaza, sus amigos lo saludaban.
   En la Ciudad de México, para ir al Templo Mayor hay que pasar **por** el Zócalo.

3. to indicate duration or length of a period (*for*).

   La exposición de arte de artistas latinoamericanas (1915–1995) podrá visitarse **por** dos meses en la ciudad de Washington.
   Isabel Allende se exilió en Venezuela **por** muchos años.

4. to indicate the agent of an action in passive sentences (*by*).

   La casa de los espíritus y *De amor y de sombra* fueron escritas **por** Isabel Allende en la década de los 80.
   El mariachi, la pequeña película que tuvo gran éxito, fue escrita, dirigida y fotografiada **por** el joven chicano, Robert Rodríguez.

5. to express the means by which an action is performed (*by*).

   Envió los videos extranjeros **por** avión y después me llamó **por** teléfono.

6. to express the idea of replacement, interest, support or favor (*instead of, on behalf of, in favor of*).

   Como su compañera estaba enferma, Paulina escribió el guión del video **por** ella.
   Elena Poniatowska se preocupa **por** la gente del pueblo; siempre los defiende en sus escritos.
   La mayoría de los peruanos no votaron **por** Vargas Llosa en las elecciones; eligieron a Fujimori.

7. to express the idea of exchange or substitution (*in exchange for*) or a rate or unit of measurement (*per*).

   Un cuadro de Botero se vendió **por** tres millones de dólares.
   En la clase de poesía hispanoamericana tenemos que escribir un ensayo crítico **por** semana.

Para is used in a number of expressions. Some of them are:

para colmo (de colmos) (*to top it all*)
para mal de mis males (*to make things worse*)
para entonces (*by that time*)
para mí (ti / él) es muy... (*it is very . . . to me [you / him]*)
para empezar / terminar / concluir / resumir (*to begin with / to finish / to conclude / to summarize*)
¿para qué sirve? (*what is it for?*)
¡para que sepas! (*you'd better be informed!*)

Para is also used...

1. to indicate movement or direction toward a destination or the recipient of an action (*toward, for*).

   En el verano vamos **para** la Argentina a tomar un curso intensivo de español en la Universidad de Belgrano.
   El cuadro se cayó **para** atrás del piano.
   Gabriela Mistral escribió poemas **para** muchos de sus amigos.

2. to express purpose (*in order to*).

   En *Como agua para chocolate*, Tita tiene que renunciar al amor de su vida **para** cuidar a su madre.
   Por su parte, Pedro se casa con la hermana mayor **para** estar cerca de Tita.

3. to refer to a specific time limit or deadline (*by*).

   Tenemos que leer "La viuda de Montiel" **para** mañana.
   Las críticas de las películas son **para** febrero.

4. to introduce a person making a judgment or holding an opinion.

   Para la profesora, es muy importante que los alumnos lean los poemas antes de clase, pero **para** mí es más importante saber el vocabulario antes de leer.

5. to express a comparison of inequality (*considering*).

   Para ser su primera novela, es sorprendente que Laura Esquivel haya tenido tanto éxito con *Como agua para chocolate*.
   Escribe muy bien en español **para** alguien que sólo ha tomado cuatro semestres.

Notice that some very common verbs that take *for* in English **do not need** a preposition in Spanish or use something other than ***por*** or ***para***.

buscar	*to look for*	**pedir un préstamo**	*to ask for a loan*
esperar	*to wait for*	**sentir**	*to be sorry for*
pedir información	*to ask for information*	**solicitar, postular**	*to apply for*
pedir un favor	*to ask for a favor*	**ser responsable de**	*to be responsible for*
pagar (+ no $ specified)	*to pay for*		

❖ A practicar

13. El mariachi. Para saber más sobre esta película lea el siguiente artículo y complete con **por** o **para**.

El mariachi

__________ ser una película tan pequeña, tuvo muchísimo éxito y le abrió las puertas de Hollywood al joven chicano Robert Rodríguez. Aunque *El mariachi* fue hecha __________ el mercado latino de videos a un costo de 7.000 dólares, Columbia Pictures le ofreció a Rodríguez un contrato __________ hacerla de nuevo en inglés, con un presupuesto de ¡6 millones! Escrita, dirigida, fotografiada y editada __________ Rodríguez, estudiante de 24 años de la Universidad de Texas, la película original fue financiada parcialmente con el dinero que Rodríguez ganó al servir de sujeto en un experimento médico __________ desarrollar una medicina que bajara el colesterol. __________ cumplir su contrato con Columbia Pictures __________ producir dos películas en dos años, Rodríguez trabajó en una historia de niños hispanos de Texas. __________ esto utilizó los viejos videos de su adolescencia.

Adaptación de "El mariachi que llega hasta Hollywood" por Fausto Canel, *Más*, marzo de 1993, pág. 59.

14. ¿Qué recuerdas? Complete las siguientes frases según lo que recuerde de cada artista.

1. El pintor Fernando Botero usa una escala ilógica en su pintura y escultura para...
2. Frida Kahlo vivió en una sociedad machista y por eso...
3. Las pinturas de Miró se pueden reconocer fácilmente por...
4. El ser maestra inspiró a Gabriela Mistral para...
5. Borges tenía que dictar sus poemas porque...
6. *Guernica* es un cuadro pintado por... para...
7. Gabriel García Márquez recibió el Premio Nobel por...

15. Preguntas y más preguntas. Con un(a) compañero(a), tomen turnos para preguntar y contestar.

1. ¿Para qué estudias español? ¿Por qué lo prefieres?
2. ¿Para adónde piensas irte después de terminar de estudiar?
3. ¿Cómo elegiste tu carrera? ¿Por qué te interesa?
4. ¿Para cuándo es el proyecto que estás escribiendo?

❖ Los verbos *darse cuenta de* y *realizar*

The verbs **darse cuenta de** and **realizar** both mean *to realize*. However, **darse cuenta (de)** means *to realize* in the sense of being *aware* of or *understanding* something.

La viuda de Montiel finalmente **se dio cuenta** que nadie en el pueblo quería a su marido.
The Montiel widow finally came to the realization that nobody loved her husband. (It dawned on her that . . .)
No **me di cuenta** que teníamos que terminar la novela para hoy.
I did not realize that we had to finish the novel by today.

Realizar means *to realize* in the sense of achieving a goal, fulfilling a desire, or accomplishing something.

Muchos actores, a pesar de ser excelentes, no llegan a **realizar** su sueño de ganarse un Oscar.
Despite being excellent, many actors never realize their dream of winning an Oscar.
La obra **realizada** por algunos actores en favor de los estudios para acabar con el SIDA es admirable.
The work carried out by some actors in favor of AIDS research is admirable.

❖ A practicar

16. Buen traductor(a). Con un(a) compañero(a), repasen los verbos estudiados en esta sección y traduzcan las siguientes frases.

1. Spielberg has completed incredible projects. Movie-making should thank him for his contribution.
2. When I saw *Like water for chocolate* I realized the importance of food as a way of expressing feelings.

3. Now it dawned on me that I should watch more TV programs in Spanish. Therefore, I paid for cable service to see *Univisión*.
4. His dream came true when he directed and produced the movie *El mariachi*.
5. I thanked my parents for the opportunity to study cinema. Movies are very important to me.

FINALMENTE

Para escuchar activamente

(⏩ Student tape, **Parte III**)

Hay que prepararse

Cuando escuchamos un anuncio sobre exposiciones o conciertos nos podemos formar una idea del espectáculo que describe cuando ponemos atención a dos cosas:

- las frases introductorias del anuncio
- los nombres de los artistas y del lugar donde será la función

1. Piense y escriba dos frases que anuncian una reunión o función.

2. Piense y escriba el nombre de dos tipos de funciones o festivales en que pueden aparecer o actuar los siguientes artistas.

bailarín	cantante de ópera	pintor
cineasta	diseñador de objetos	poeta

Buen entendedor

Ahora escuche la **Parte III** de su cinta cuatro veces.

⏩ 1. Fórmese una idea general.
⏩ 2. Anote el nombre del visitante, su ocupación y la duración de su visita.
⏩ 3. Anote los dos tipos de reuniones que piensan tener, el día y la hora.
⏩ 4. Agregue otros detalles sobre las actividades del visitante.

Para escribir mejor

Buen promotor

Prepare un anuncio que sea muy persuasivo para atraer al público. Puede ser: (a) una invitación para que otros estudiantes se unan a su grupo artístico o de acción cultural, o (b) un anuncio comercial sobre un concierto, exposición o función de cine (ballet / promoción artística) que promete mostrar un aspecto diferente del arte que la gente pasa por alto° a menudo.

° *no ve*

1. Escriba dos o tres frases introductorias que puedan captar el interés de la persona que lee o escucha el anuncio. Elija la mejor frase.

POR EJEMPLO: ¿Cansado de la música popular / curioso por aprender más acerca de...? ¡Venga a / Visite / Vea...! El grupo... lo invita a una conferencia / función / exposición...

2. Describa al menos tres características del evento que lo hacen extraordinario, usando el vocabulario, adjetivos y expresiones aprendidas en este capítulo.

POR EJEMPLO: La fuerza y la claridad de la imágenes de... le enseñan más sobre el arte hispano; hay una gran variedad de... en esta exposición / función.

3. Cierre con una frase superatractiva que refuerce el interés creado por el anuncio.

POR EJEMPLO: Quedan pocas entradas para... El grupo... lo espera con sus personajes fascinantes...

4. ⏩ Grabe su anuncio en audio o videocinta y compártalo con sus compañeros(as). Recuerde que le puede agregar efectos visuales, musicales o de sonido.

Glosario

Sustantivos

actor *m.* actor
actriz *f.* actress
antigüedades *f.* antiques, antiquity
argumento *m.* plot
artes, bellas artes *f. pl.* fine arts; **artes culinarias / escénicas / plásticas** culinary / dramatic / plastic arts
artista *m. / f.* artist
bailarín / bailarina de ballet / folclórico(a) ballet / folkloric dancer
baile *m.* dance, ballet
cantante *m. / f.* singer
cerámica *f.* ceramics
ceramista *m. / f.* ceramist
cine *m.* cinema
cineasta *m. / f.* moviemaker / director
comedia *f.* comedy
conferencia *f.* lecture
cuadros *m. pl.* paintings, pictures
cuentos *m.* tale, short story
disco de música popular / jazz / rock popular music / jazz / rock record
diseño *m.* design
diseñador(a) designer
escritor(a) writer
escultura *f.* sculpturing, sculpture
escultor(a) sculptor
estreno *m.* first performance
exposición *f.* exhibition
fotografía *f.* photography, photograph
función *f.* show, performance
guión *m.* script
guionista *m. / f.* script writer
largometraje *m.* movie
muebles *m.* furniture
mural *m.* mural
muralista *m. / f.* mural painter
museo *m.* museum
novela *f.* novel, fiction
obra *f.* work (piece) of art
papel *m.* paper; role; **papel principal / secundario** main / supporting role
película *f.* movie, film; **película en blanco y negro / a colores** black and white / color film; **película de amor / de aventuras / de guerra / de terror / del espacio / del oeste** romance / adventure / war / horror / space / western movie
personaje *m.* character
pintura *m.* painting (fine art, cloth)
pintor(a) painter
poema *(m.)* **de amor** love poem
poesía *f.* poetry
poeta *m.* poet
protagonista *m. / f.* main character / protagonist
rompecorazones *m.* heartbreaker

Adjetivos

barroco(a) baroque
célebre famous
clásico(a) classic
conocido(a) well known
cubista *m. / f.* cubist
de moda fashionable
documental documentary
famoso(a) famous
folclórico(a) folkloric
histórica(o) historic
impresionista impressionist
millonario(a) millionaire
modernista modernist
policial action (movie)

Verbos

actuar to act, perform
darse cuenta de to realize
hacer el papel de to play the role of
realizar to carry out
tocar el piano / el violín / la guitarra / la flauta to play piano / the violin / guitar / the flute

Otras expresiones

¿Estás loco? Eso es para la gente... Are you crazy? That's for . . . people
mi pasión es I'm mad about
ni hablar; yo no sé nada de don't even mention it; I know nothing about
ni modo; soy negado(a) para no way! I can't . . . (draw / sing)
¿Qué están dando? What are they showing?
tener una inclinación artística to be artistic
yo sólo toco el timbre de la puerta I can only play the door bell

Autoprueba

Repase este capítulo y después haga esta prueba para ver qué más necesita estudiar.

❖ I. Cultura hispana

A. Complete las siguientes frases según lo que estudió en este capítulo. Indique también la nacionalidad del artista, si es posible.

1. Algunas figuras hispanas célebres de las artes plásticas son...
2. Algunas figuras hispanas célebres de las artes escénicas son...
3. Algunas figuras hispanas célebres de las letras son...
4. El nuevo cine hispanoamericano tiene nuevos temas como...
5. Los más recientes ganadores del Premio Nóbel de literatura son...
6. Me parece que entendí el concepto de realismo mágico en la literatura y el cine hispanos; consiste en crear...
7. Como Borges, me gusta decir que... si tuviera dieciséis años otra vez...

❖ II. Vocabulario y lectura

B. Complete esta ficha personal con todos sus datos personales. Luego, complétela con los datos de un(a) compañero(a) de la clase de español.

Ficha del espíritu

Nombre completo: ________________________ Edad: ______________

Ocupación: ______________ ¿Qué carrera sigue? ______________________

Lee: novelas (sí/no) novelas rosa (sí/no) críticas de cine (sí/no) cuentos (sí/no)

revistas (sí/no) policiales (sí/no) teatro (sí/no) poesía (sí/no)

¿Querría aprender más de arte hispano ahora? (sí/no)

Artes plásticas que le interesan: 1. ________ 2. ________ 3. ________

Artes escénicas que le interesan: 1. ________ 2. ________ 3. ________

¿Quisiera visitar museos? (sí/no) ¿Quisiera aprender más de la arquitectura de esta área? (sí/no)

¿Colecciona antigüedades? (sí/no) ¿Quisiera conocer a algunos artistas? (sí/no)

¿Quisiera visitar el barrio bohemio (del arte)? (sí/no) ¿Quisiera ver una obra de teatro? (sí/no)

¿Le interesan las artes culinarias también? (sí/no) ¿Quisiera visitar la escuela de cocina? (sí/no)

Para asignarle un(a) compañero(a) de habitación:

¿Ud. lee por la noche? (sí/no) Aunque esté cansado (a), ¿Ud. escucha música clásica por la noche? (sí/no)

¿Cuándo escucha música popular? Cuando está tranquilo(a)/nervioso(a)/inquieto(a)/estresado(a)/sano(a) entermo(a)/aventurero(a)/sonador/a...

¿A qué hora apaga la televisión? temprano/tarde; me molesta mucho el ruido; (no) veo las noticias

Para elegir el mejor lugar para Ud.:

¿Le gustaría la residencia de los deportistas/artistas/de los idiomas extranjeros/de los músicos?

¿Qué ambiente preferiría? artístico o de distintos intereses/de actividades guiadas o libres

C. Dé dos palabras en español que estén asociadas en este capítulo a cada una de las siguientes. Pueden ser sustantivos, adjetivos, verbos o expresiones.

1. pintura
2. folclórico
3. cineasta
4. protagonista
5. función
6. novela
7. soy negado para
8. darse cuenta de
9. para colmo de colmos
10. por eso
11. argumento
12. actriz
13. diseñador
14. por supuesto
15. millonario

D. Lea el siguiente poema de una escritora chilena ganadora del Nóbel y conteste las preguntas. Use lo que sabe de las ideas literarias, el vocabulario y la gramática que aprendió y las palabras derivadas y cognadas que pueda reconocer.

Los que no danzan° *(bailan)*

Una niña que es inválida
dijo: "¿Cómo danzo yo?"

Le dijimos que pusiera
a danzar su corazón...

Luego dijo la quebrada°: *torrente*
"¿Cómo cantaría yo?"
Le dijimos que pusiera
a cantar su corazón...

Dijo el pobre cardo° muerto: *thistle*
"¿Cómo danzaría yo?"
Le dijimos: "Pon el viento
a volar tu corazón..."

Dijo Dios desde la altura:
"¿Cómo bajo del azul?"
Le dijimos que bajara
a danzarnos en la luz.

Todo el valle está danzando
en un corro° bajo el sol. *círculo, ronda*
A quien falte se le vuelve
de ceniza° el corazón... *ashes*

Gabriela Mistral, "Los que no danzan", VI: Rondas°, Ternura, *Poesías completas*, Madrid: Aguilar, 1962, págs. 227–8. *songs to be danced in a circle by chidren*

1. ¿Qué podría hacer una niña inválida que no puede bailar?
2. ¿Qué podría hacer un torrente que no tiene voz para poder cantar?
3. Si un cardo quisiera bailar, ¿qué podría hacer?
4. ¿Qué le pidieron los niños a Dios?
5. Si alguien no viniera a bailar en el corro, ¿qué le pasaría?
6. En general, ¿qué se puede hacer cuando uno tiene algún problema o resentimiento?

❖ III. Gramática

E. Escriba al menos una forma de subjuntivo pasado de los siguientes verbos: **seguir**, **venir**, **decir**, **ver ser**, **estar**, **hacer**, **asistir**, **deber**, **poder**, **querer**, **acribillar**, **mandar**, **pedir**.

F. Use los elementos dados para escribir preguntas y posibles respuestas para conversar con sus compañeros(as). Use la forma correcta de los verbos en condicional o subjuntivo presente o pasado cuando sea necesario.

1. ¿Adónde / ir / en el verano cuando eras chico(a)? — A... con tal de que mis padres...
2. ¿Asistir / al concierto de... / si conseguir entradas? — Es dudoso que... porque...
3. ¿Dónde / trabajar / si poder conseguir un puesto? — Ojalá que...
4. ¿Es posible que / la universidad / organizar cooperativa de música? — No es seguro que...
5. ¿Darse cuenta / tus padres / que tú poder estudiar más / si no trabajar? — No, ellos prefieren que...
6. ¿Qué libro / creer tú / que la universidad deber prohibir? — Sería conveniente que...

7. ¿Qué creer tú / es indispensable / que la universidad no eliminar? — Para mí sería importante que no...
8. ¿Qué creías tú / ser lógico / que la comunidad organizar? — Sería lógico que...

G. Escriba seis consejos para sus amigos. No se olvide de usar formas del subjuntivo pasado y del condicional de los verbos aprendidos en este capítulo. Por ejemplo, Ud. puede darles seis reglas fáciles para vivir feliz, rodeado de libros, cuadros, música y buenas películas.

POR EJEMPLO: **Sería mejor que buscaras** discos de...; esos discos viejos están pasados de moda. **Debieras tocar** la trompeta más a menudo, pero no la toques a medianoche. Ya **te dije que asistieras** al concierto de... porque... **Si supieras** lo buena que es la orquesta de... **no te perderías** ningún concierto.

IV. Redacción

H. Artes y letras hispanas. Elija uno de los poemas o el cuento que aparece en este capítulo y léalo otra vez. (Si Ud. vio un video para este capítulo, puede elegir el video). Escriba un resumen y un análisis de la obra; explique lo que el autor les dice a los lectores. Use las estructuras, **por** / **para** y el vocabulario aprendido en este capítulo.

1. El narrador / El personaje / La voz del poeta explica qué cosas le gustaría hacer / qué cosas han pasado y qué cosas espera / esperaba que pasaran. (No quería que..., nunca pensó que..., lástima que nunca...).
2. En seguida, dice lo que cree que podría ocurrir. (Podría ir / danzar / vivir..., por eso es que quisiera..., por consiguiente, ojalá que también pudiera... , quizás debiera...)
3. Luego, Ud. puede describir lo que piensan otros personajes (si los hay) y el efecto de los sucesos en ellos. (Por un lado, Angela..., por el otro lado, Robert..., el personaje... no cree que..., por último, ...se rió / se fue / no estuvo de acuerdo).
4. Para terminar, explique el efecto que tuvo esta obra en Ud. (y el público). (Me dí cuenta que... / Nunca pensé que fuera / pudiera ser / tuviera que... / Es absolutamente increíble que la viuda / el poeta / el escritor... Por otro lado, creo que sería necesario que el autor explicara / aclarara / describiera mejor su intención...)

V. Destreza oral

I. Con dos compañeros, elijan uno de los siguientes temas. Preparen preguntas, respuestas, descripciones, explicaciones. Usen los conceptos, el vocabulario, las expresiones y las estructuras aprendidas en este capítulo.

1. Representar un acto sobre "La viuda de Montiel". En base al cuento, escribir un acto para ser actuado por la viuda y dos personajes más (pueden ser sus hijos que le hablan a la distancia). Usen el cuento como base.
2. Representar un acto sobre tres personas célebres, vivas o ya desaparecidas, en que ellas discuten lo que harían, si estuvieran vivas otra vez. Pueden usar el poema de Borges como base.

VERB CHARTS

A. Regular verbs

INFINITIVO	trabajar	comer	vivir
PARTICIPIO Presente	trabajando	comiendo	viviendo
PARTICIPIO Pasado	trabajado	comido	vivido
IMPERATIVO	trabaja (no trabajes) trabaje trabajemos trabajad (no trabajéis) trabajen	come (no comas) coma comamos comed (no comáis) coman	vive (no vivas) viva vivamos vivid (no viváis) vivan
INDICATIVO Presente	trabajo trabajas trabaja trabajamos trabajáis trabajan	como comes come comemos coméis comen	vivo vives vive vivimos vivís viven
Pretérito	trabajé trabajaste trabajó trabajamos trabajasteis trabajaron	comí comiste comió comimos comisteis comieron	viví viviste vivió vivimos vivisteis vivieron
Imperfecto	trabajaba trabajabas trabajaba trabajábamos trabajabais trabajaban	comía comías comía comíamos comíais comían	vivía vivías vivía vivíamos vivíais vivían
Futuro	trabajaré trabajarás trabajará trabajaremos trabajaréis trabajarán	comeré comerás comerá comeremos comeréis comerán	viviré vivirás vivirá viviremos viviréis vivirán
Condicional	trabajaría trabajarías trabajaría trabajaríamos trabajaríais trabajarían	comería comerías comería comeríamos comeríais comerían	viviría vivirías viviría viviríamos viviríais vivirían

Presente perfecto	he trabajado has trabajado ha trabajado hemos trabajado habéis trabajado han trabajado	he comido has comido ha comido hemos comido habéis comido han comido	he vivido has vivido ha vivido hemos vivido habéis vivido han vivido
Pasado perfecto (Pluscuamperfecto)	había trabajado habías trabajado había trabajado habíamos trabajado habíais trabajado habían trabajado	había comido habías comido había comido habíamos comido habíais comido habían comido	había vivido habías vivido había vivido habíamos vivido habíais vivido habían vivido
Condicional perfecto	habría trabajado habrías trabajado habría trabajado habríamos trabajado habríais trabajado habrían trabajado	habría comido habrías comido habría comido habríamos comido habríais comido habrían comido	habría vivido habrías vivido habría vivido habríamos vivido habríais vivido habrían vivido
Presente progresivo	estoy trabajando estás trabajando está trabajando estamos trabajando estáis trabajando están trabajando	estoy comiendo estás comiendo está comiendo estamos comiendo estáis comiendo están comiendo	estoy viviendo estás viviendo está viviendo estamos viviendo estáis viviendo están viviendo
Imperfecto progresivo	estaba trabajando estabas trabajando estaba trabajando estábamos trabajando estabais trabajando estaban trabajando	estaba comiendo estabas comiendo estaba comiendo estábamos comiendo estabais comiendo estaban comiendo	estaba viviendo estabas viviendo estaba viviendo estábamos viviendo estabais viviendo estaban viviendo
SUBJUNTIVO			
Presente	trabaje trabajes trabaje trabajemos trabajéis trabajen	coma comas coma comamos comáis coman	viva vivas viva vivamos viváis vivan
Pasado	trabajara trabajaras trabajara trabajáramos trabajarais trabajaran	comiera comieras comiera comiéramos comierais comieran	viviera vivieras viviera viviéramos vivierais vivieran
Presente perfecto	haya trabajado hayas trabajado haya trabajado hayamos trabajado hayáis trabajado hayan trabajado	haya comido hayas comido haya comido hayamos comido hayáis comido hayan comido	haya vivido hayas vivido haya vivido hayamos vivido hayáis vivido hayan vivido

Pasado perfecto	hubiera trabajado hubieras trabajado hubiera trabajado hubiéramos trabajado hubierais trabajado hubieran trabajado	hubiera comido hubieras comido hubiera comido hubiéramos comido hubierais comido hubieran comido	hubiera vivido hubieras vivido hubiera vivido hubiéramos vivido hubierais vivido hubieran vivido

To use the verbs in this list, see the conjugation of its corresponding model verb (indicated by the number).

agradecer[9]
almorzar[2]
apagar[6]
buscar[7]
comenzar[1]
conocer[9]
conseguir[3, 13]
construir[11]
creer[12]
devolver(se)[2]
divertirse[5]
encender[1]
entender[1]
hay, había, haya[17]
indicar[7]
invertir[1]
irse, irle[19]
leer[12]
llegar[6]
llover[2]
morir(se)[2]
pagar[6]
pedir[3]
pensar[1]
perder[1]
poder[20]
poner(se)[21]
preferir[1]
promover(se)[2]
saber[23]
sacar(se)[7]
salir[24]
seguir[3, 13]
sentarse[1]
sentir(se)[5]
traducir[27]
vestir(se)[3]
volar[2]
volver(se)[2]

See tables 14-30 for irregular verbs.

B. Stem-changing verbs

	e → ie[1]	o → ue[2]
INFINITIVO	entender	volver (Part. pasado: **vuelto**)
IMPERATIVO	**entiende** (no **entiendas**) **entienda** entendamos entended (no entendáis) **entiendan**	**vuelve** (no **vuelvas**) **vuelva** volvamos volved (no volváis) **vuelvan**
INDICATIVO Presente	**entiendo** **entiendes** **entiende** entendemos entendéis **entienden**	**vuelvo** **vuelves** **vuelve** volvemos volvéis **vuelven**
SUBJUNTIVO Presente	**entienda** **entiendas** **entienda** entendamos entendáis **entiendan**	**vuelva** **vuelvas** **vuelva** volvamos volváis **vuelvan**

	e → i[3]	o → ue, u[4]	e → ie, i[5]
INFINITIVO	pedir	dormir	sentir
Part. presente	**pidiendo**	**durmiendo**	**sintiendo**
Part. pasado	pedido	dormido	sentido
IMPERATIVO	**pide** (no **pidas**)	**duerme** (no **duermas**)	**siente** (no **sientas**)
	pida	**duerma**	**sienta**
	pidamos	**durmamos**	**sintamos**
	pedid (no **pidáis**)	dormid (no **durmáis**)	sentid (no **sintáis**)
	pidan	**duerman**	**sientan**
INDICATIVO			
Presente	**pido**	**duermo**	**siento**
	pides	**duermes**	**sientes**
	pide	**duerme**	**siente**
	pedimos	dormimos	sentimos
	pedís	dormís	sentís
	piden	**duermen**	**sienten**
Pretérito	pedí	dormí	sentí
	pediste	dormiste	sentiste
	pidió	**durmió**	**sintió**
	pedimos	dormimos	sentimos
	pedisteis	dormisteis	sentisteis
	pidieron	**durmieron**	**sintieron**
SUBJUNTIVO			
Presente	**pida**	**duerma**	**sienta**
	pidas	**duermas**	**sientas**
	pida	**duerma**	**sienta**
	pidamos	**durmamos**	**sintamos**
	pidáis	**durmáis**	**sintáis**
	pidan	**duerman**	**sientan**
Pasado	**pidiera**	**durmiera**	**sintiera**
	pidieras	**durmieras**	**sintieras**
	pidiera	**durmiera**	**sintiera**
	pidiéramos	**durmiéramos**	**sintiéramos**
	pidierais	**durmierais**	**sintierais**
	pidieran	**durmieran**	**sintieran**

C. Spelling-changing verbs

	g → gu[6]	c → qu[7]	z → c[8]
INFINITIVO	llegar	buscar	empezar
IMPERATIVO	llega (no **llegues**)	busca (no **busques**)	empieza (no **empieces**)
	llegue	**busque**	**empiece**
	lleguemos	**busquemos**	**empecemos**
	llegad (no **lleguéis**)	buscad (no **busquéis**)	empezad (no **empecéis**)
	lleguen	**busquen**	**empiecen**

INDICATIVO			
Pretérito	**llegué** llegaste llegó, *etc.*	**busqué** buscaste buscó, *etc.*	**empecé** empezaste empezó, *etc.*
SUBJUNTIVO			
Presente	**llegue** **llegues** **llegue** **lleguemos** **lleguéis** **lleguen**	**busque** **busques** **busque** **busquemos** **busquéis** **busquen**	**empiece** **empieces** **empiece** **empecemos** **empecéis** **empiecen**

	c → zc[9]	**g → j**[10]
INFINITIVO	conocer	elegir
IMPERATIVO	conoce (no **conozcas**) **conozca** **conozcamos** conoced (no **conozcáis**) **conozcan**	elige (no **elijas**) **elija** **elijamos** elegid (no **elijáis**) **elijan**
INDICATIVO		
Presente	**conozco** conoces conoce, *etc.*	**elijo** eliges elige, *etc.*
SUBJUNTIVO		
Presente	**conozca** **conozcas** **conozca** **conozcamos** **conozcáis** **conozcan**	**elija** **elijas** **elija** **elijamos** **elijáis** **elijan**

	i → y[11]	**e → y**[12]	**gu → g**[13]
INIFINITIVO	destruir	leer	seguir
Part. presente	**destruyendo**	**leyendo**	siguiendo
IMPERATIVO	**destruye** (no **destruyas**) **destruya** **destruyamos** destruid (no **destruyáis**) **destruyan**	lee (no leas) lea leamos leed (no leáis) lean	sigue (no **sigas**) **siga** **sigamos** seguid (no **sigáis**) **sigan**
INDICATIVO			
Presente	**destruyo** **destruyes** **destruye** destruimos destruís **destruyen**	leo lees lee leemos leéis leen	**sigo** **sigues** **sigue** seguimos seguís **siguen**
Pretérito	destruí destruiste **destruyó** destruimos destruisteis **destruyeron**	leí leíste **leyó** leímos leísteis **leyeron**	seguí seguiste **siguió** seguimos seguisteis **siguieron**

SUBJUNTIVO			
Presente	**destruya**	lea	**siga**
	destruyas	leas	**sigas**
	destruya	lea	**siga**
	destruyamos	leamos	**sigamos**
	destruyáis	leáis	**sigáis**
	destruyan	lean	**sigan**
Pasado	**destruyera**	**leyera**	**siguiera**
	destruyeras	**leyeras**	**siguieras**
	destruyera	**leyera**	**siguiera**
	destruyéramos	**leyéramos**	**siguiéramos**
	destruyerais	**leyerais**	**siguierais**
	destruyeran	**leyeran**	**siguieran**

D. Irregular verbs

INFINITIVO	dar[14]
PARTICIPIOS	dando / dado
IMPERATIVO	da (no **des**), **dé**, **demos**, dad (no **déis**), **den**
INDICATIVO	
Presente	**doy**, das, da, damos, dais, dan
Pretérito	**di**, **diste**, **dio**, **dimos**, **disteis**, **dieron**
Imperfecto	daba, dabas, daba, dábamos, dabais, daban
Futuro	daré, darás, dará, daremos, daréis, darán
Condicional	daría, darías, daría, daríamos, daríais, darían
Presente perfecto	he dado, has dado, ha dado, hemos dado, habéis dado, han dado
Pasado perfecto	había dado, habías dado, había dado, habíamos dado, *etc.*
SUBJUNTIVO	
Presente	**dé**, **des**, **dé**, **demos**, **deis**, **den**
Pasado	**diera**, **dieras**, **diera**, **diéramos**, **dierais**, **dieran**

INFINITIVO	decir[15]
PARTICIPIOS	**diciendo** / **dicho**
IMPERATIVO	**di** (no **digas**), **diga**, **digamos**, decid (no **digáis**), **digan**
INDICATIVO	
Presente	**digo**, **dices**, **dice**, decimos, decís, **dicen**
Pretérito	**dije**, **dijiste**, **dijo**, **dijimos**, **dijisteis**, **dijeron**
Imperfecto	decía, decías, decía, decíamos, decíais, decían
Futuro	**diré**, **dirás**, **dirá**, **diremos**, **diréis**, **dirán**
Condicional	**diría**, **dirías**, **diría**, **diríamos**, **diríais**, **dirían**
Presente perfecto	he dicho, has dicho, ha dicho, hemos dicho, habéis dicho, han dicho
Pasado perfecto	había dicho, habías dicho, había dicho, habíamos dicho, *etc.*
SUBJUNTIVO	
Presente	**diga**, **digas**, **diga**, **digamos**, **digáis**, **digan**
Pasado	**dijera**, **dijeras**, **dijera**, **dijéramos**, **dijerais**, **dijeran**

INFINITIVO	estar[16]
PARTICIPIOS	estando / estado
IMPERATIVO	**está** (no **estés**) **esté**, estemos, estad (no estéis), **estén**

INDICATIVO
Presente **estoy**, **estás**, **está**, estamos, estáis, **están**
Pretérito **estuve**, **estuviste**, **estuvo**, **estuvimos**, **estuvisteis**, **estuvieron**
Imperfecto estaba, estabas, estaba, estábamos, estabais, estaban
Futuro estaré, estarás, estará, estaremos, estaréis, estarán
Condicional estaría, estarías, estaría, estaríamos, estaríais, estarían
Presente perfecto he estado, has estado, ha estado, hemos estado, *etc.*
Pasado perfecto había estado, habías estado, había estado, habíamos estado, *etc.*

SUBJUNTIVO
Presente **esté**, **estés**, **esté**, estemos, estéis, **estén**
Pasado **estuviera**, **estuvieras**, **estuviera**, **estuviéramos**, **estuvierais**, **estuvieran**

INFINITIVO haber (*auxiliar*)[17]
PARTICIPIOS habiendo / habido

INDICATIVO
Presente **he**, **has**, **ha**, **hemos**, **habéis**, **han** **[hay]**
Pretérito **hube**, **hubiste**, **hubo**, **hubimos**, **hubisteis**, **hubieron** **[hubo]**
Imperfecto había, habías, había, habíamos, habíais, habían **[había]**
Futuro **habré**, **habrás**, **habrá**, **habremos**, **habréis**, **habrán** **[habrá]**
Condicional **habría**, **habrías**, **habría**, **habríamos**, **habríais**, **habrían** **[habría]**

SUBJUNTIVO
Presente **haya**, **hayas**, **haya**, **hayamos**, **hayáis**, **hayan** **[haya]**
Pasado **hubiera**, **hubieras**, **hubiera**, **hubiéramos**, **hubierais**, **hubieran** **[hubiera]**

INFINITIVO hacer[18]
Participios haciendo / **hecho**
IMPERATIVO **haz** (no **hagas**), **haga**, **hagamos**, haced (no **hagáis**), **hagan**

INDICATIVO
Presente **hago**, haces, hace, hacemos, hacéis, hacen
Pretérito **hice**, **hiciste**, **hizo**, **hicimos**, **hicisteis**, **hicieron**
Imperfecto hacía, hacías, hacía, hacíamos, hacíais, hacían
Futuro **haré**, **harás**, **hará**, **haremos**, **haréis**, **harán**
Condicional **haría**, **harías**, **haría**, **haríamos**, **haríais**, **harían**
Presente perfecto he hecho, has hecho, ha hecho, hemos hecho, *etc.*
Pasado perfecto había hecho, habías hecho, había hecho, habíamos hecho, *etc.*

SUBJUNTIVO
Presente **haga**, **hagas**, **haga**, **hagamos**, **hagáis**, **hagan**
Pasado **hiciera**, **hicieras**, **hiciera**, **hiciéramos**, **hicierais**, **hicieran**

INFINITIVO ir[19]
Participios **yendo** / ido
IMPERATIVO **ve** (no **vayas**), **vaya**, vamos (no **vayamos**), id (no **vayáis**), **vayan**

INDICATIVO
Presente **voy**, **vas**, **va**, **vamos**, **vais**, **van**
Pretérito **fui**, **fuiste**, **fue**, **fuimos**, **fuisteis**, **fueron**
Imperfecto **iba**, **ibas**, **iba**, **íbamos**, **ibais**, **iban**
Futuro iré, irás, irá, iremos, iréis, irán
Condicional iría, irías, iría, iríamos, iríais, irían
Presente perfecto he ido, has ido, ha ido, hemos ido, habéis ido, han ido
Pasado perfecto había ido, habías ido, había ido, habíamos ido, *etc.*

SUBJUNTIVO
Presente **vaya**, **vayas**, **vaya**, **vayamos**, **vayáis**, **vayan**
Pasado **fuera**, **fueras**, **fuera**, **fuéramos**, **fuerais**, **fueran**

INFINITIVO poder[20]
Participios **pudiendo** / podido

INDICATIVO
Presente **puedo**, **puedes**, **puede**, podemos, podéis, **pueden**
Pretérito **pude**, **pudiste**, **pudo**, **pudimos**, **pudisteis**, **pudieron**
Imperfecto podía, podías, podía, podíamos, podíais, podían
Futuro **podré**, **podrás**, **podrá**, **podremos**, **podréis**, **podrán**
Condicional **podría**, **podrías**, **podría**, **podríamos**, **podríais**, **podrían**
Presente perfecto he podido, has podido, ha podido, hemos podido, *etc.*
Pasado perfecto había podido, habías podido, había podido, habíamos podido, *etc.*

SUBJUNTIVO
Presente **pueda**, **puedas**, **pueda**, podamos, podáis, **puedan**
Pasado **pudiera**, **pudieras**, **pudiera**, **pudiéramos**, **pudierais**, **pudieran**

INFINITIVO poner[21]
Participios poniendo / **puesto**
IMPERATIVO **pon** (no **pongas**) **ponga**, **pongamos**, poned (no **pongáis**), **pongan**

INDICATIVO
Presente **pongo**, pones, pone, ponemos, ponéis, ponen
Pretérito **puse**, **pusiste**, **puso**, **pusimos**, **pusisteis**, **pusieron**
Imperfecto ponía, ponías, ponía, poníamos, poníais, ponían
Futuro **pondré**, **pondrás**, **pondrá**, **pondremos**, **pondréis**, **pondrán**
Condicional **pondría**, **pondrías**, **pondría**, **pondríamos**, **pondríais**, **pondrían**
Presente perfecto he puesto, has puesto, ha puesto, hemos puesto, *etc.*
Pasado perfecto había puesto, habías puesto, había puesto, habíamos puesto, *etc.*

SUBJUNTIVO
Presente **ponga**, **pongas**, **ponga**, **pongamos**, **pongáis**, **pongan**
Pasado **pusiera**, **pusieras**, **pusiera**, **pusiéramos**, **pusierais**, **pusieran**

INFINITIVO querer[22]
Participios queriendo / querido
IMPERATIVO **quiere** (no **quieras**), **quiera**, queramos, quered (no queráis), **quieran**

INDICATIVO
Presente **quiero**, **quieres**, **quiere**, queremos, queréis, **quieren**
Pretérito **quise**, **quisiste**, **quiso**, **quisimos**, **quisisteis**, **quisieron**
Imperfecto quería, querías, quería, queríamos, queríais, querían
Futuro **querré**, **querrás**, **querrá**, **querremos**, **querréis**, **querrán**
Condicional **querría**, **querrías**, **querría**, **querríamos**, **querríais**, **querrían**
Presente perfecto he querido, has querido, ha querido, hemos querido, *etc.*
Pasado perfecto había querido, habías querido, había querido, habíamos querido, *etc.*

SUBJUNTIVO
Presente **quiera**, **quieras**, **quiera**, queramos, queráis, **quieran**
Pasado **quisiera**, **quisieras**, **quisiera**, **quisiéramos**, **quisierais**, *etc.*

INFINITIVO	saber[23]
Participios	sabiendo / sabido
IMPERATIVO	**sabe** (no **sepas**), **sepa**, **sepamos**, sabed (no **sepáis**), **sepan**
INDICATIVO	
Presente	**sé**, sabes, sabe, sabemos, sabéis, saben
Pretérito	**supe**, **supiste**, **supo**, **supimos**, **supisteis**, **supieron**
Imperfecto	sabía, sabías, sabía, sabíamos, sabíais, sabían
Futuro	**sabré**, **sabrás**, **sabrás**, **sabremos**, **sabréis**, **sabrán**
Condicional	**sabría**, **sabrías**, **sabría**, **sabríamos**, **sabríais**, **sabrían**
Presente perfecto	he sabido, has sabido, ha sabido, hemos sabido, *etc.*
Pasado perfecto	había sabido, habías sabido, había sabido, habíamos sabido, *etc.*
SUBJUNTIVO	
Presente	**sepa**, **sepas**, **sepa**, **sepamos**, **sepáis**, **sepan**
Pasado	**supiera**, **supieras**, **supiera**, **supiéramos**, **supierais**, **supieran**
INFINITIVO	salir[24]
Participios	saliendo / salido
IMPERATIVO	**sal** (no **salgas**), **salga**, **salgamos**, salid (no **salgáis**), **salgan**
INDICATIVO	
Presente	**salgo**, sales, sale, salimos, salís, salen
Pretérito	salí, saliste, salió, salimos, salisteis, salieron
Imperfecto	salía, salías, salía, salíamos, salíais, salían
Futuro	**saldré**, **saldrás**, **saldrá**, **saldremos**, **saldréis**, **saldrán**
Condicional	**saldría**, **saldrías**, **saldría**, **saldríamos**, **saldríais**, **saldrían**
Presente perfecto	he salido, has salido, ha salido, hemos salido, *etc.*
Pasado perfecto	había salido, habías salido, había salido, habíamos salido, *etc.*
SUBJUNTIVO	
Presente	**salga**, **salgas**, **salga**, **salgamos**, **salgáis**, **salgan**
Pasado	saliera, salieras, saliera, saliéramos, salierais, salieran
INFINITIVO	ser[25]
Participios	siendo / sido
IMPERATIVO	**sé** (no seas), sea, seamos, sed (no seáis), sean
INDICATIVO	
Presente	**soy**, **eres**, **es**, **somos**, **sois**, **son**
Pretérito	**fui**, **fuiste**, **fue**, **fuimos**, **fuisteis**, **fueron**
Imperfecto	**era**, **eras**, **era**, **éramos**, **erais**, **eran**
Futuro	seré, serás, serás, seremos, seréis, serán
Condicional	sería, serías, sería, seríamos, seríais, serían
Presente perfecto	he sido, has sido, ha sido, hemos sido, habéis sido, han sido
Pasado perfecto	había sido, habías sido, había sido, habíamos sido, *etc.*
SUBJUNTIVO	
Presente	**sea**, **seas**, **sea**, **seamos**, **seáis**, **sean**
Pasado	**fuera**, **fueras**, **fuera**, **fuéramos**, **fuerais**, **fueran**
INFINITIVO	tener[26]
Participios	**teniendo** / tenido
IMPERATIVO	ten (no **tengas**), **tenga**, **tengamos**, tened (no **tengáis**), **tengan**
INDICATIVO	
Presente	**tengo**, **tienes**, **tiene**, tenemos, tenéis, **tienen**
Pretérito	**tuve**, **tuviste**, **tuvo**, **tuvimos**, **tuvisteis**, **tuvieron**
Imperfecto	tenía, tenías, tenía, teníamos, teníais, tenían

Futuro **tendré**, **tendrás**, **tendrá**, **tendremos**, **tendréis**, **tendrán**
Condicional **tendría**, **tendrías**, **tendría**, **tendríamos**, **tendríais**, **tendrían**
Presente perfecto he tenido, has tenido, ha tenido, hemos tenido, *etc.*
Pasado perfecto había tenido, habías tenido, había tenido, *etc.*

SUBJUNTIVO
Presente **tenga**, **tengas**, **tenga**, **tengamos**, **tengáis**, **tengan**
Pasado tuviera, tuvieras, tuviera, tuviéramos, tuvierais, tuvieran

INFINITIVO traducir[27]
Participios traduciendo / traducido
IMPERATIVO traduce (no **traduzcas**), **traduzca**, **traduzcamos**, traducid (no **traduzcáis**), **traduzcan**

INDICATIVO
Presente **traduzco**, traduces, traduce, traducimos, traducís, traducen
Pretérito **traduje**, **tradujiste**, **tradujo**, **tradujimos**, **tradujisteis**, **tradujeron**
Imperfecto traducía, traducías, traducía, traducíamos, traducíais, traducían
Futuro traduciré, traducirás, traducirá, traduciremos, traduciréis, *etc.*
Condicional traduciría, traducirías, traduciría, traduciríamos, *etc.*
Presente perfecto he traducido, has traducido, ha traducido, hemos traducido, *etc.*
Pasado perfecto había traducido, habías traducido, había traducido, *etc.*

SUBJUNTIVO
Presente **traduzca**, **traduzcas**, **traduzca**, **traduzcamos**, **traduzcáis**, *etc.*
Pasado **tradujera**, **tradujeras**, **tradujera**, **tradujéramos**, **tradujerais**, *etc.*

INFINITIVO traer[28]
Participios **trayendo** / **traído**
IMPERATIVO trae (no **traigas**), **traiga**, **traigamos**, traed (no **traigáis**), **traigan**

INDICATIVO
Presente **traigo**, traes, trae, traemos, traéis, traen
Pretérito **traje**, **trajiste**, **trajo**, **trajimos**, **trajisteis**, **trajeron**
Imperfecto traía, traías, traía, traíamos, traíais, traían
Futuro traeré, traerás, traerá, traeremos, traeréis, traerán
Condicional traería, traerías, traería, traeríamos, traeríais, traerían
Presente perfecto he traído, has traído, ha traído, hemos traído, *etc.*
Pasado perfecto había traído, habías traído, había traído, habíamos traído, *etc.*

SUBJUNTIVO
Presente **traiga**, **traigas**, **traiga**, **traigamos**, **traigáis**, **traigan**
Pasado **trajera**, **trajeras**, **trajera**, **trajéramos**, **trajerais**, **trajeran**

INFINITIVO venir[29]
Participios **viniendo** / venido
IMPERATIVO ven (no **vengas**), **venga**, **vengamos**, venid (no **vengáis**), **vengan**

INDICATIVO
Presente **vengo**, **vienes**, **viene**, venimos, venís, **vienen**
Pretérito **vine**, **viniste**, **vino**, **vinimos**, **vinisteis**, **vinieron**
Futuro **vendré**, **vendrás**, **vendrá**, **vendremos**, **vendréis**, **vendrán**
Condicional **vendría**, **vendrías**, **vendría**, **vendríamos**, **vendríais**, **vendrían**
Presente perfecto he venido, has venido, ha venido, hemos venido, *etc.*
Pasado perfecto había venido, habías venido, había venido, habíamos venido, *etc.*

SUBJUNTIVO	
Presente	**venga**, **vengas**, **venga**, **vengamos**, **vengáis**, **vengan**
Pasado	**viniera**, **vinieras**, **viniera**, **viniéramos**, **vinierais**, **vinieran**
INFINITIVO	ver[30]
Participios	viendo / **visto**
IMPERATIVO	ve (no **veas**), **vea**, **veamos**, ved (no **veáis**), **vean**
INDICATIVO	
Presente	**veo**, ves, ve, vemos, veís, ven
Pretérito	**vi**, **viste**, **vio**, **vimos**, **visteis**, **vieron**
Imperfecto	**veía**, **verás**, **veía**, **veíamos**, **veían**
Futuro	veré, verás, verá, veremos, veréis, verán
Condicional	vería, verías, vería, veríamos, veríais, verían
Presente perfecto	he visto, has visto, ha visto, hemos visto, *etc.*
Pasado perfecto	había visto, habías visto, había visto, habíamos visto, *etc.*
SUBJUNTIVO	
Presente	**vea**, **veas**, **vea**, **veamos**, **veáis**, **vean**
Pasado	viera, vieras, viera, viéramos, vierais, vieran

E. Verbs followed by a preposition

Verbs that require a preposition before a noun

asistir a	*to attend (event)*
acudir a	*to go to help; to attend (a meeting); to assist*
agradecer a	*to thank (someone)*
agregar a	*to add (in preparing food)*
atropellar a	*to run over (a living being)*
bajarse de	*to get off (vehicle, object)*
cargarle a uno	*to dislike (someone)*
casarse con	*to marry (someone)*
consistir en	*to consist of (parts, members)*
contar con	*to count on (someone, something)*
convertirse en	*to become (something)*
dar apoyo a	*to support (someone, something)*
dar un paseo por	*to take a walk around (the block, downtown)*
darse cuenta de	*to realize (something), have (something) dawn on you*
despedirse de	*to say good-bye to (someone, something)*
despegar de	*to take off from (a place)*
devolverse a	*to go back to (a place)*
dirigirse a	*to go toward (a place)*
disfrutar de	*to enjoy (something)*
divorciarse de	*to get a divorce (from someone)*
echar de menos a	*to miss (somebody, something)*
enamorarse de	*to fall in love with (someone, something)*
entrar en / a	*to enter (place)*
entusiasmarse con	*to get enthusiastic about (idea, something)*
estar a cargo de	*to be in charge of (someone, something)*
estar harto de	*to be fed up with (someone, something)*
extrañar a	*to miss (someone, something)*
fijarse en	*to pay attention to (someone, something)*
hacer escala en	*to stop at (a place)*
hacer frente a	*to face, handle (someone, something)*
hacer caso omiso de	*to not acknowledge (something)*
irse de vacaciones a	*to go on a vacation in (a place)*
irse a	*to go to (place, event)*
juntarse con	*to get together with (someone)*
llegar a	*to arrive in (a place)*
pegarse en	*to hit oneself on (body part)*
poner cara de...	*to put on a . . . face*
quejarse de	*to complain about (someone, something)*
querer a	*to love (person)*
reírse de	*to laugh at (someone, something)*
respaldar a	*to support (someone, something)*
salir bien / mal en	*to pass / fail (a class, test)*

salir con	*to go (steady) with (someone)*
salir de	*to leave (a place)*
ser de	*to be from (a place)*
soñar con	*to dream about / of (someone, something)*
subirse a	*to get on (a vehicle, object)*

Verbs that require a preposition before an infinitive

aprender a	*to learn to*
acabar de	*to have just* + past participle
acordarse (ue) de	*to remember to*
alegrarse de	*to be glad to*
apresurarse a	*to hurry to*
atreverse a	*to dare to*
ayudar a	*to help to*
comenzar a	*to begin, start to*
consentir (ie) en	*to agree to*
correr a	*to run to*
dejar de	*to stop, cease to*
empezar a	*to begin, start to*
enseñar a	*to teach how to*
estar listo(a) para	*to be ready for* + -ing
insistir en	*to insist on*
invitar a	*to invite to*
ir(se) a	*to go to*
llegar a ser	*to become*
negarse (ie) a	*to refuse to*
olvidarse de	*to forget to*
ponerse a	*to begin* + -ing
salir a	*to go out* + -ing; *to go out to / for (a walk)*
tardar en	*to be long in, delay in*
tratar de	*to try to*
venir a	*to come to*
volver (ue) a	*to* (verb) *again*

EQUIVALENCIAS

Recuerde que en español se usa una coma para indicar los decimales.

Capacidad

1 qt (cuarto)	= 0,94 l (litro, *liter*)
1 gal (galón)	= 3,78 l (*liters*)
1 l (litro)	= 1,05 qt (*quarts*)

Longitud

1 cm (centímetro)	= 0,39 pul (pulgada, *inch*)
1 Km (kilómetro)	= 0,62 mi (milla, *mile*)
1 m (metro)	= 39,37 pul
1 mi (milla)	= 1,60 Km
1 ft (pie)	= 30,48 cm
1 pul (pulgada)	= 2,54 cm
1 yd (yarda)	= 0,91 m

Peso

1 g (gramo)	= 0,03 oz (onza, *ounce*)
1 Kg (kilógramo)	= 2,20 lb (libra, *pounds*)
1 lb (libra)	= 0,45 Kg
1 oz (onza)	= 28,35 g
1 TM (tonelada)	= 2,200 libras

Superficie

1 Ha (hectárea)	= 2,47 ac (acres)

Temperatura

– 12,2°C	=	extremadamente frío	10°F
0°C	=	muy frío, se congela el agua	32°F
4,4°C	=	bastante frío, debe usar abrigo / tapado	40°F
10°C	=	frío, debe usar abrigo / tapado	50°F
15,6°C	=	fresco	60°F
21,1°C	=	agradable	70°F
26,7°C	=	un poco de calor	80°F
32,2°C	=	caluroso	90°F
37,7°C	=	extremadamente caluroso	100°F
37°C	=	temperatura normal del cuerpo	98,6°F
38,3°C	=	fiebre (*fever*)	101°F

GLOSARIO ESPAÑOL-INGLÉS

A

a fin de que so that
a la larga in the long run
a menos que unless
a menudo often
a pesar de (que) in spite of
a plazos in / by installments
a su vez in turn
a tiempo in time
a veces at times
abombado(a) rounded
abrazar(se) to hug (each other)
absolutamente absolutely
aburrido(a): estar~ to be bored; **ser~** to be boring
aburrirse to get bored
acaso perhaps
acción *f.* share; action
aceite *m.* oil (food)
acercarse a to get close to
acogedor(a) welcoming
aconsejar to advise
acordar to agree
acordarse to remember
acostarse to go to bed
acostumbramiento *m.* addiction
acostumbrar(se) to get used to
acribillar to shoot down
actor *m.* / **actriz** *f.* actor / actress
actual, actualmente at present, nowadays
actuar to act
acuario *m.* aquarium
acudir a to attend, go to
acuerdo: estar de ~ con to agree with
adelgazar to lose weight
aderezar to dress (a salad)
¿adónde fuiste (fueron)? where did you (they) go?
afeitado(a) shaved
afeitarse to shave oneself
afirmación *f.* statement
afueras *f.* outskirts
agradable nice, pleasant
agregar to add
agronomía *f.* agronomy
agrónomo(a) agronomist
agua potable *m.* drinking water
aguas servidas *f. pl.* sewage water
ahorrador(a) thrifty person
ahorrar to save
ahorros *m. pl.* savings
aire *m.* air; ~ **acondicionado** air conditioning
aislante insulating
ají *m.* hot chili pepper
al contado in cash
al lado de next (door) to, beside
al principio at the beginning
albergar to shelter
albergue *m.* shelter, refuge
alcanzar to reach
alcatraz *m.* pelican, gannet
alegrarse to get happy
alerta alert
alfabetización *f.* literacy (campaign)
algunos(as) *pl.* some
alimentación *f.* food, nutrition
alimentar to feed
alimento *m.* food, staple
aliviado relieved
almohada *f.* pillow
almorzar to have lunch
almuerzo *m.* lunch
alquilar to rent
alquiler *m.* rent
alto(a) high, tall; ~ **en colesterol / grasas** high in cholesterol / fat
aluminio *m.* aluminum
amable nice, helpful
amar(se) to love (each other)
ambiente *m.* environment, ambience, context
ambos both
amistad *f.* friendship
amoroso(a) loving, affectionate
analfabetismo *m.* illiteracy
analfabeto illiterate person
andar to walk; ~ **con hambre** to be hungry
los Andes *m. pl.* Andes Mountains
ante in front of
antes (de) que before, before + verb
antigüedad *f.* seniority; antiquity; antique
anuncio *m.* ad
añadir to add
apagar to turn off
aparatoso cumbersome
aparecer to appear
apartamento *m.* apartment
apasionado(a) passionate
apellido *m.* last name
apenas barely
aportar mi / tu granito de arena to do one's part
apoyar(se) to support (each other)
apoyo *m.* support, help
aprender to learn
árbol *m.* tree
archipiélago *m.* archipelago
archivo *m.* file, archive
ardiente hot
argumento *m.* plot
arriesgar(se) to take risks
artefacto *m.* appliance
arte *m.* / *f.* art; **el ~ popular** popular art; **las artes plásticas** plastic art
artista *m.* / *f.* artist
asesor(a) consultant
asesorar to consult for
asesoría *f.* consulting
así this way, thus
asqueroso(a) yucky
asuntos (de dinero) *m.* money matters
asustarse to get scared
atardecer *m.* dusk
atento(a) attentive, helpful
atestiguar to serve as witness
atmósfera *f.* atmosphere
atochado(a) full, crowded; backed up (traffic)
atornillar to screw on
atrasar to delay, postpone
atrasarse to be late

aun although
aun cuando even though
aún still
aunque although
autobús *m.* bus
automovilismo *m.* motoring, car racing
autopista *f.* freeway, expressway
ave *f.* bird
avenida *f.* avenue
avergonzarse to be embarrassed
averiguar to find out
aviso *m.* ad
avión *m.* airplane; ~ **en miniatura** miniature airplane
ayudante *m. / f.* assistant
ayudar a to help; **ayudar(se)** to help (each other)
azúcar *m. / f.* sugar

B

bailarín / bailarina de ballet (folclórico) ballet (folkloric) dancer
baile *m.* dance
bajar to go down; ~ **de peso** to lose weight; ~ **el volumen** to lower the volume
bajo(a) low, short; ~ **en aceites / calorías** low in oils / calories
bancario(a) bank employee
barco *m.* ship
barnizar to stain, varnish
barril *m.* keg, barrel
barrio *m.* city section, neighborhood
barroco(a) baroque
basta enough
basura *f.* trash
batido *(m.)* shake; ~ **de coco** coconut shake; ~ **de guayaba** guayaba shake; ~ **de piña** pineapple shake
beber to drink
bebida *f.* beverage; ~ **alcohólica** alcoholic beverage; ~ **gaseosa** soda
beca *f.* scholarship
bellas artes *f.* fine arts
bello(a) beautiful
beneficio *m.* benefit
besar(se) to kiss (each other)
beso *m.* kiss; **besote** *m.* big kiss
biblioteca *f.* library
bibliotecario(a) librarian
bien well; **¡pero qué ~!** that's great!
bienes raíces *m.* real estate
billetera *f.* wallet
billetes de avión *m.* plane tickets
biología *f.* biology
biólogo(a) biologist
blanquear to whiten
boca *f.* mouth; ~ **abajo** face down, on one's stomach
bolsa *f.* stock exchange; purse
bonito(a) pretty
borrar to erase
bosque *m.* woods, forest
botella *f.* bottle
brindar to give, grant
bronquios *m.* bronchi
bruja *f.* witch
brusco(a) rough, brusque
bueno(a) good
buscar to look for, search

C

cabra *f.* goat
cadáver *m.* corpse
caer(se) to drop; to fall
caja *(f.)* **de helados** ice cream carton
cajero *m.* teller
cajero automático / electrónico *m.* ATM (automatic teller machine)
cajón *m.* coffin
cálculo *m.* calculus
callarse to stop talking
calmarse to calm oneself
caminata *f.* stroll
camión *m.* truck; bus (Mex.)
camiseta *f.* T-shirt
campaña *(f.)* **a favor / en contra** campaign for / against
campo *m.* country, field
cancelar to pay down / off; cancel
cansarse to get tired
cantante *(m. / f.)* singer
¡caramba! oh, boy!
cargarle a uno to dislike someone
caribeño(a) caribbean
carne *f.* meat
carpeta *f.* manila folder, hanging file
carrera *f.* career
cartón *m.* carton, corrugated material
casado(a) married
casarse con to get married to
casero(a) homemade
casi almost
cazar to hunt
ceder terreno to give in
célebre famous
celoso(a) jealous
cenar to dine
centavo *m.* cent
cerámica *f.* ceramics
ceramista *(m. / f.)* ceramist
cerca near, close by
cercanía *f.* near
cerdo *m.* pork
certificado *(m.)* **de defunción** death certificate; ~ **de nacimiento** birth certificate
charol *m.* patent leather
chavo *m.* cent
chequera *f.* checkbook
chico(a) boy, girl, kid
chupar to suck
ciego(a) blind
cima *f.* summit
ciencias *(f. / pl.)* sciences; ~ **exactas** exact sciences; ~ **naturales** natural sciences; ~ **sociales** social sciences
cierto true; **es ~ que** it is true that
cine *m.* cinema
cineasta *(m. / f.)* moviemaker, director
ciudad *f.* city
claro of course; **claro que sí** of course
clave *f.* key word / number
clima *m.* climate
cobrar to cash a check; to charge
cobre *m.* copper
coche *m.* car
codiciado(a) coveted
cognado cognate
cojo(a) limping; legless; lame; **todo ~ culpa al empedrado** when you limp, you blame the pavement (cobblestone); to refuse to acknowledge one's problems
colgar el teléfono to hang up
colmo *m:* **para ~ de colmos** to top it all

color de hormiga *m.* doubtful
comadre *f.* godmother of one's child
combustible *m.* fuel
comedia *f.* comedy
comer(se) to eat (up)
cómico(a) comical
comida *f.* **grasosa** greasy, rich food
como as, since
como si fuera as if it were
¿cómo te / les fue? how did you do?
¿cómo van las cosas? what's up?, how are things going?
comodidad *f.* convenience
compadre *m.* friend, godfather or father of a child to each other
compartir to share
competitivo(a) competitive
compinche *(m. / f.)* pal
comprar to buy; ~ **al contado** to buy in cash; ~ **a plazos** to buy in installments
compras *f. pl.* purchases; **hacer** ~ to shop, go shopping
comprometerse to get engaged
comprometido(a) engaged
común y corriente ordinary
comunicar(se) to communicate (to each other)
¿con quién vives? who do you live with?
con respecto a related to
con (todo) desplante without missing a beat
con tal (de) que as long as, provided that
concentración *f.* major
conferencia *f.* lecture
conocer(se) to know, meet somebody; know each other
conocido(a) well known
conseguir ayuda to get help; ~ **fondos** to get funds; ~ **trabajo** to get a job
consejero(a) counselor, advisor
consejo *m.* advice
construcción *(f.)* **civil** civil construction
constructor(a) constructor; builder
consulta *(f.)* **privada** private office
consultor(a) consultant
consumidor(a) consumer
consumir to consume, ingest, use
contabilidad *f.* accounting
contaminación *f.* pollution
contar(se) to tell (each other)
controlar la dieta to control one's diet
convenio *m.* agreement
conversar to talk
convertirse to become
copa *f.* foliage (of tree)
copartidario(a) from the same political party
coquetear to flirt
cordillera *f.* steep, high mountain range; sierra
cormorán *m.* cormorant
corredor *m.* broker; ~ **de la bolsa** stock broker; ~ **de bienes raíces** real estate
correr to jog; ~ **tabla** to surf
cortés polite
cosa *f.* thing
cosquillas *f.* tickling
costa (el litoral) *f.* coast, shore
cotidiano(a) daily, routine
creación *f.* **de empleos** job creation
creciente growing
creer to believe
criticar(se) to criticize (each other)
cuadro *m.* painting, picture
cuello *m.* neck
cuenta *f.* (utility) bill, check; account; ~ **a la vista** checking account; ~ **a plazo** deferred deposit account; ~ **de ahorros** savings account; ~ **corriente** checking account
cuenta regresiva regressive counting
cuentapropismo *m.* freelancing, entrepreneurship
cuento *m.* tale, short story
cuidar la línea to watch one's weight
cuidarse (mucho) to take (good) care of oneself / each other
cuna *f.* crib
cupo *m.* credit card limit; vacancy, room

D

dañino(a) harmful
dar apoyo a to support
dar el brazo a torcer to give in
dar una vuelta to go for a walk / ride
darse cuenta (de) que to realize
darse tiempo to give oneself time
de hecho in fact
de moda fashionable
¿de qué vives? what do you do for a living?
de repente suddenly
¿de veras? really?
deber to owe; must
dedicado(a) devoted
dejar de to stop doing something
delante in front of
delgado(a) thin
delincuencia *f.* crime; ~ **juvenil** juvenile delinquency, teen crime; ~ **urbana** urban crime
demasiado too much
dentista *(m. / f.)* dentist
dentística *f.* dentistry
deporte *m.* sport; **hacer** ~ to play sports
deportivo(a) athletic
depósito *m.* deposit; ~ **a plazo** certificate of deposit or CD
deprimirse to get depressed
derrota *f.* defeat
desadaptado(a) maladjusted
desafío *m.* challenge
desagradable unpleasant
desamparados *m. pl.* indigent, homeless
desaparecer to disappear
desapercibido(a) unnoticed
desarrollado(a) developed
desarrollar to develop
desarrollo *m.* **constante** sustainable development
desecho *m.* refuse
desenlace resolution (of a story, event)
desenvolverse to handle oneself
desgarrarse un músculo to tear a muscle
desgraciadamente unfortunately
deshumidificador *m.* dehumidifier
deslizar to slide

desnatado(a) skimmed; **la leche** ~ skim milk
despedir to fire
despedirse de to say good-bye to
desperdiciar to waste, dilapidate
desperdicio *m.* waste, refuse
despertarse to wake up
desplante *m.* assuredness, assertiveness, cool attitude
después (de que) after, afterwards; ~ **de eso** after that; ~ **de un rato** after a while
destreza *f.* skill, ability
desvestirse to get undressed
detallista *(m. / f.)* retailer
detener(se) to stop (oneself)
detestar(se) to detest (each other)
deuda *f.* debt
diario *m.* daily (paper)
dibujante *(m. / f.)* draftsperson
dibujo *m.* drawing; ~ **técnico** drafting
dientes *m. pl.* teeth
dieta *f.* diet; ~ **equilibrada** balanced diet; ~ **líquida** liquid diet; **hacer** ~ to be on a diet
dilapidar to waste
dinero *m.* money, funds
disco *m.* record; ~ **de música popular** popular music record; ~ **de jazz** jazz record; ~ **de rock** rock record
discutir to argue
diseñador(a) designer
diseño *m.* design
disfrutar to enjoy
disminuir el ruido to lower the noise
diversión *f.* enjoyment, good time, amusement, fun activities
divertirse to have a good time
divorciado divorced
divorciarse de to get a divorce
doblar bend
doblarse un tobillo to twist, sprain an ankle
documental *m.* documentary
dólar *m.* dollar
doler(le) a uno to hurt
dolor *m.* ache; ~ **de cabeza** headache; ~ **de estómago** stomachache
dormido(a) asleep
dormir to sleep; ~ **como un lirón** to sleep like a log
duchar to shower
dudoso doubtful; **es** ~ **que** it is doubtful that
dueña *f.* **de casa** homemaker

E

ecología *f.* ecology
ecólogo(a) ecologist
económicamente economically
ecosustentabilidad *f.* sustainable development
edad *f.* age
efectivo *m.* cash
efecto *(m.)* **de invernadero** greenhouse effect
ejercicio *m.* exercise; **hacer** ~ to exercise
elegir to select, elect
emboscada *f.* ambush
embrujar to dazzle
embutido *m.* sausage, cold cut
emisión *f.* **de calor** heat / emission; ~ **de CO^2** CO^2 emission
emparentado(a) related to
empedrado *m.* cobblestone pavement
empeorar to get worse
empezar to begin, start
empresa *f.* enterprise, company
emulsionar to dilute in an emulsion
en caso (de) que in case
en cuanto a... regarding . . .
en seguida then, at once, immediately, right away
en todo caso at any rate
enamorarse de to fall in love with
encantarle a uno to love something, prefer something
encender to turn on
energías *(f.)* **alternativas** alternate energy sources
enfadado(a) mad, upset
enfadarse to get mad, upset
enfermarse to get sick
enfermería *f.* nursing
enfermero(a) nurse
enfermo(a) sick, ill, infirm
engordador(a) fattening
engordar(se) to put on weight
enojado(a) mad, upset
enojarse to get mad, upset
ensayista *(m. / f.)* essay writer
ensoñador(a) dreamlike
ensuciar to make dirty
ensueño *m.* fantasy
entender(se) to understand (each other)
entierro *m.* funeral
entonces then
entrada *f.* income; ticket
entregar to hand over
entrenarse to train (for a sport)
entretenciones *f. pl.* fun activities
entrevistador(a) interviewer
entristecerse to become sad
entusiasmado(a) enthusiastic
entusiasmarse con to get enthusiastic about
envidioso(a) envious, jealous
equilibrado(a) balanced
equivocado(a) wrong; **estar** ~ to be wrong
equivocarse to be wrong, make a mistake
erguido(a) standing up, erect
error *m.* mistake, error
es bueno / malo que it is good / bad that
es cierto que it is true that
es dudoso que it is doubtful that
es indispensable que it is absolutely necessary that
es lógico que it is logical that
es mejor que it is better that
es posible que it is possible that
es preciso que it is absolutely necessary that
es seguro que it is certain that
es tradicional que it is traditional that
es una lástima que it is a pity that
esbelto(a) lean
escabeche *m.* method of cooking with oil, vinegar, onions (somewhat like marinading)
escape *(m.)* **del auto** car exhaust
escoger to choose, select
escribir(se) to write (each other)
escritor(a) writer
escuchar música to listen to music

escuchar(se) to listen to oneself / each other
escultor(a) sculptor
escultura *f.* sculpturing, sculpture
espalda *f.* back
especialidad *f.* major (in college)
especias *f.* spices
especies *f.* **en extinción** species in extinction, species dying out
esperar to wait
esquí *m.* ski; **hacer ~ acuático** to water ski
esquiar to ski
estadígrafo(a) statistician
estadio *m.* stadium
estadística *f.* statistics (the science)
estadísticas *f.* statistics (figures), data
estar con sueño to be sleepy
estar de acuerdo con to agree with; **~ de viaje** to be away; **~ de regreso** to be back; **~ de vacaciones** to be on vacation; **~ de vuelta** to be back
estar equivocado(a) to be wrong
estar harto(a) de to be fed up
estar listo(a) para to be ready for
estar más pobre que una rata to be broke, to be as poor as a church mouse
estar molesto(a) to be mad, upset
¿estás loco(a)? are you crazy?
estatura *f.* height
estimado(a) dear (in correspondence)
estirar to stretch
estreno *m.* first showing
estudioso(a) studious
estupendo(a) great
evitar to avoid
exigir to require
éxito *m.* success; **tener ~** to be successful
exposición *f.* exhibition
exprimir to squeeze

F

fábrica *f.* factory
fácil easy
famoso(a) famous
fauna *f.* wild animals
feísimo(a) extremely ugly
feriado *m.* holiday
fertilizante *m.* fertilizer
fiebre *f.* ever
fielmente faithfully
fiesta *f.* party; **hacer una ~** to throw a party
fijarse en to pay attention to
fíjate (tú) (que) pay attention (to)
fíjese (Ud.) bien pay attention to
finanzas *f. pl.* finances
fin *m.* end; **por ~** finally; **(a) fines de siglo** at the end of the century
firmar to sign
física *f.* physics
físico(a) physicist
flechazo *m.* Cupid's arrow shot, love at first sight
flojo(a) loose, lazy
flor *f.* flower
folclórico(a) folkloric
fondos mutuos *m. pl.* mutual funds
fotocopiadora *f.* xerox machine
fotografía *f.* photography, photograph
fotógrafo(a) photographer
frenar to brake
frente *m.* face, forehead; **hacer ~** to face, handle
fritura *f.* fried food
frustrarse to get frustrated
fuentes *f. pl.* sources; **~ de energía** sources of energy; **~ de producción** sources of production
fuerzas armadas *f.* armed forces
fumar to smoke
función *f.* function
fusta *f.* whip

G

galardonado(a) decorated
ganar to earn; to win
garganta *f.* throat
gastador(a) big spender
gastar to spend money; **~ a manos llenas** to overspend
gasto *m.* expense
gato *m.* cat
gavetas *f.* **archivadoras** files, file drawers
geografía *f.* geography
geógrafo(a) geographer
gerente / gerenta manager
gimnasia *f.* gymnastics; **hacer ~** to exercise
gordo(a), gordito(a) *fam.* fat, plumpy, obese
goteo *m.* drop by drop
gozar to enjoy
grabar to engrave
granja *f.* farm
granos *m. pl.* cereals, grains
grapadora *f.* stapler
gritar(se) to shout (at each other)
guapo(a) handsome
guardabosque *m.* forest ranger
guardaparque *m.* park ranger
guardar to keep; to put away
guión *m.* script
guionista *(m. / f.)* script writer
gustarle a uno to like; to enjoy; to be pleased
gusto: ~ de verte / verle nice to see you; **mucho ~** nice to meet you; **tanto ~** nice to meet you

H

habas *f.* lima beans
había there was / were
hablar(se) to speak; to talk to each other
hacer aerobismo to do aerobics
hacer compras to shop, go shopping
hacer deporte to play sports
hacer dieta to be on a diet
hacer ejercicio (gimnasia) to exercise
hacer el papel de to play the role of
hacer esquí acuático to water ski
hacer frente a to face, handle
hacer montañismo to do mountain climbing; to hike
hacer ruido to make noise
hacer un presupuesto to plan a budget
hacer una fiesta to throw a party
hacer un pregunta to ask a question
hacer vela to sail
hacerse amigos to become friends; **~ millonario(a)** to become rich; **~ famoso** to become famous

hacia toward
halago *m.* flattery
hamaca *f.* hammock
harto(a) fed up; **estar ~ de** to be fed up
hasta (que) until; even
hay there is / are
hay tanto(a)... sin there are so many . . . without
hay que one must, has to
hectárea *f.* hectare (= 2.47 acres)
hermanastro(a) stepbrother / stepsister
hermoso(a) beautiful
herencia *f.* inheritance, heritage
hijo(a) son, daughter
hijo(s) *m.* child, son, children
historia *f.* history
histórico(a) historic
hogar *m.* home, family
hoja *f.* leaf
¡hola! hi!, hello!
hombre *m.* man
hombro *m.* shoulder
hora *f.* hour, time on the clock
humectación *f.* moistening, dampening
húmedo(a) humid, wet, damp
humo *m.* smoke

I

impensado(a) unintentional
impresionista *m.* / *f.* impressionist
impresora *f.* printer
impuesto *m.* tax
inaugurar to open; to inaugurate
incapaz unable, unskilled
incendio *m.* fire
inclinación *f.* tendency
independencia *f.* **energética** energy self-sufficiency
indiscreto(a) indiscreet
indispensable indispensable; **es ~ que** it is absolutely necessary that
industria *f.* **nacional** domestic industry
influenza *f.* flu, influenza
ingeniería *f.* engineering; **~ civil** civil engineering; **~ electrónica** electronic engineering; **~ mecánica** mechanical engineering
ingeniero(a) engineer
ingresar to enter
ingreso *m.* income
inolvidable unforgettable
insecticida *m.* insecticide
insoportable unbearable
interesarse en to get interested in
intolerable unbearable
inválido(a) invalid
invernadero *m.* greenhouse
inversión *f.* investment
invertir to invest
ir a to go to
ir(le) bien (mal) a uno to do well (badly)
ir(se) to go (away)
irse to leave, go away; **~ a pie** to go on foot; **~ de compras** to go shopping; **~ de paseo** to go for a walk or ride; **~ de viaje** to go on a trip
isla *f.* island

J

jugar to play; **~ básquetbol** to play basketball; **~ en (con) la computadora** to play on (with) the computer; **~ fútbol** to play soccer; **~ ráquetbol** to play racquetball; **~ tenis** to play tennis; **~ vóleibol** to play volleyball
juntarse con to get together with

L

laboratorio *m.* lab, laboratory; **~ de física** physics lab; **~ de lenguas** language lab; **~ de química** chemistry lab
lácteos *m.* dairy
lago *m.* lake
lágrima *f.* tear
lana *f.* wool
largometraje *m.* movie
lástima *f.* pity; **es una ~ que** it is a pity that
lata *f.* tin can; bore
latido *m.* (heart) beat
lavado *m.* wash
lavar(se) to wash (oneself); **~ la ropa** to do the wash
lazos *m.* tie, link
leer to read
legumbre *f.* vegetable, legume
lejos far (away)
león *m.* lion; **~ marino** sea lion
levantar pesas weight lifting
levantarse to get up
limpiar to clean; **~ al seco** to dry clean
limpiavidrios *m.* glass cleaner
limpieza *f.* cleaning
limpio(a) clean
líquido(a) liquid
listo(a) ready; **estar ~ para** to be ready for
llamarse to be named, to call each other
llegar a to arrive in; **~ a ser** to become
lleno(a) full
llevar to carry; **~ (mucho / demasiado) tiempo** to take long
llevarse bien / mal con to get along well / bad with
lluvia ácida *f.* acid rain
loco(a) crazy, mad, crazed; **estar ~** to be crazy
locomoción *f.* **colectiva** public transportation
lógico: es ~ que it is logical that
lograr to achieve; to attain
los sin casa *m.* the homeless
luego then, afterwards
lugar *m.* place

M

machacado(a) mashed, ground, crushed
machista related to ***machismo***
madrastra *f.* stepmother
madre *f.* mother
madrina *f.* godmother
maduro ripe, wise; **se cae de ~** it is obvious
maletín *m.* small bag, small suitcase
maltratado(a) abused, beaten
maltrato *m.* abuse; **~ infantil** child neglect / abuse
mamá *f.* Mom
mando *m.* management; **~ empresarial** management level
manejar to drive; to handle, manage; **~ dinero** to manage money; **~ fondos** to manage funds

manifestación *f.* demonstration
manirroto(a) big-time spender
mantenerse en forma to keep in shape
maquillarse to make up
mar *f. / m.* sea
más vale que sí (no) you'd better do it (not do it)
matemáticas *f.* mathematics
mayor older; greater
mayores *m.* older people
mayoría *f.* majority
medicina *f.* medicine
médico(a) physician
medio *m.* **ambiente** environment
mejor better; **es ~ que** it is better that
mejorar to improve
mejoría *f.* improvement
membrete *m.* letterhead
menor younger; smaller; **menores (de edad)** *m. pl.* minors, those younger than 21
menos less; **a ~ que** unless; **¡ ~ mal!** Thank God!
mentón *m.* chin
mercado *m.* **de valores** stock exchange
merecido(a) deserved
merienda *f.* snack, small meal
mesón *m.* counter
meter la pata to put your foot in your mouth
metro *m.* subway, meter
millonario *m.* millionaire
minoría *f.* minority
mirarse to look at each other; look oneself in a mirror
mismo(a) same; self
mitad *f.* half
moho *m.* rust, mold
molestar(se) to bother (each other)
molestarle a uno to be bothered
molestia *f.* nuisance
molesto(a) upset; **estar ~** to be mad, upset
montañismo *m.*: **hacer ~** to do climbing, hiking
montar en bicicleta to ride a bike
morirse (de hambre, miedo, rabia) to die (of hunger, fright, rage)
motociclismo *m.* motorcycling
movilización *f.* transportation
¡mucho gusto! nice to meet you!
mueble *m.* furniture
mural *m.* mural
muralista *m. / f.* mural painter
museo *m.* museum

N

nacer to be born
nacimiento *m.* birth
nadar to swim
natación *f.* swimming
navegar por la Internet to surf the Net
neblinoso(a) foggy
negado(a) inept; **soy ~ para el arte** I am not good at art
nervioso(a) nervous
ni aunque me paguen not even if they pay me
ni hablar; yo no sé nada de... no way! I don't know anything about . . .
¡ni modo! no way!
nivel *m.* level
no es para tanto it is not so bad as it seems
¡no faltaba más! that's all I needed!
no hay caso contigo I always come out a loser with you
no puede ser it can't be
no sólo... sino también... not only . . . but also . . .
no soportar más not to be able to put up with something any more
no te lo creo I don't believe you
no tener dónde caerse muerto not to have anything at all
no tener la más vaga (peregrina) idea to have no idea
no tener ni un peso (chavo) to be broke
noreste *m.* northeast
noroeste *m.* northwest
norte *m.* north
novela *f.* novel, fiction
noviazgo *m.* the relationship (and period) of a boy and girlfriend
novio(a) boyfriend, girlfriend, fiancé(e), groom, bride
novísimo(a) extremely new
nunca never; **casi ~** almost

O

obesidad *f.* obesity
obeso(a) obese
obra *f.* work of art, piece
odiar(se) to hate (each other)
odio *m.* hate
oeste *m.* west
ofrecer to offer
oír to hear
ojalá (que) I / you wish
olvidar to forget; **olvidarse de** to forget something
opinar to give your opinion
ordenado(a) tidy, orderly

P

padrastro *m.* stepfather
padre *m.* father
padres *m. pl.* parent(s)
padrino(s) *m.* godfather; godparents
pagar to pay
paisaje *m.* landscape
pájaro *m.* bird
papá *m.* Dad; **papá** *m.* **y mamá** *f.* Mom and Dad
papel *m.* paper; role; **~ principal** main role; **hacer el ~ de** to play the role of
¿para qué? what for?
parecer to seem
pareja *f.* spouse, companion; couple
participar to participate
partido *m.* game
pasajes *(m. pl.)* **de avión** plane tickets
pasar el tiempo to spend time
pasarlo bien to have a good time
pasatiempo *m.* pastime
pasión *f.* passion; **mi ~ es...** my biggest interest is . . . , I'm mad about
pata *f.* animal foot, paw, furniture leg
patinar to (roller) skate
pedir to request, ask for; **~ un préstamo** to request a loan
pegarse en (la cabeza / cara / mano) to hit one's (head / face / hand)

pelear(se) to argue, fight; break up
película *f.* film, movie; ~ **de amor** romantic movie; ~ **de terror** horror movie; ~ **en blanco y negro** black and white movie; ~ **a colores** color movie
peligro *m.* danger
peligroso(a) dangerous
periodismo *m.* journalism
periodista *(m. / f.)* journalist
¡pero qué bien! that's great!
personaje *m.* character
perturbado(a) troubled
pesadilla *f.* nightmare
pescado *m.* fish
peso *m.* weight
pesticida *m.* pesticide
petición *f.* request, petition
picadora *f.* **de papeles** paper shredder
picante spicy (hot)
piedra *f.* stone, rock
piel skin
pintor(a) painter
pintura *f.* painting, paint
piso *m.* floor
planilla *f.* **electrónica** spreadsheet
plata *f.* money, funds
plato *m.* plate; ~ **de papel** paper plate
pleno(a) full
pleno centro *m.* right downtown
pobre poor; **estar más ~ que una rata** to be broke, be as poor as a church mouse
poder *m.* power; **poder** to be able to
poema *m.* **(de amor)** love poem
poesía *f.* poetry
poeta *m.* / **poetisa** *f.* poet
polvo *m.* dust
poner to put, place
ponerse to put on; to become; to get; to put on (clothes)
por ciento per cent
por consiguiente consequently
por eso that's why
por fin finally
por su parte in turn
por su propia cuenta on his / her own
por supuesto of course
por último lastly, finally
por un tiempo for a while
porcentaje *m.* percentage
porque why
posible possible; **es ~ que** it is possible that
preciso precise; **es ~ que** it is absolutely necessary that
preferir to prefer
preguntar to ask
premio *m.* prize
preocuparse to worry
préstamo *m.* loan; **pedir un ~** to ask for a loan
prestar to loan, borrow
presupuesto *m.* budget, estimate; **hacer un ~** to plan a budget
previsor(a) good planner
primavera *f.* spring
primero(a) first (in sequence, order)
problema *m.* problem, trouble
promover to promote
proponer to propose
protagonista *m. / f.* main character, protagonist
proteger to protect
provecho *m.* benefit; **¡buen ~!** enjoy (the food)!
prueba *f.* proof; test
publicidad *f.* publicity
publicista *m. / f.* ad agent
pues well . . . ; since
pues, nada. oh, nothing.
puesto *m.* position, job
puesto que since
puro *m.* cigar
puro(a) pure, clean

Q

¿qué dices? What's up?
¡qué espanto! how frightening!
¿qué están dando? what are they showing?
¿qué hay de nuevo? what's up?
¿qué hiciste (hicieron)? what did you do?
¿qué hora es? what time is it?
¡qué lástima / qué pena! what a pity!
¡que lo pases (pasen) bien! have a good time!
¡que salgas (salga) bien en el examen! may you do well on the test!
¡que seas (sean) felices! may you be happy!
¿qué tal? how are you?
¡que te diviertas (se diviertan)! have a good time!
¡que te mejores (se mejoren)! get well!
¡qué tentación! how tempting!
¡que te (les) vaya bien! may everything turn out well!
quebrar to go bankrupt
quebrarse una pierna (un brazo) to break a leg (an arm)
quedarle (bien / mal) to fit (well / bad); ~ **a uno** to have left
quedarse to stay; ~ **sin un peso (chavo)** to be broke; ~ **estudiando** to stay up studying
quejarse to complain
quemar to burn; ~ **las grasas** to burn fat (calories); ~ **hojas** to burn leaves
querer(se) to want; to love (each other)
querido(a), estimado(a) dear (in correspondence
quiebra *f.* bankruptcy
química *f.* chemistry; **químico(a)** chemist; **químico(a)** chemical
quitar to take away
quitarse to take off
quizás perhaps

R

rambla *f.* avenue, boulevard
ramo *m.* bunch (of herbs, flowers)
rascacielos *m.* skyscraper
realizar to carry out
realizar(se) to realize (oneself); to come true
realzar to enhance
rebozo *m.* shawl, mantilla
recalentamiento *m.* overheating
recalentar to overheat
receta *f.* recipe, prescription
rechazar to reject
reciclado(a) recycled
reciclar to recycle; **reciclable** recyclable
reciclaje *m.* recycling
recompensado(a) compensated

red *f.* network
redactar to write
régimen *m.* diet
regreso *m.* return; **estar de ~** to be back
regular, no más so so
relajado(a) relaxed
relajarse to relax
reliquia *f.* relic
remedios *m. pl.* medicines
renovable renewable
reparar (el escape) to repair (the exhaust)
residencia *f.* dormitory
responsable responsible
restante *m.* remainder
resultado *m.* result
retrato *m.* portrait
revista *f.* magazine
riesgo *m.* risk
río *m.* river
robo *m.* robbery, burglary
rodado(a) shot (e.g., a movie); **película ~ en / por** movie shot in / by
rodaja *f.* slice
rodilla *f.* knee
rogar to pray, beg
rompecorazones *m. / f.* heartbreaker
ruido *m.* noise; **hacer ~** to make noise

S

sábana *f.* sheet
saber to know
¿sabías que...? did you hear that . . . ?
sabor *m.* flavor
sacapuntas *m.* pencil sharpener
sacar to get; **~ buenas notas** to get good grades; **~ dinero** to withdraw money; **~ fotos** to take photos
salir to go out, to leave; **salirse** to get out
salirse con la suya to get one's own way
saltar to jump
saltarse to skip something
saltear to sauté food
salud *f.* health
saludable healthy
saludar(se) to say hello
sano(a) healthy
sartén *m.* skillet, frying pan
sávila *f.* aloe vera
seco(a) dry
seguir un régimen to be on a diet
según according to
seguro(a) sure, certain; **es ~ que** it is certain that; **seguro** *m.* insurance
seguro de vida *m.* life insurance
selva *f.* jungle; **~ húmeda** rain forest; **~ de cemento** urban jungle
semblante *m.* face
semestre *m.* semester
sendero *m.* path
sentir to regret
sentirse to feel; **~ bien** to feel well; **~ mal** to feel bad; **~ deprimido(a)** to feel depressed; **~ realizado(a)** to feel realized
separado(a) separated
separar(se) to separate, break up
ser dueño de sus actos to be in full control of oneself
ser to be (nationality, occupation, characteristics); **ser** *m.* being
sicología *f.* psychology
sicólogo(a) psychologist
siguiente(s) following
siempre always; **casi ~** almost always; **~ que** provided that; **~ te sales con la tuya** you always get your way
sierra *f.* rocky mountain ridge
sin embargo however
sin (que) without
sino (que) but instead
sobrino(a) nephew, niece
socio(a) partner
sociología *f.* sociology
sociólogo(a) sociologist
solo(a) alone, lonely
soltero(a) single, unmarried
sombrío(a) somber; shady
sonar to sound
sonarse to blow one's nose
soportar(se) tolerate (each other)
soporte *m.* **financiero** financial support
sorprenderse to be surprised
subrayar to underline; to highlight
subsuelo *m.* subsoil
suceso *m.* event
sudar to sweat; **~ la gota gorda** to sweat a great deal
sueldo *m.* salary
suelo *m.* ground, soil
sueño *m.* sleep; **estar con ~** to be sleepy
suerte *f.* luck
sugerir to suggest
sulfuro *m.* sulfur
superarse to improve oneself
suprimir to suppress
sur *m.* south
sureste *m.* southeast
suroeste *m.* southwest

T

tal vez maybe, perhaps
también too
tan pronto como as soon as
tanto so much
tanto... como both . . . and
tantos / tantas so many
tarjeta *f.* card; **~ de crédito** credit card; **~ de débito** debit card
tasa *f.* rate; **~ de rendimiento** rate of returns
taza *f.* cup
tecnología *f.* technology; **~ médica** medical technology
tecnólogo(a) technologist
tela *f.* fabric
temprano(a) early
tender to tend to
tener to have; **~ a cargo** to be in charge of; **~ hambre / sed** to be hungry / thirsty; **~ que** to have to
tiempo *m.* time; weather; **mal ~** bad weather; **a ~** in / on time; **todo el ~** all the time
tintorería *f.* dry cleaner
típico(a) typical
tirar la basura to throw out the trash
tobillo *m.* ankle
tocar to play; **~ el piano** to play the piano; **yo sólo toco el timbre de la puerta** I can only play the doorbell
todavía still
todo el mundo everybody

todo el tiempo all the time
todos los días every day
tolerar(se) to tolerate (each other)
tomados de la mano holding hands
tomar (desayuno / helados / sopa) to have (breakfast / ice cream / soup), to drink
tomarse las vitaminas to take vitamins
torre *f.* tower
tortuga *f.* turtle
tos *f.* cough
tradicional: es ~ que it is traditional that
traducir to translate
traer to bring
transpirar to perspire, sweat
trasnochar to stay up till the wee hours
tremendo(a) tremendous
trigonometría *f.* trigonometry
trimestralmente quarterly
trimestre *m.* quarter
tugurio *m.* joint
turnarse to take turns

U

último(a) last; **por último** lastly, finally
usuario(a) user

V

vacaciones *f. pl.*; **estar de ~** to take a vacation
vacunar *to vaccinate, give a vaccine;* **vacunarse** *to get a vaccine*
valor *m.* value
vapores *m. pl.* fumes
vela *f.* sail; candle; **hacer ~** to sail, do sailing
venda *f.* bandage
vengado(a) avenged
venir(se) to come
ventilador *m.* fan
veranear to vacation
verdadero(a) real, true
verde green; **lo ~ es para las vacas** the green stuff is for cows
verdugo *m.* executioner
verdura *f.* vegetable
vertiente *f.* slope; spring
vestirse to get dressed
vez (veces) *f.* time(s); **a su ~** in turn; **a veces** at times; **cada ~** every time; **muchas veces** many times; **otra ~** another time
viaje trip; **estar de ~** to be away
vida diaria *f.* daily life
vidrio *m.* glass
vigilar lo que come to watch what one eats
vigilia *f.* wake
viuda *f.* widow
voluntario(a) volunteer
volver(se) (loco) to turn into; to become, go (crazy)

Y

ya already
ya que since

GLOSARIO INGLÉS-ESPAÑOL

In this **Glosario**, repetition of a key word within an entry is indicated with a tilde (~). Expressions and idioms are listed and alphabetized according to their key words. For example, the idiom **to be embarrassed** is listed under **embarrassed** (not under the verb **be**), as in: **embarrassed: be ~** avergonzarse, and the expression **every day** is listed as a subentry of **day**, as in **every ~** todos los días.

A

ability destreza *f.*
abused maltratado(a)
account cuenta *f.*; **checking ~** cuenta corriente; **savings ~** cuenta de ahorros
accountant contador(a)
accounting contabilidad *f.*
ache dolor *m.*
achieve *v.* lograr
act *v.* actuar
activities: fun ~ entretenciones, diversiones *f. pl.*
actor; actress actor *m.*; actriz *f.*
ad anuncio *m.*, aviso *m.*; **~ agent** publicista *m. / f.*
add *v.* agregar
addiction acostumbramiento *m.*
advice consejo *m.*
advise *v.* aconsejar
aerobics: to do ~ hacer aerobismo
after después (de que); **~ that** después de eso; **~ a while** después de un rato / tiempo
age edad *f.*
agree *v.* acordar, estar de acuerdo con
agreement convenio, acuerdo *m.*
agronomist agrónomo(a)
agronomy agronomía *f.*
air aire *m.*; **~ conditioning** aire acondicionado
airplane avión *m.*; **miniature ~** avión en miniatura
alert alerta *f.*
almost casi
aloe vera sávila *f.*
alone solo(a)
already ya
also también
alternate energy sources energías alternativas *f. pl.*
although aun, aunque
aluminum aluminio *m.*
always siempre
ambience ambiente *m.*
ambush emboscada *f.*
Andes Mountains (los) Andes *m.*
ankle tobillo *m.*
apartment apartamento *m.*
appear *v.* aparecer
appliance artefacto *m.*
aquarium acuario *m.*
archipelago archipiélago *m.*
are you crazy? ¿estás loco?
argue *v.* discutir
argument discusión, pelea *f.*
arrive(in) *v.* llegar(a)
arts artes *f. pl.*; **plastic ~** artes plásticas; **dramatic ~** artes escénicas; **culinary ~** artes culinarias
artist artista *m. / f.*
as como, puesto que, ya que
as if it were como si fuera
as long as con tal (de) que
as soon as tan pronto como
ask for (a loan) *v.* pedir (un préstamo)
asleep dormido(a)
assistant ayudante *m. / f.*
assuredly con todo desplante
assuredness desplante *m.*
athletic deportivo(a)
ATM cajero automático / electrónico *m.*
atmosphere atmósfera *f.*
attain *v.* lograr
attentive atento(a)
avenged vengado(a)
avenue avenida *f.*
avoid *v.* evitar
away: to be ~ estar de viaje

B

back: to be ~ estar de regreso / vuelta
back espalda *f.*
backed up (traffic) atochado(a)
bad: it is not as ~ as it seems no es para tanto
balanced equilibrado(a)
bandage venda *f.*
bank employee bancario(a)
bankrupt quebrado(a); **to go ~** quebrar, estar en bancarrota
bankruptcy quiebra *f.*, bancarrota *f.*
barely apenas
baroque barroco(a)
barrel barril *m.*
basement sótano *m.*
be (location, condition, status) *v.* estar
be (nationality, occupation, characteristics) *v.* ser; **it can't ~** no puede ser
be able to *v.* poder
beat latido (del corazón) *m.*
beautiful bello(a), hermoso(a)
become *v.* hacerse, llegar a ser; ponerse, volverse
bed cama *f.*; **to go to ~** acostarse
before antes; **before + verb** *v.* antes (de) que
begin *v.* empezar, comenzar
beginning: at the ~ al principio

being ser *m.*
believe *v.* creer; **I don't ~ you** no te lo creo
benefit beneficio *m.*, provecho *m.*
better mejor
beverage bebida *f.*; **alcoholic ~** bebida alcohólica
bill(s) cuenta(s) *f.*
biologist biólogo(a)
biology biología *f.*
bird pájaro *m*, ave *m.*
birth nacimiento *m.*
blow one's nose *v.* sonarse
bore lata *f.*
bored: to be ~ estar aburrido(a); **to get ~** aburrirse
boring: to be ~ ser aburrido(a)
born: to be ~ nacer
borrow *v.* pedir un préstamo, pedir prestado
both ambos
both . . . and tanto... como
bother molestar; **~ each other** *v.* molestarle a uno, molestarse
bottle botella *f.*
boy, kid chico(a)
boyfriend, fiancé novio *m.*
brake *v.* frenar
break a leg / an arm *v.* quebrarse una pierna / un brazo
breakfast desayuno *m.*; **to have ~** desayunar(se), tomar desayuno
break up *v.* pelearse
bring *v.* traer
broke: to be ~ no tener (quedarse) sin ni un peso (chavo), estar más pobre que una rata
broker corredor *m.*, **stock ~** corredor de la bolsa; **real estate ~** corredor de bienes raíces
bronchi bronquios *m.*
budget *v.* hacer un presupuesto, presupuesto *m.*
bunch ramo *m.*
burglary robo *m.*
burn *v.* quemar; **~ fat** quemar las grasas; **~ leaves** quemar las hojas
bus autobús *m.*
but also sino (que) también
but instead sino
buy *v.* comprar; **~ in cash** comprar al contado; **~ in installments** comprar a plazos

C

calculus cálculo *m.*
call (each other) *v.* llamar(se)
calm oneself *v.* calmarse
can lata *f.*; **can** *v.* poder
cancel *v.* cancelar (una clase / un evento)
car auto *m.*; **~ exhaust** escape del auto *m.*; **~ riding / racing** automovilismo *m.*
card tarjeta *f.*; **credit ~** tarjeta de crédito; **debit ~** tarjeta de débito
career carrera *f.*
Caribbean caribeño(a)
carry (out) *v.* llevar; realizar
carton cartón *m.*
cash a check *v.* cobrar un cheque
cash efectivo, en efectivo
cat gato *m.*
cent centavo *m.*, chavo *m.*
ceramics cerámica *f.*
ceramist ceramista (el / la)
cereals granos, cereales *m.*
certain: it is ~ that es seguro que
challenge desafío *m.*
character personaje *m.*; **main ~ (protagonist)** protagonista *m.* / *f.*
charge *v.* cargar; **to ~ on the credit card** cargar a (en) la tarjeta de crédito; **to be in ~ of** tener a cargo, estar a cargo
check cheque *m.*; cuenta (del restaurante) *f.*, **~ book** chequera *f.*
checking account cuenta corriente *f.*
chemical químico(a)
chemist químico(a); **chemistry** química *f.*
child niño(a); hijo(a); **~ abuse** maltrato infantil *m.*
children niño(as); hijos(as)
choose *v.* escoger
cigar puro, habano *m.*
cinema cine *m.*
city ciudad *f.*
clean limpio(a)
cleaner's tintorería *f.*
cleaning limpieza *f.*
climate clima *m.*
climb montañismo, *m.* escalamiento *m.*
close cerca; **to get ~ to** acercarse a
coast costa (el litoral) *f.*
cobblestone pavement empedrado *m.*
coffin cajón *m*, ataúd *m.*
cognate cognado *m.*
come *v.* venir(se)
comedy comedia *f.*
comical cómico(a)
communicate *v.* comunicarse
companion pareja *f.*
company / enterprise empresa *f.*
compensated recompensado(a)
complain *v.* quejarse
consequently por consiguiente
consult for *v.* asesorar
consultant consultor(a), asesor(a)
consulting asesoría *f.*
consume *v.* consumir
consumer consumidor(a)
control: be in full ~ of oneself ser dueño de sus actos
convenience comodidad *f.*
copper cobre *m.*
corpse cadáver *m.*
cough tos *f.*
counselor consejero(a)
counter mesón *m.*
country campo *m.*
couple pareja *f.*
coveted codiciado(a)
crib cuna *f.*
crime delincuencia *f.*; **teen ~** delincuencia juvenil; **urban ~** delincuencia urbana
criticize *v.* criticarse
crowded atochado(a)
cumbersome aparatoso(a)

D

daily diario(a), cotidiano(a); **~ paper** diario *m.*, periódico *m.*
dairy (products) lácteos *m.*
dance baile *m.*
dancer bailarín / bailarina; **ballet ~** bailarín / bailarina de ballet
danger peligro *m.*
dangerous peligroso(a)
daughter hija *f.*

day día *m.*; **every ~** todos los días
dazzle *v.* embrujar
deadline plazo *m.*
dear (in correspondence) querido(a), estimado(a)
death certificate certificado de defunción *m.*
debt deuda *f.*
decorated galardonado(a)
decrease *v.* disminuir, bajar
defeat derrota *f.*
dehumidifier deshumidificador *m.*
demonstration manifestación *f.*
dentistry dentística, odontología *f.*
dentist dentista *m.* / *f.*
deposit depósito *m*; **deferred ~ account** cuenta a plazos *f.*
depressed deprimido(a); **to get ~** deprimirse
deserved merecido(a)
design diseño *m.*
designer diseñador(a)
detest (each other) *v.* detestarse
develop *v.* desarrollar
developed desarrollado(a)
development desarrollo *m.*
devoted dedicado(a)
die *v.* morirse; **to ~ of hunger** morirse de hambre
diet dieta *f.*; **to be on a ~** estar a dieta; **balanced ~** dieta equilibrada; **liquid ~** dieta líquida
dine *v.* cenar
disappear *v.* desaparecer
dislike *v.* cargarle a uno
diversions (fun activities) diversiones *f. pl.*
divorce divorcio *m.*; **to ~** divorciarse de
divorced divorciado(a)
do well (bad) *v.* ir(le) bien (mal) a uno
do one's part *v.* aportar mi / tu granito de arena
documentary documental *m.*
dollar dólar *m.*
dormitory residencia universitaria *f.*
doubtful dudoso, color de hormiga; **it is ~ that** es dudoso que
drafting dibujo técnico *m.*
draftsperson dibujante *m.* / *f.*
drawing dibujo *m.*
dream sueño *m.*
dreamful ensoñador(a)
dress (a salad) *v.* aderezar
drink *v.* beber, tomar
drinking water agua potable *f.*
drive *v.* conducir, manejar
drop *v.* caer, tirar
drop by drop goteo *m.*
dry *v.* secar; **to ~ clean** limpiar al seco
dusk atardecer *m.*
dust polvo *m.*

E

early temprano(a)
earn *v.* ganar
east este *m.*
easy fácil
eat (up) *v.* comer(se)
ecologist ecólogo(a)
ecology ecología *f.*
economically económicamente
elect *v.* elegir
embarrassed: to be ~ avergonzarse
end fin *m.*; **~ of the century** fines de siglo
energy self-sufficiency independencia energética *f.*
engaged comprometido(a); **to get ~** comprometerse
engineer ingeniero(a)
engineering ingeniería *f.*; **civil ~** ingeniería civil; **electronic ~** ingeniería electrónica; **mechanical ~** ingeniería mecánica
engrave *v.* grabar
enhance *v.* realzar
enjoy *v.* disfrutar, gozar; **~ the food** ¡buen provecho!
enjoyment diversión *f.*
enough: that's enough! ¡basta!
enter *v.* ingresar
enterprise / company empresa *f.*
enthusiastic entusiasmado(a)
entrepreneur empresario(a)
entrepreneurship cuentapropismo *m.*
event suceso *m.*
environment medio ambiente, ambiente *m.*
erase *v.* borrar
essay writer ensayista *m.* / *f.*
estimate presupuesto *m.*
exercise *v.* hacer ejercicio (gimnasia, aerobismo)
exhibition exposición *f.*
expenses gastos *m.*
extremely muy, extremadamente; **~ new** novísimo

F

fabric tela *f.*
face semblante *m.*, cara *f.*
factory fábrica *f.*
faithfully fielmente
fall *v.* caer(se); **~ asleep** *v.* dormirse; **~ in love with** *v.* enamorarse de
famous famoso(a), célebre
fan ventilador *m.*
fantasy ensueño *m.*
far lejos
farm granja *f.*
fashionable de moda
fat grasa *f.*, aceites *m.*; **fat** gordo(a), gordito(a)
father padre *m*
fattening engordador(a)
fed up: to be ~ estar harto(a) de
feel well / bad sentirse bien / mal; **~ depressed** deprimido; **~ realized** realizado(a)
fertilizer fertilizante *m.*
fever fiebre *f.*
field campo *m.*
file carpeta *f.*; **hanging ~** archivo *m.*
film película *f.*; **black and white ~** película en blanco y negro; **color ~** película a / en colores
finally por fin
finances finanzas *f.*
find out *v.* averiguar
fine arts bellas artes *f.*
fire incendio *m.*; despedir *v.*
first primero(a); **~ showing** estreno *m.*
fish pescado *m.*
fit well / bad *v.* quedarle bien / mal a uno
fix *v.* reparar; hacer comida
flattery halago *m.*

flavor sabor *m.*
flirt *v.* coquetear
floor piso *m.*
flower flor *f.*
flu influenza *f.*
folder: manila ~ carpeta *f.*
folkloric folclórico(a)
follow *v.* seguir
following siguiente *m.* / *f.*
food alimento *m.*; **fried ~** fritura *f.*; **rich ~** comida grasosa *f.*
for: for / against campaña a favor / en contra *f.*
for a while por un tiempo
forest bosque *m.*; **rain ~** selva húmeda, pluvisilva *f.*; **~ ranger** guardabosque
forget *v.* olvidarse de
freelancing cuentapropismo *m.*
freeway autopista *f.*
friendship amistad *f.*
frightened: to be very ~ morirse de miedo
fuel combustible *m.*
full lleno(a)
fumes vapores *m. pl.*
fun: activities ~ entretenciones, diversiones *f. pl.*
function función *f.*
fund fondo *m.*; **to get funds** conseguir fondos
funeral entierro *m.*
furniture mueble *m.*

G

game partido *m.*
geographer geógrafo(a)
geography geografía *f.*
get *v.* conseguir (ayuda / trabajo / fondos); sacar (una A / B / C)
get along with *v.* llevarse bien con
get divorced (from) *v.* divorciarse (de)
get dressed *v.* vestirse
get one's own way *v.* salirse con la suya
get undressed *v.* desvestirse
get up *v.* levantarse
get used to *v.* acostumbrar(se)
get well! *v.* ¡que te mejores (se mejoren)!
girl chica *f.*
give in *v.* ceder terreno, dar el brazo a torcer
glass (material) vidrio *m.*; **(drinking) glass** vaso *m.*
go *v.* ir; **to ~ (away)** ir(se) a; **to ~ on foot** irse a pie; **to ~ out** salir; **to ~ out of a place** salirse; **to ~ to** ir a
go to bed *v.* acostarse
goat cabra *f.*
godfather padrino *m.*; **godfather and the father of a child** compadres *m.*
godmother madrina *f.*; **godmother and the mother of a child** comadres *f.*
godparents padrinos *m.*
good bueno; **it is ~ that** es bueno que
grades notas *f. pl.*; **to get good ~** sacar buenas notas
great! ¡estupendo!
greater mayor
growing creciente
greenhouse invernadero; **~ effect** efecto de invernadero *m.*
ground level (floor) piso bajo

H

half mitad *f.*
hammock hamaca *f.*
hand (in, over) *v.* entregar; **hand** mano *f.*; **holding hands** tomados de la mano
handle (oneself) *v.* manejarse; hacer frente a; desenvolverse
handsome guapo(a)
hang up *v.* colgar el teléfono
happy alegre; **to get ~** alegrarse; **may you be ~** ¡que seas feliz! / ¡que sean felices!
harmful dañino(a)
hate odio *m.*; **hate (each other)** *v.* odiar(se)
have a good time *v.* pasarlo bien, divertirse; **have a good time!** ¡que lo pases (pasen) bien!; ¡que te diviertas (se diviertan)!
have *v.* tener; **to ~ to** tener que; **to ~ left** quedarle a uno
health salud *f.*
healthy sano(a), saludable
hear *v.* oír
heartbreaker rompecorazones *m.* / *f.*
heat calor *m.*; **~ emission** emisión (*f.*) de calor
height estatura, altura *f.*
help ayudar a; **~ oneself** *v.* ayudarse; **to get ~** conseguir ayuda
helpful atento(a), amable
hi! ¡hola!
highlight *v.* subrayar, resaltar
high alto(a); **~ in cholesterol** alto en colesterol; **~ in fat** alto en grasas
hike *v.* ir de excursión, caminar
historic histórico(a)
history historia *f.*
hit pegar; **to ~ one's head** pegarse en la cabeza; **to ~ one's face** pegarse en la cara; **to ~ one's hand** pegarse en la mano
holiday feriado *m.*
home hogar *m.*; **homemade** casero; **homemaker** dueña de casa *f.*
homeless los sin casa *m.*, los desamparados *m. pl.*
hot ardiente, caliente, (comida) picante
hour hora *f.*
how: ~ are things going? ¿cómo van las cosas?; **~ are you?** ¿qué tal?; **~ did you do?** ¿cómo te / les fue?
however sin embargo
humid húmedo(a)
hungry: to be ~ andar con hambre, tener hambre; **to be very ~** morirse de hambre
hunt *v.* cazar
hurry: to be in a ~ tener prisa
hurt *v.* doler(le) a uno

I

idea: I have no ~ no tengo la más vaga idea
ice cream helados *m. pl.*; **to have ~** tomar helados
ill enfermo(a)
illiteracy analfabetismo *m.*
illiterate analfabeto(a)
impressionist impresionista *m.* / *f.*

improve *v.* mejorar; **to ~ oneself** *v.* superarse
improvement mejoría *f.*
in case en caso (de) que
in fact de hecho
in front of ante, delante
in relation to / as far as . . . is concerned en cuanto a...
income ingresos *m.*
increase *v.* aumentar, subir
indigent desamparados *m. pl.*
indiscreet indiscreto(a)
inept negado(a) para
industry: domestic ~ industria nacional *f.*
ingest *v.* consumir, ingerir
inheritance herencia *f.*
insecticide insecticida *m.*
insulating aislante
insurance seguro *m.*
interest: my biggest ~ is . . . mi pasión es...
interested: to get ~ in interesarse en
interviewer entrevistador(a)
invalid inválido(a)
invest *v.* invertir
investment inversión *f.*
investor inversionista *m. / f.*
island isla *f.*

J

jealous envidioso(a), celoso(a)
job trabajo, empleo *m.* **~ creation** creación (*f.*) de empleos; **to get a ~** conseguir trabajo
jog *v.*, jogging correr
journalism periodismo *m.*
journalist periodista *m. / f.*
jump *v.* saltar
jungle selva *f*; **urban ~** selva de cemento

K

keep *v.* guardar; **~ in shape** *v.* mantenerse en forma
keg barril *m.*
key word / key number clave *f.*
kid chico(a)
kiss besar *v.*; beso *m.*; **big ~** besote
knee rodilla *f.*
know (somebody) *v.* saber; conocer

L

lake lago *m.*
landscape paisaje *m.*
last último(a); pasado(a)
lastly por último, finalmente
late: to be ~ atrasarse
leaf hoja *f.*
lean esbelto(a)
learn *v.* aprender
lecture conferencia *f.*
legume legumbre *f.*
letterhead membrete *m.*
level nivel *m.*; **ground ~** piso bajo
librarian bibliotecario(a)
library biblioteca *f.*
insurance: life ~ seguro de vida *m.*
like *v.* gustarle a uno
limit: credit card ~ límite *m.*, cupo *m.*
lima beans habas *f.*
limping cojo
lion león *m.*; **sea ~** león marino
liquid líquido *m.*
listen: to ~ to oneself / each other escuchar(se); **~ to music** *v.* escuchar música
literacy (campaign) alfabetización *f.*
loan prestar *v.*, préstamo *m.*
logical: it is ~ that es lógico que
lonely solo(a), solitario(a)
look (at each other) *v.* mirar(se); **~ for** *v.* buscar
loose (lazy) flojo(a)
lose weight *v.* adelgazar, bajar de peso, perder peso
loser: I always come out a ~ with you no hay caso contigo
love (each other) *v.* querer(se), amar(se); **~ something (prefer)** *v.* encantarle a uno; **~ poem** poema de amor *m.*
low in oils / calories bajo en aceites / calorías
lower the noise *v.* disminuir el ruido
lower the volume *v.* bajar el volumen
lunch almuerzo *m.*; **to have ~** *v.* almorzar

M

mad enojado(a), enfadado(a); **to be ~** estar molesto(a); **to be very ~** morirse de rabia; **to get ~** enfadarse, enojarse
magazine revista *f.*
major especialidad *f.*, concentración *f.*
majority mayoría *f.*
make up (one's face) *v.* maquillarse
make noise *v.* hacer ruido
manage (money / funds) *v.* manejar (dinero / fondos / plata)
management manejo *m.*, gestión *f.*; **~ level positions** puestos (*m. pl.*) de mando
manager gerente *m.* gerenta *f.*
marinade (with oil and vinegar) escabeche *m.*
married casado(a); **to get ~ to** casarse con
mashed (ground) machacado(a)
mathematics matemáticas *f. pl.*
maybe quizás, tal vez
meat carne *f.*
medical technology tecnología médica *f.*
medicine medicina *f.*
medicines (drugs) remedios *m.*
meet *v.* conocerse; **meet somebody** *v.* conocer a...
meter metro *m.*
millionaire millonario(a)
minor (younger than 21) menor *m.*
misfit desadaptado(a)
mistake error *m.*
mold moho *m.*
Mom and Dad papá *m.* y mamá *f.*
money dinero *m.*, plata *f.*; **~ matters** asuntos de dinero *m.*
mother madre *f.*
motorcycling motociclismo *m.*
mountain range cordillera *f.*; **rocky mountain ridge** sierra *f.*
movie largometraje *m.*, **~ maker / producer** cineasta *m. / f.*
much: too ~ demasiado
mural mural *m.*; **~ painter** muralista *m. / f.*
museum museo *m.*

must deber; **one ~ (has to)** hay que

N

name nombre *m.*, **first ~** nombre; **last ~** apellido *m.*
named: to be ~ llamarse
near cerca
necessary: it is absolutely ~ that es preciso (indispensable) que
neck cuello *m.*
nephew sobrino *m.*
nervous nervioso(a)
network red *f.*
never nunca
next (door) to al lado de
nice amable, agradable; **~ to meet you** mucho gusto / tanto gusto; **~ to see you** gusto de verte (verle)
niece sobrina *f.*
nightmare pesadilla *f.*
no, not even . . . no, ni aunque...
no way ni modo, ni hablar
noise ruido *m.*
north norte *m.*; **northeast** noreste; **northwest** noroeste
not only . . . but also . . . no sólo... sino también...
nothing nada
novel fiction novela *f.*
nowadays actualmente
nuisance molestia *f.*
nurse enfermero(a)
nursing enfermería *f.*
nutrition alimentación *f.*

O

obese obeso(a)
obesity obesidad *f.*
obtain *v.* conseguir, sacar
obvious: it is ~ se cae de maduro
of course por supuesto, claro (que sí)
offer ofrecer *v.*, oferta *f.*
office: private ~ consulta privada *f.*
often a menudo
oh, boy! ¡caramba!
oh, nothing! pues, nada
oil petróleo *m.*; **~ for cooking** aceite *m.*
older mayor; **older people** mayores *m. pl.*
open *v.* abrir, inaugurar
opinion opinión *f.*, **to give one's ~** opinar
ordinary común y corriente
outskirts afueras *f.*
overheat *v.* recalentar; **overheating** recalentamiento *m.*
overspend *v.* gastar a manos llenas
owe *v.* deber (dinero)
own: on his / her ~ por su propia cuenta

P

painter pintor(a)
painting cuadro *m.*
pal compinche *m.* / *f.*
pan: frying ~ sartén *m.*
paper papel *m.*; **~ plate** plato (*m.*) de papel; **~ shredder** picadora de papeles
parent(s) padre(s) *m.*
park ranger guardaparque
participate *v.* participar
partner socio(a), compinche, pareja
pastime pasatiempo *m.*
passionate apasionado(a)
patent leather charol *m.*
pay attention to *v.* fijarse en
pay *v.* pagar, cancelar
pepper: hot chili ~ chile *m.*, ají *m.*
per cent por ciento
percentage porcentaje *m.*
perhaps tal vez, quizás, acaso
perspire *v.* transpirar
pesticide pesticida *m.*
photocopier fotocopiadora *f.*
photograph fotografía *f.*
photographer fotógrafo(a)
photography fotografía *f.*
physician médico(a)
physicist físico(a)
physics física *f.*
picture fotografía *f.*, cuadro *m.*
pillow almohada *f.*
pity lástima *f.*; **it is a ~ that** es una lástima que
place lugar *m.*
plan a budget *v.* hacer un presupuesto
planner: a good ~ previsor(a)
play (basketball / raquetball / tennis) *v.* jugar (básquetbol / ráquetbol / tenis)
play on (with) the computer *v.* jugar en (con) la computadora
play (piano / violin / guitar / flute) *v.* tocar (el piano / el violín / la guitarra / la flauta)
play sports *v.* hacer deporte
play the role of *v.* hacer el papel de
plane tickets pasajes (billetes) de avión *m.*
plot argumento *m.*
poet poeta *m.*, poetisa *f.*
poetry poesía *f.*
polite cortés
pollution contaminación *f.*
pork cerdo, puerco *m.*
portrait retrato *m.*
possible: it is ~ that es posible que
power poder *m.*
pray *v.* rogar
prefer *v.* preferir
prescription receta *f.*
present: at ~ actualmente
pretty bonito(a)
printer impresora *f.*
prize premio *m.*
problem problema *m.*
profit ganancia *f.*
promote *v.* promover
proof prueba *f.*
propose *v.* proponer
protect *v.* proteger
provided that con tal (de) que, siempre que
psychologist sicólogo(a)
psychology sicología *f.*
public transportation locomoción colectiva *f.*
publicity publicidad *f.*
purchase compra *f.*
put (place) *v.* poner, colocar
put away *v.* guardar
put on (clothes) *v.* ponerse
put one's foot in one's mouth *v.* meter la pata
put up with: not to be able to ~ something anymore *v.* no soportar más

Q

quantity cantidad *f.*
quarter (academic) trimestre *m.*
quarterly trimestralmente

R

rain lluvia *f.*; **acid** ~ lluvia ácida; **rain** *v.* llover
rate tasa *f.*; ~ **of returns** tasa de rendimiento
rate: at any ~ en todo caso
reach *v.* alcanzar
read *v.* leer
ready listo(a); **to be** ~ **for** estar listo(a) para
real verdadero(a)
real estate bienes raíces *m.*; ~ **broker** corredor (*m.*) de bienes raíces
realize *v.* darse cuenta de (que)
realize oneself *v.* realizar, realizarse
really? ¿de veras?
recipe receta *f.*
record disco *m.*, **popular music** ~ disco de música popular; **jazz** ~ disco de jazz; **rock music** ~ disco de música rock
recyclable reciclable
recycle *v.* reciclar
recycled reciclado(a)
refuse *v.* desechar
refuse *n.* desecho *m.*, desperdicio *m.*
regarding con respecto a, en cuanto a
regret *v.* sentir
reject *v.* rechazar
related to emparentado(a)
relax *v.* relajarse; **relaxed** relajado(a)
relic reliquia *f.*
relieved aliviado(a)
remember *v.* acordarse
renewable renovable
rent alquilar *v.*, alquiler *m.*
repair (the exhaust) *v.* reparar (el escape) *m.*
request (a loan) *v.* pedir (un préstamo)
request, petition *n.* petición *f.*
require *v.* exigir
responsible responsable
result resultado *m.*
retailer detallista *m.* / *f.*
rich food comida grasosa *f.*
ride: to go for a ~ dar una vuelta, irse de paseo
ride a bike *v.* montar en bicicleta
right downtown pleno centro *m.*
risk riesgo *m.*
river río *m.*
robbery robo *m.*
role papel *m.*, **main** ~ papel principal; **secondary** ~ papel secundario
romantic movie película de amor *f.*
room cupo *m.*, vacante *f.*
rough (brusque) brusco(a)
rounded abombado(a)
run: in the long ~ a la larga; **run** *v.* correr
rust moho *m.*

S

sad: become ~ entristecerse
sailing vela, náutica *f.*
salary sueldo *m.*
same mismo(a)
sausage embutido *m.*
sauté (food) *v.* saltear
save *v.* ahorrar
savings ahorros *m. pl.*
say good-bye to *v.* despedirse de
scared: to get ~ asustarse
scholarship beca *f.*
sciences ciencias *f. pl.*, **exact** ~ ciencias exactas; **natural** ~ ciencias naturales; **social** ~ ciencias sociales
screw on *v.* atornillar
script guión *m.*
scriptwriter guionista *m.* / *f.*
sculptor escultor(a)
sculpture escultura *f.*
sea mar *f.* / *m.*
search *v.* buscar
seem *v.* parecer
select *v.* elegir
semester semestre *m.*
seniority antigüedad *f.*
separate *v.* separar(se)
separated separado(a)
serve as witness *v.* atestiguar
sewage water aguas servidas *f.*
shake (beverage) batido *m.*
share compartir *v.*, acción *m.*
sharpener (pencil) sacapuntas *m.*
shave oneself *v.* afeitarse
shaved afeitado
sheet sábana *f.*
shelter albergar *v.*; albergue *m.*
ship barco *m.*
shoot a movie *v.* rodar una película
shoot down *v.* acribillar
shop *v.* hacer compras; comprar
shopping: to go ~ irse de compras
shore costa *f.*, litoral *m.*
short story cuento *m.*
shoulder hombro *m.*
shout *v.* gritar
shower *v.* ducharse
showing: what are they ~**?** ¿Qué están dando?
sick enfermo(a); **to get** ~ enfermarse
signature firma *f.*
since como, ya que, puesto que
singer cantante *m.* / *f.*
single (unmarried) soltero(a)
slide *v.* deslizar
slope vertiente *f.*, ladera *f.*
skate *v.*, **skating** patinar
ski *v.* esquiar (en el agua / el mar)
skill destreza *f.*
skillet sartén *m.*
skip something *v.* saltarse
skin piel *f.*
skyscraper rascacielos *m.*
sleep *v.* dormir; ~ **like a log** dormir como un lirón
sleepy: to be ~ tener sueño, estar con sueño
slice rodaja *f.*
slide *v.* deslizar
smoke fumar *v.*, humo *m.*
snack (small meal) merienda *f.*
so, so regular, no más; más o menos
so that a fin de que
sociologist sociólogo(a)
sociology sociología *f.*
soda bebida gaseosa *f.*
somber sombrío(a)
some algunos(as)
son hijo *m.*
soup sopa *f.*; **to have** ~ tomar sopa

sound sonar
sources: ~ of energy fuentes (*f. pl.*) de energía; **~ of production** fuentes de producción
south sur *m.*; **southeast** sureste; **southwest** suroeste
species in extinction especies (*f. pl.*) en extinción
spend time *v.* pasar el tiempo; **spend money** *v.* gastar
spender: big ~ gastador(a); **big-time spender** manirroto(a)
spices especias *f.*
spouse pareja *f.*
spreadsheet planilla electrónica *f.*
spring primavera *f.*
squeeze *v.* exprimir
stadium estadio *m.*
stain *v.* barnizar
standing up (erect) erguido(a)
staple (food) alimento básico *m.*
stapler grapadora *f.*
start *v.* empezar, comenzar
statistics (science) (ciencia) estadística *f.*; estadísticas, cifras *f.*
statement afirmación *f.*
stay *v.* quedarse; **~ up studying** quedarse estudiando; **~ up till the wee hours** quedarse en pie; trasnochar
stepbrother hermanastro *m.*
stepfather padrastro *m.*
stepmother madrastra *f.*
stepsister hermanastra *f.*
still todavía, aún
stock exchange bolsa *f.*, mercado de valores *m.*
stop talking *v.* callarse
studious estudioso(a)
subject ramo *m.*
subway metro *m.*
succeed *v.* tener éxito
success éxito *m.*
successful: to be ~ tener éxito
suck *v.* chupar
suddenly de repente
sugar azúcar *m.*
suggest *v.* sugerir
sulfur sulfuro *m.*
summit cima *f.*
support *v.* apoyar, dar apoyo a
suppress *v.* suprimir
sure seguro(a)
surf *v.* correr tabla
surprised: to be ~ sorprenderse
sustainable development desarrollo constante *m.*; ecosustentabilidad *f.*
sweat a great deal *v.* sudar la gota gorda
swim *v.* nadar
swimming natación *f.*

T

take *v.* llevar; **~ a vacation** irse / estar de vacaciones, veranear
take away *v.* quitar
take care of (oneself) *v.* cuidar(se); **take good care of yourself** *v.* cuidarse mucho
take long *v.* llevar mucho (demasiado) tiempo
take off (clothes) *v.* quitarse
take photos *v.* sacar fotos
take risks *v.* arriesgarse, correr riesgos
take turns *v.* turnarse
tale cuento *m.*
talk *v.* conversar
tall alto(a)
tear a muscle *v.* desgarrarse un músculo
technologist tecnólogo(a)
technology tecnología *f.*
tooth diente *m.*
tell (each other) *v.* contar(se)
teller cajero(a) de banco
tempting: how ~! ¡qué tentación!
tendency inclinación *f.*
tend to *v.* tender a
test prueba *f.*; **may you do well on the ~!** ¡que salgas (salga) bien en el examen!
that's why por eso
then entonces, en seguida, luego
there is / there are *v.* hay; haya
there was /there were *v.* había
thin delgado(a)
thing cosa *f.*
thirsty: to be ~ tener sed
this way así
thrifty (person) ahorrador(a)
throat garganta *f.*
throw away the trash *v.* tirar la basura
thus así
ticket entrada *f.*; **plane ~** billete / pasaje de avión *m.*
tickling cosquillas *f.*
tidy (orderly) ordenado(a)
time vez *f.*; tiempo *m.*; **another ~** otra vez; **every ~** cada vez; **give oneself ~** darse tiempo; **in / on ~** a tiempo
time: clock ~ hora *f.*
times: at ~ a veces *f.*; **many ~** muchas veces
tired cansado(a); **to get ~** cansarse
together: to get ~ with juntarse con
tolerate each other *v.* soportar(se)
to refuse to acknowledge one's problems *v.* todo cojo culpa al empedrado
top: to ~ it all para colmo de colmos
tower torre *f.*
traditional: it is ~ that es tradicional que
train *v.* entrenarse
translate *v.* traducir
transportation movilización *f.*
trash basura *f.*
tree árbol *m.*
tremendous tremendo(a)
trigonometry trigonometría *f.*
trip: to go on a ~ irse de viaje
truck camión *m.*
true verdadero(a); **it is ~ that** es cierto que
T-shirt camiseta *f.*
turn: ~ into *v.* volver(se); **~ off** *v.* apagar; **~ on** *v.* encender; **in ~** a su vez, por su parte
turtle tortuga *f.*
twist an ankle *v.* doblarse un tobillo

U

unable incapaz
unbearable insoportable
underline *v.* subrayar, resaltar
understand (each other) *v.* entender(se)
unforgettable inolvidable
unfortunately desgraciadamente
unless a menos que
unnoticed desapercibido(a)

unpleasant desagradable
unskilled no especializado(a)
until hasta (que)
upset: to be ~ estar molesto(a); **to get ~** enfadarse, enojarse
use *v.* usar; **~ drugs** consumir drogas
user usuario *m.*

V

vacancy cupo *m.*
vacation vacaciones *f.*; **to be on ~** estar de vacaciones; **to take a ~** irse de vacaciones, veranear
vaccine vacuna *f.*; **to give a ~** vacunar; **to get a ~** vacunarse
value valor *m.*
vegetable verdura *f.*
volunteer voluntario(a); ser voluntario(a) *v.*

W

wait *v.* esperar
wake up *v.* despertarse
wake vigilia *f.*
walk *v.* andar; **walk** caminata *f.*; **to go for a ~** dar una vuelta
wallet billetera *f.*
want *v.* querer
wash lavado *m.*; **to do the ~** lavarse la ropa
wash (oneself) *v.* lavar(se)
waste *v.* desperdiciar, dilapidar; desperdicio *m.*
watch one's weight *v.* cuidar la línea
water ski *v.* hacer esquí acuático
way: you always get your ~ siempre te sales con la tuya
weather tiempo *m.*; **bad ~** mal tiempo; **good ~** buen tiempo
weight peso *m.*; **to put on ~** engordar
weight lifting levantamiento de pesas *m.*
welcoming acogedor(a)
well known conocido(a), famoso(a), célebre
west oeste *m.*
what a pity! ¡qué lástima! / ¡qué pena!
what did you do? ¿qué hiciste (hicieron)?
what do you do for a living? ¿de qué vives?
what for? ¿para qué?
what time is it? ¿qué hora es?
what's up? ¿qué hay de nuevo?
where did you (they) go? ¿adónde fuiste (fueron)?
while: for a ~ por un tiempo
whip fusta *f.*
whom do you live with? ¿con quién vives?
why? ¿por qué?
widow viuda *f.*
wild animals fauna *f.*
win *v.* ganar
wish: I / you ~ (that) ojalá (que)
witch bruja *f.*
withdraw money *v.* sacar dinero
without *sin (que)*; **~ missing a beat** con (todo) desplante
woods bosque *m.*
wool lana *f.*
work of art obra *f.*
worry *v.* preocuparse
worse: to get ~ empeorar
write *v.* escribir, redactar
write (each other) *v.* escribir(se)
writer escritor(a)
wrong: to be ~ estar equivocado(a), equivocarse

Y

you should . . . debiera(s)
you'd better (not) do it más vale que sí (no)
yucky asqueroso(a)

RESPUESTAS DE LAS AUTOPRUEBAS

Autoprueba del capítulo 1

Cultura hispana A. *Respuestas posibles:* 1. Los estudios universitarios son más largos en el mundo hispano y los cursos están divididos por áreas. 2. (Una facultad es) un *college* o una escuela profesional. Mi facultad es (artes y ciencias / ingeniería / educación / medicina / agronomía) 3. (son) las literarias, filosóficas, sociales. 4. (Post-grado son los estudios que se hacen después de) unos años de experiencia; o obtener / recibir / sacar un título / grado. 5. (son) las carreras técnicas en las profesiones liberales como medicina, ingeniería arquitectura. 6. (se dice) segundo año. 7. Respuesta personal. 8. ingeniero, profesora, arquitecto, abogada 9. (Yo digo:) Buenos días / buenas tardes, profesor(a). ¿Cómo está usted? 10. (Yo digo:) Bien, gracias, ¿y tú? ¿Qué dices?

Vocabulario y lectura C. *Respuestas posibles:* 1. volver, regresar 2. viajar, irse de vacaciones 3. medicina, enfermería, educación o pedagogía, leyes, arquitectura 4. idiomas, computación, carreras técnicas 5. físicos, biólogos, farmacia, petróleo 6. estudiar, trabajar, tomar notas, cursos, clases 7. discoteca, club, bailar, amigos, noche, cerveza 8. no es interesante / práctico / útil, es teórico, curso de... 9. ingeniería electrónica, eléctrica, civil, mecánica, industrial, etc. 10. de leyes / ciencias / recreación y educación física / educación / ingeniería / humanidades / medicina... 11. frustrado, nervioso, psicología, etc. 12. famoso, conocido, rico, arquitecto, científico, etc. 13. diseño (gráfico), antropología, periodismo, idiomas, microondas, escultura, danza, derecho internacional, literatura inglesa, etc. 14. consejero, psicólogo, padres, amigos, orientador vocacional, etc. 15. pruebas, exámenes, entrevista. 16. buenas / malas notas, etc.

Vocabulario y lectura D. *Respuestas:* 1. Es un chico, porque dice que quiere ser un periodista **famoso** 2. Estudia en la escuela de periodismo o departamento de comunicaciones 3. cinco años 4. Quiere llegar a ser un periodista internacional famoso (y viajar por todo el mundo) 5. Le interesa por la preservación de la salud del planeta 6. **meta**: objetivos, planes; **noticias**: cosas interesantes (que pasan), eventos, sucesos

Gramática E. *Respuestas posibles:* digo, juego, eres, te vuelves, estoy, tienes, hago, consigue, conozco, me va, piensa(n), salgo, pide, vengo, quiere

Gramática F. *Respuestas posibles:* 1. ¿De dónde eres / son? 2. ¿Cuántos años tienes / tienen? 3. ¿Cómo te llamas / se llaman? 4. ¿Qué / Cuántas clases tomas / toman? 5. ¿A qué hora almuerzas / almuerzan? 6. ¿Cuándo vas / van a la biblioteca? 7. ¿Por qué estudias / estudian español? 8. ¿Qué música prefieres / prefieren? 9. ¿Adónde vas / van los fines de semana? 10. ¿Con quién sales / salen por la noche? 11. ¿Quién te / les ayuda económicamente? 12. ¿En dónde trabajas / trabajan a veces? 13. ¿Con quién / Dónde vives / viven? 14. ¿Cómo es tu / su físico? 15. ¿Cómo es tu / su personalidad?

Gramática G. *Respuestas:* 1. es, está, está 2. son 3. es, están, son, está 4. somos, es

Autoprueba del capítulo 2

Cultura hispana A. *Respuestas posibles:* 1. (Los papeles de hombres y mujeres) están determinados por las tendencias del machismo y el marianismo 2. (porque) la estructura paternalista de la familia indica que el papá es más importante 3. (porque) el hombre toma decisiones importantes y la mujer ayuda al hombre en sus tareas 4. (Ella ya puede) ir a fiestas y salir en grupo o con muchachos 5. (Tiene el papel de) la mujer siempre lista para ayudar al hombre 6. En nada; alquilamos unos videos / compramos una pizza / salimos a dar una vuelta

Vocabulario y lectura C. *Respuestas posibles:* 1. en nada, comimos, salimos, alquilamos... 2. mi compinche, mi novio(a) 3. porque fuimos a un partido, porque llegó..., porque estaban tan desagradables 4. vi una película, (no) volví a las..., fui a 5. estudié, trabajé, vi un video 6. pelearse, criticarse, no hablarse 7. películas, videos, una videocasetera 8. no hice nada, fui a casa, dormí, comí en..., tuve prueba 9. vives, comes, trabajas, estudias, sales 10. con un(a) amigo(a), con nadie, con un(a) chico(a) que conocí 11. el trabajo, la comida, los secretos, conversar 12. pelearse, odiarse, no tolerarse, no entenderse, no soportarse

Vocabulario y lectura D. *Respuestas posibles:* 1. crece y crece (aumenta) en muchos países 2. el 50% 3. la década pasada 4. tres años 5. se peleaban, se gritaban, se decían insultos y salían con sarcasmos y ofensas terribles 6. Se convirtió en un fracaso en la escuela, su autoestima bajó a cero, tuvo problemas...

Gramática E. *Respuestas posibles:* 1. ¿En qué andabas / Doñde / andaban anoche? 2. ¿Quién / Cómo era ese(a) chico(a)? 3. ¿Dónde vivías / vivían cuando eras / eran chico(a) / s? 4. ¿Qué / Cuántos juegos alquilabas / alquilaban? 5. ¿A qué horas veías / veían la tele? 6. ¿Cómo / Dónde conseguías / conseguían trabajo a veces? 7. ¿A qué hora estudiabas / estudiaban español en la escuela? 8. ¿Qué música prefieres / prefieren a menudo? 9. ¿Adónde ibas / iban los fines de semana? 10. ¿Salías / Salían por la noche cuando tenías / tenían doce? 11. ¿A quién ayudabas / ayudaban con sus problema? 12. ¿Dónde trabajabas / trabajaban a veces? 13. ¿Por qué te / se quejabas / quejaban de los profesores? 14. ¿Quién se llevaba bien con todos? ¿Te / Se llevabas / llevaban bien...? 15. ¿A quién no soportabas / soportaban? 16. ¿Con quién andabas / andaban ayer?

Gramática F. *Respuestas:* dijiste, fue, estuvieron, hicieron, conocieron, busqué, pidió, jugué, pudieron, tuvo, empecé, fuimos, consiguieron, vine

Gramática G. *Original text written by a student:* Cuando **era** chico y **tenía** nueve años, decidí que **estaba** muy enamorado de la hermanita de mi mejor amigo. Ella siempre me **miraba** y me **sonreía** cuando yo **iba** a buscar a mi amigo. Por eso, decidí tomar la iniciativa para el Día de San Valentín. Hablé con mi mamá y ella me dio varias ideas. Lo único malo es que yo **quería** hacer todo lo que mi mamá me aconsejó:

La **llamé** por teléfono seis veces ese día y le **dije** varias cosas románticas. Le **di** una entrada para nuestro próximo partido de béisbol. El partido era gratis, pero yo le **dibujé** una entrada muy bonita. Le **preparé** una cena romántica con un exquisito sandwich de mantequilla de maní y una banana. Le **compré** dos rosas en el supermercado. Le **escribí** un poema original y le **hice** una tarjeta preciosa, decorada con autos y aviones. Después de ese día, nos **hicimos** muy amigos. Ahora tengo 20 años y ella todavía es mi mejor amiga.

Autoprueba del capítulo 3

Cultura hispana A. *Respuestas posibles:* 1. (Por ejemplo,) la familia hispana es muchísimo más amplia y activa que lo que se llama familia en otras culturas; se conservan los apellidos paterno y materno, para indicar los lazos familiares 2. (Los hijos tienen) padrastro o madrastra; (y también) hermanastros 3. (Porque) es una manera de estar juntos y de mantenerse cerca física y afectivamente 4. (Pueden ser) el padre, hermano mayor, abuelo, tío o padrino a cargo de la familia 5. (Porque) no usa el segundo apellido / su padre no lo ha reconocido como hijo(a) / es extranjero(a) 6. (La gente) se preocupa de "el qué dirán" 7. (son los) compadres (compadre y comadre)

Vocabulario y lectura C. *Respuestas posibles:* 1. pedir, conseguir, préstamo 2. conseguir, pagar, fondos, dinero 3. obtener, solicitar, apoyo 4. madrastra, padre, llevarse bien / mal 5. compañero(a), amigo(a), matrimonio, casarse 6. abuso, infantil, refugio, ayudo, apoyo 7. sueño, sábado, acostarse, relajarse 8. madres, solas, solteras 9. irse, viajar, perder 10. desamparados, solos, sin familia, hambre, frío 11. delincuente, violencia, abogado, leyes, miedo 12. solo(a), sin pareja, no casarse, divorciado(a) 13. sin pareja, soltero(a), por su propia cuenta 14. volverse vegetal, me siento mal, tráfico 15. en contra, campaña, apoyo, ayuda, voluntario

Vocabulario y lectura D. *Respuestas:* 1. (cuando) era muy joven 2. (Porque) no quiso darles un padrastro a sus hijos 3. (Porque) se identifican con imágenes masculinas 4. (son más o menos) los mismos que fracasan en el primer matrimonio 5. (como) verdaderos padres y darles a los niños un modelo masculino 6. (Porque) hoy se acepta que una mujer viuda / divorciada pueda casarse otra vez y rehacer su vida

Gramática E. *Respuestas posibles:* dije, decía, he dicho; se sintieron, se sentían, se han sentido; hice, hacía, he hecho; nos fuimos, nos íbamos, nos habíamos ido; pidió, pedía, ha pedido; se pusieron a, se ponían a, se han puesto a; estuve, estaba, he estado; consiguieron, conseguían, han conseguido; describió, describía, ha descrito; salieron, salían, han salido; fui, era, he sido; se volvieron, se volvían, se han vuelto; conocieron, conocían, han conocido; te quedaste, te quedabas, te has quedado; dimos, dábamos, hemos dado

Gramática F. *Respuestas posibles:* 1. ¿Adónde te fuiste / se fueron ayer? 2. ¿Qué has / han hecho? 3. ¿Qué organizaste / organizaron? 4. ¿Qué haces / hacen / has / han hecho contra...? 5. ¿Qué piensas / piensan de las drogas? 6. ¿Qué has / han hecho para ayudar a...? 7. ¿En qué campaña ayudaste / ayudaron? 8. ¿Quiénes te / les ayudaron a ti / Uds.? 9. ¿Cuándo te / se sentiste / sintieron mejor? 10. ¿Con quién saliste / salieron por la noche? 11. ¿Qué te / les entusiasma? 12. ¿Dónde has / han trabajado a veces? 13. ¿Con quiénes vives / viven ahora? 14. ¿Qué clases tomaste / tomaron en la secundaria? 15. ¿Adónde vas / van los fines de semana en el verano?

Gramática G. *Respuestas:* me mudé, me alejé, tuve que, estaba, sabía, podían, me preocupaban, me vine, se transformaba, había, lloraba, me sentía, me enfermaba, duró, conocí a

Autoprueba del capítulo 4

Cultura hispana A. *Respuestas posibles:* 1. (no les gusta) pedir préstamos, ni tener tarjetas de crédito, ni deberle dinero a nadie 2. (es mejor ahorrar y) comprar al contado 3. (Entonces) los hombres se hacen cargo de sus inversiones 4. (se dice) es un gastador / manirroto, no tiene dónde caerse muerto 5. una rata 6. (se llama) bolívar, sol, colón 7. (son) Bolivia, Colombia, Cuba, Chile, México, República Dominicana y Uruguay 8. (son) Estados Unidos, Canadá, Australia, Hong Kong, Nueva Zelanda

Vocabulario y lectura C. *Respuestas posibles.* 1. compras, renta, comida, ropa 2. cuenta, intereses, futuro 3. cheque, préstamo, deuda 4. organizar, archivos, oficina 5. ahorrar, guardar, invertir 6. gastador, exceso, sin ahorros, deudas 7. chequera, cheque, depositar, cobrar, hacer un cheque 8. sacar efectivo, depositar, rápido, eficiente 9. consejero(a), inversiones, ahorros, invertir 10. cajero automático, gastar, necesitar fondos 11. sin deudas, tranquilidad, comprar a plazos 12. estar más pobre que una rata, no tener en qué caerse muerto, sacar efectivo 13. futuro, fondos, ahorro 14. equilibrar, hacer, calcular los gastos, futuro 15. cuenta de ahorros, ahorrar, certificado de depósito, depositar

Vocabulario y lectura D. *Respuestas posibles:* 1. mejorar las relaciones con..., usar la información de ventas... y darle la mejor atención / los precios más bajos al cliente 2. lee el precio y el sistema empieza a responder a la demanda 3. (sino que para) bajar más los precios porque el productor puede predecir... 4. (para que) al trabajar unidos se ofrezca mejor servicio a los clientes y se logren mayores ganancias 5. (es que la respuesta) sea lo más ágil y exacta posible

Gramática E. *Respuestas posibles:* diré, haré, tendré, vendré, pondré, sabré, habré, querré

Gramática F. *Respuestas posibles:* 1. ¿Quién te / les asesorará en tus / sus finanzas? 2. ¿Cuántos años de plazo conseguirás / conseguirán? 3. ¿Qué cupo tienes / tienen / tendrás / tendrán en la tarjeta? 4. ¿A quién le pedirás / pedirán un préstamo? 5. ¿Qué harás / harán si no tienes / tienen efectivo? 6. ¿Cuándo irás / irán al cajero automático? 7. ¿A cuánto te / les subirán el sueldo este año? 8. ¿Cómo prefieres / prefieren gastar tu / su plata? 9. ¿Eres / Son manirroto(a) / s u ordenado(a) / s? 10. ¿Cuándo saldrás / saldrán por la noche? 11. ¿Quién te / les ayudará económicamente? 12. ¿Trabajarás / Trabajarán por hora a veces? 13. ¿Cuándo pagarás / pagarán tus / sus deudas grandes? 14. ¿Cuándo tendremos un presupuesto equilibrado? 15. ¿Qué cosas comprarás / comprarán a plazos?

Gramática G. *Respuestas:* me quedé, había, hay, sacan, me acuerde, se quede, conseguí

Autoprueba del capítulo 5

Cultura hispana A. *Respuestas posibles:* 1. (los hispanos) usan remedios tradicionales como... 2. (los jóvenes hispanos) hacen deportes, juegan con la computadora, leen, alquilan películas o van al cine, salen a dar una vuelta, se juntan y conversan con sus amigos 3. (son) el aceite, el vinagre, el pan, las legumbres, las verduras, las frutas 4. (se dice) "lo verde es para las vacas"

5. "ni por nada"; "para andar con hambre todo el día, prefiero ser gordito(a)" 6. (es un manera de) pasar el tiempo libre; los jóvenes hispanos pasan horas y horas conversando con sus amigos 7. (un médico) homeópata

Vocabulario y lectura C. *Respuestas posibles:* 1. comer tremenda pizza, hacer régimen 2. grasas, mantequilla, queso 3. hacer ejercicio / aerobismo, mantenerse en forma, comer bien, frutas 4. vigilar las calorías, delgado(a), seguir un régimen 5. esquiar, jugar..., hacer gimnasia 6. tomarse, engordarse, calorías, colesterol 7. aceite (vegetal), mantequilla, fritura, gordito(a) 8. naturales, antibióticos, drogas 9. pura, eliminar toxinas, lavarse, nadar, 8 vasos al día, natural 10. pegarse en, quebrarse, deporte 11. de coco / guayaba, frutas, leche 12. grasas, dieta, azúcares, pasteles 13. equilibrada, sana, baja en calorías 14. frituras, grasas, azúcar 15. gaseosas, alcohólicas, azúcar, de dieta

Vocabulario y lectura D. *Respuestas:* 1. El aceite, el pan o las tortillas, el queso, el vinagre, el ajo, las legumbres. 2. El aceite de oliva se usa en las ensaladas, para saltar verduras / legumbres, para cocinar; el vinagre se usa en las ensaladas y el escabeche 3. Para limpiar, bajar el colesterol, calmar dolores 4. Un poco de carne, pasta, verduras, aceite, vinagre frutas, legumbres, pan 5. Respuesta personal

Gramática E. *Respuestas:* di, diga; sé, sea; está, esté; haz, haga; conoce, conozca; piensa, piense; pide, pida; juega, juegue; vuelve, vuelva; ten, tenga; consigue, consiga; ve, vaya; sal, salga; ven, venga

Gramática F. *Respuestas:* 1. llévalas / llévenlas 2. haz / hagan más ejercicio 3. devuélvemelo 4. tómalos / tómenlos 5. cómelas / cómanlas 6. evítalas / evítenlas 7. tráemelo / tráiganmelo 8. prefiérelos / prefiéranlos 9. consíguelos / consíganlos 10. vete / váyanse a clase de aerobismo 11. pídela / pídanla 12. bébelos / bébanlos 13. redúcelas / redúzcanlas 14. ten / tengan cuidado de las frituras 15. quémalas / quémenlas

Gramática G. *Respuestas:* espera, pregúntale, monta, ve, pídele, aprecia; mire, tómelo, llévelo, váyase, vuelva

Autoprueba del capítulo 6

Cultura hispana A. *Respuestas:* 1. (Por ejemplo) hay acertadas estrategias de conservación en las islas Galápagos / en Monteverde, donde... 2. (es muy difícil controlar) el número de vehículos, la basura, la contaminación 3. (los turistas) se comprometen a no ensuciar ni contaminar ni alimentar a... 4. (donde) se encuentran 1.600 kilómetros de litoral con archipiélagos e islas... 5. (en España) se espera que en el año 2010 el 15% de la energía venga de fuentes renovables

Vocabulario y lectura C. *Respuestas posibles:* 1. bellísima, litoral... 2. baja el volumen, contaminación, tráfico, gente, vehículos 3. pájaros, ambiente, naturaleza, especies en extinción 4. vidrio, reciclable 5. reduce, bajar, evitar 6. fumar, fábricas, combustibles fósiles 7. campo, bosque, sierra, lago 8. sucio, contaminado, humo 9. dar, ayudar, colaborar, ser voluntario 10. reciclable, limpio, corta 11. planta, humo, industria química 12. salvemos la tierra / los animales, conservemos energía, limpiemos el planeta 13. vidrio, plástico, metales, cartones 14. no creo que, es difícil, dudo que 15. conseguir, pedir, extraer, tomar

Vocabulario y lectura D. *Respuestas posibles:* 1. robo *robbery*, deshumidificadores *dehumidifiers*, materiales aislantes *insulators*, plantas ornamentales *house plants*, movimiento *movement*, impensada *unplanned*, pasatiempos *passtimes*, vida diaria *everyday life*, emisión de calor *heat emission*, vapores *gases, vapors*, barnizar *to stain, to varnish*, en conjunto con *along with*, anormal *abnormal*, limpiar al seco *dry cleaning*, avión en miniatura *model planes*, no dañinos *safe* 2. Barnices, pinturas, pesticidas, insecticidas 3. Emite vapores de los productos químicos 4. Los gases son tóxicos y pueden causar problemas de salud. 5. Aparatos en miniatura y plantas y flores ornamentales

Gramática E. empiece, averigüe, organice, disminuya, elija, saque, apague, toque, llegue, proteja, busque, exija

Gramática F. *Respuestas posibles:* 1. ¿vas a ir?, con tal de que pueda / consiga / haya 2. averiguaste, va a ir; Es dudoso que Mary pueda / tenga suficiente dinero / consiga permiso 3. Ya sabes / vas a trabajar; Ojalá que sea en... / obtenga el puesto en... 4. organice; No es seguro que apruebe la idea / consiga suficiente apoyo 5. quieren, estudies; Prefieren que escoja una carrera técnica / trabaje en el negocio de mi padre 6. crees, disminuya; Pienso que es conveniente que diseñe aparatos que no contaminen el ambiente / evite la destrucción de las reservas naturales 7. crees, desperdicie; Es indispensable que no desperdicien el agua / todos usen platos de papel 8. crees, recicle; Es lógico que nosotros reciclemos papel / reutilicemos las bolsas y envases plásticos

Autoprueba del capítulo 7

Cultura hispana A. *Respuestas posibles:* 1. (son) el muralista mexicano Diego Rivera, el pintor y escultor colombiano Fernando Botero, etc. 2. (son) el cineasta hispano de Texas, Robert Rodríguez; Alfonso Arau, director mexicano de la famosa película *Como agua para chocolate* 3. (son) el poeta chileno Pablo Neruda, el escritor argentino Jorge Luis Borges, la poetisa chilena Gabriela Mistral, el novelista colombiano Gabriel García Márquez, etc. 4. (como) la creciente libertad en países que hasta hace poco tenían dictaduras militares 5. (son) en 1971, el poeta chileno Pablo Neruda; en 1982, el novelista colombiano Gabriel García Márquez; en 1990, el ensayista y poeta mexicano Octavio Paz; en 1994, el novelista español Camilo José Cela 6. (crear) un mundo maravilloso exagerado, que va más allá de lo real, pero que todavía se puede creer 7. *Respuestas personales*

Vocabulario lectura C. *Respuestas:* 1. Botero, Rivera, Goya, cuadro 2. música, danza, bailarín / bailarina 3. Arau, Rodríguez, Buñuel 4. personaje principal, cine, teatro 5. actuación, concierto, obra 6. novelista, libro, personajes, autor 7. no sirvo para, no sé nada de, sólo toco el timbre 8. ver, sentir, entender, comprender 9. lo peor, lástima, terrible 10. por lo tanto, la razón es 11. tema, script 12. actor, papel, función, hacerse famoso 13. Carolina Herrera, Oscar de la Renta, Paloma Picasso, diseñar 14. no hay duda, de todas maneras, claro 15. hacerse rico, llegar a ser, millones

Vocabulario lectura D. *Respuestas posibles:* 1. Podría cantar, conversar, aplaudir 2. Podría bailar, podría correr por el valle cantando, podría hablarle a Dios / los niños 3. Podría volar 4. (Le pidieron) que pusiera a bailar los corazones, que hiciera volar a la niña inválida, que volviera de ceniza el corazón de los que no bailan 5. A quien faltara se le volvería de ceniza el corazón. 6. *Respuestas personales o respuesta posible*: se puede poner a volar / cantar / danzar el corazón.

Gramática E. *Respuestas posibles:* siguiera, viniera, dijera, viera, fuera, estuviera, hiciera, asistiera, debiera, pudiera, quisiera, acribillara, mandara, pidiera

Gramática F. *Respuestas:* 1. ibas; con tal de que mis padres no cambiaran / fueran / decidieran 2. asistirías, consiguieras / pudieras; Es dudoso que pudiera ir / tenga plata / vaya, porque tendré que estudiar 3. trabajarías, pudieras; Ojalá qua fuera en el sector financiero 4. sería, organizara; No es seguro que quiera / lo hagan 5. se darían cuenta, podrías, trabajaras; No, ellos prefieren que yo trabaje 6. crees, debería, prohibiera 7. crees, sería, eliminara; Para mí sería importante que no eliminara 8. creías, sería, organizara; Sería lógico que organizara / hiciera / abriera

INDEX

PHOTO CREDITS

Chapter 1
Page 1: Peter Menzel/Stock, Boston. Page 5: Alan Carey/The Image Works. Page 13: Stuart Cohen/Comstock, Inc. Page 14: Hugh Rogers/Monkmeyer Press Photo. Page 15: Owen Franken/Stock, Boston. Page 24 [left]: Sygma Photo News. Page 24 [right]: Russ Einhorn/Gamma Liaison.

Chapter 2
Page 33: Comstock, Inc. Page 42 [left]: Alan Carey/The Image Works. Page 42 [right]: Spencer Grant/Monkmeyer Press Photo. Page 44: Ulrike Welsch/Photo Researchers. Page 53: Erika Stone/Photo Researchers. Page 55 [left]: Spencer Grant/Grantpix/Monkmeyer Press Photo. Page 55 [right]: Arlene Collins/Monkmeyer Press Photo.

Chapter 3
Page 71: D. Wells/The Image Works. Page 73 [left]: Peter Menzel/Stock, Boston. Page 73 [right]: Owen Franken/Stock, Boston. Page 77: Paul Conklin/Monkmeyer Press Photo. Page 81: Larry Mangino/The Image Works. Page 88: Pierre Villard/Sipa Press.

Chapter 4
Page 107: Ulrike Welsch/Photo Researchers. Page 109 [left]: Barbara Alper/Stock, Boston. Page 109 [right]: Bachmann/The Image Works. Page 121: Michael S. Thompson/Comstock, Inc.

Chapter 5
Page 141: Hugh Rogers/Monkmeyer Press Photo. Page 143: Mark J. Goebel/The Picture Cube. Page 150: A. Gottlieb/Monkmeyer Press Photo.

Chapter 6
Page 177: Paul Conklin/Monkmeyer Press Photo. Page 180: Michael A. Dwyer/Stock, Boston. Page 181: Stock, Boston. Page 185: Printed with permission from HOLASA, Medellín (Colombia). Page 188 [left]: Courtesy Colombia Information Service. Page 188 [right]: Courtesy Colombia Information Service. Page 196: Art Wolfe/Tony Stone Images/New York, Inc. Page 197: Cía. Suramericana de Seguros Medellín (Colombia). Page 208: Ed Simpson/Tony Stone Images/New York, Inc.

Chapter 7

Page 217: Pablo Picasso, "Portrait of Dora Maar"; ©1997 Estate of Pablo Picasso/Artists Rights Society (ARS), New York/Musée Picasso, Paris/A.K.G., Berlin/SUPERSTOCK. Page 222 [left]: Fritz Henle/Photo Researchers. Page 222 [right]: Tom Rodríguez/Globe Photos, Inc. Page 229: Roberto Grazioli Grazia Neri/Sygma Photo News. Page 233 [left]: Salvador Dalí, "Back of Girl's Head"; ©1997 Demart Pro Arte (R), Geneva/Artists Rights Society (ARS), New York/Salvador Dalí Museum, St. Petersburg, FL/Lerner Collection/SUPERSTOCK. Page 233 [right]: Diego Rivera, "The Flower Seller"; Private Collection/Bridgeman Art Library, London/SUPERSTOCK. Page 239 [left]: Jim Fox/Photo Researchers. Page 239 [right]: Hugh Rogers/Monkmeyer Press Photo. Page 241: Jean-Regis Roustan/Camera Press (L'Express), London/Globe Photos, Inc.